キャリア発達支援研究9

「共創」

多様な人が協働し、新たな価値を創造するキャリア教育

【編著】 キャリア発達支援研究会

JN041865

巻 頭 言

　平成25年（2013）11月に発足した「キャリア発達支援研究会」は、今年で10周年を迎えます。発足にあたり、この会の名称をどのようにするかということで、都内某所で初代会長の故尾崎祐三先生はじめとする関係者とともに、渡辺三枝子先生（現筑波大学名誉教授）にも参加をお願いし、ご助言をいただきながら協議したことを思い出します。

　そこでの話題は、私たちが関わっている支援を必要としている児童生徒の「キャリア発達」を促すことが中心であることから、「子供たちが中心であること」「彼らの社会的発達を支援することが目的であること」、また、そのために「キャリア教育の理念を正しく理解する必要があること」「支援に向けて私たち自身の専門性を高めること」「共生社会の実現に向けて、また、相互発達の観点からも敢えて特別支援教育と限定しないこと」等々が話されたと記憶しています。結論としては、学会ではなく「研究会」とすることで、会員相互の「対話」を大切にしながら専門性を高め、私たち自身のキャリア発達をも促すことで、キャリア教育の充実・発展を目指していくことになりました。従って、「本人が中心にあること」と同時に「私たちの対話が生まれる場であること」が、本研究会において一貫して大切にしてきたことであると考えています。

　その様な協議を経て、翌年2月には第1回年次大会を独立行政法人国立特別支援教育総合研究所において開催し、今年は10年の節目を迎えることになりました。また、現在、第9巻となる本機関誌を通してキャリア教育やキャリア発達支援に関わる理念の紹介とともに全国の会員の皆様から寄せられた素晴らしい実践を紹介してきました。

　また、この10数年間を振り返ると、平成23年には中央教育審議会から「今後の学校教育におけるキャリア教育・職業教育の在り方について（答申）」によって、改めてキャリア教育の理念が定義づけられ、キャリア発達を支援する教育の意義や捉え方が一層明確になり、校種を超えて推進が図られてきました。そして、翌平成24年には「共生社会の形成に向けたインクルーシブ教育システムの構築のための特別支援教育の推進について（報告）」、平成25年には「障害を理由とする差別の解消の推進に関する法律」（平成28年施行）、平成26年には「障害者の権利に関する条約」への批准と、共生社会の実現に向けた体制整備が継続して進められてきました。

　一方、平成28年には「学習指導要領等の改善及び必要な方策等について」が中央教育審議会から答申され、翌年「幼稚園教育要領、小学校・中学校学習指導要領」の公示により、「社会に開かれた教育課程」の実現という方向のもとに「育成を目指す資質・能力」「カリキュラム・マネジメント」「主体的・対話的で深い学び」という4つキーワードが示されました。さらに、令和3年1月には、「『令和の日本型学校教育』の構築を目指して～全ての子供たちの可能性を引き出す、個別最適な学びと、協働的な学びの実現～」が中央教育審議会から答申されました。改めて、子供たちを主語とし、学びの主体者として位置付けたこの答申により、従前の教え込みの指導ではなく、一人一人の可能性を引き出す伴走者としての教師像への転換が求められていることが明確になってきたと思います。

このように見ると、世の中の動きは、確実に共生社会の形成に向けて動いていると言えます。そして、インクルーシブ教育システムの構築はそれを実現する上で必要不可欠であり、さらにキャリア教育の果たす役割は大きいものであると考えます。改訂された学習指導要領の中でも、キャリア教育の役割と推進の意図は、より明確化されてきているように見えます。

　キャリア発達支援研究会の10年間は、年次ごとに時代の課題に呼応しながらテーマを共有し会員間の学びを深め、次への方向性を見据えてきました。新型コロナウイルス感染症の拡大やロシアによるウクライナ侵攻、不安定な経済状況やエネルギー問題や食糧問題等々、今まで予測しなかった様々な問題が起こる時代の中で、このような予測不可能な社会の変化の中を、次代を生きる今の子供たちが生きていくためには、彼ら自身が障害のあるなしに関わらず、共に対話を通して納得解を模索することや、「持続可能で多様性と包摂性のある社会」を創り出す能力が必要であることが、現実味をおびてきます。初代会長の尾崎祐三先生が亡くなる前に尽力されていた共生社会の形成に向けたインクルーシブ教育システムの構築の先にある「共生社会」とはどのようなものであるのか、また、そのためには、さらに何をすればよいのか、キャリア教育の充実とキャリア発達支援の在り方をこれからも模索する中に糸口が見えてくる可能性を感じています。

　さて、本機関誌第9巻では、「学びをつなぐキャリア・パスポートの可能性」をテーマとした座談会を収録しております。キャリア・パスポートの趣旨や位置付け、活用の在り方や可能性等について、文部科学省初等中等教育局特別支援教育課特別支援教育調査官加藤宏昭先生と全国特別支援学校知的障害教育校長会会長米谷一雄先生から貴重なお話を伺うことができました。両先生には、大変ご多忙のところ時間を割いてご参加いただいたことに深く感謝申し上げます。

　また、本機関誌のサブタイトルにあります「共創〜多様な人が協働し、新たな価値を創造するキャリア教育〜」は、昨年のキャリア発達支援研究会第9回年次大会（広島大会）におけるテーマでもあります。広島大会における「共創」という視点から、広島大学准教授の牧野恵美氏によるアントレプレナーシップについてのご講演、社会福祉法人優輝福祉会理事長の熊原保氏からは地域社会と学校の在り方についてのご講演を、さらに、ウィスコンシン大学リバーフォールズ校教授のさとみ木村シンディ氏からは、障害者の就労をめぐる自己決定力を育む支援についてのご講演と、多様な知見を数多く得るだけでなく、本機関誌に掲載することができました。そして、多くの先生方から沢山の話題提供をいただいたことに、この場をお借りして御礼申し上げます。

　最後に、年次大会の開催ならびに本機関誌の発刊にいつもご尽力いただいておりますジアース教育新社の加藤勝博社長をはじめ、関係者の皆様のご協力に対し心より感謝申し上げます。

令和4年12月

キャリア発達支援研究会　会長　森　脇　　勤

Contents

第Ⅲ部　第二特集　対話を大切にした実践・取組

実践報告

第Ⅳ部 キャリア発達支援を促す実践

第Ⅴ部 資料

第 I 部

第一特集

学びをつなぐキャリア・パスポートの可能性

　第Ⅰ部では、キャリア教育の充実に向けて作成と活用が求められている「キャリア・パスポート」をテーマとして取り上げ、座談会、論説、４つの実践報告及び解説で構成した。

　座談会では、全国知的障害教育特別支援学校校長会 米谷一雄会長、文部科学省初等中等教育局特別支援教育課 加藤宏昭特別支援教育調査官をお招きし、本研究会森脇勤会長との３者で今後の特別支援学校におけるキャリア・パスポートの活用や今後の充実に向けて求められること等について提言いただいた。

　論説では、キャリア・パスポートの作成と活用について、文部科学省通知（2019）や個別の諸計画の現状や課題を踏まえて解説するとともに、今後の対話の充実に向けたキャリア・パスポート活用の具体的方策について提言した。

　実践では、知的障害特別支援学校及び肢体不自由特別支援学校における対話の充実に向けた具体的な取組の工夫について４事例を紹介し、その意義やポイントについて解説した。

座談会参加者

<small>かとう ひろあき</small>
加藤 宏昭 氏
文部科学省初等中等教育局
特別支援教育課 特別支援
教育調査官

<small>よねや かず お</small>
米谷 一雄 氏
全国特別支援学校知的障害
教育校長会会長
東京都立水元小合学園校長

<small>もりわき つとむ</small>
森脇 勤
キャリア発達支援研究会会長
京都市教育委員会総合育成
支援課参与

企画・コーディネーター
<small>きくち かずふみ</small>
菊地 一文
キャリア発達支援研究会常
任理事
弘前大学大学院教育学研究
科教授

企画趣旨

　今般の学習指導要領では、児童生徒一人一人の発達を支える視点から、「学級及びホームルーム経営」「生徒指導」とともに「キャリア教育」の充実を求めている。具体的には総則に「児童又は生徒が、学ぶことと自己の将来とのつながりを見通しながら、社会的・職業的自立に向けて必要な基盤となる資質・能力を身に付けていくことができるよう、特別活動を要としつつ、各教科等の特質に応じてキャリア教育の充実を図ること。」と明示され、児童生徒自身が日々の学びと将来を関連付け、主体的に学習に取り組めるようにするための、対話や支援の重要性を示している。

　このような方向性に対してキャリア教育の充実を図っていくためのツールとして導入されたのが「キャリア・パスポート」である。「キャリア・パスポート」は、ポートフォリオの性格をもつ、児童生徒自身が作成・活用する教材である。その活用により、児童生徒が自らの成長に気づけるよう、学級活動やホームルーム活動を中心に対話を重ねていくことが肝要であり、各地の学校・学級では、児童生徒の実態に応じたカスタマイズや取組の工夫が進められている。しかしながらその一方で「キャリア・パスポート」の導入は、新型コロナウイルス感染症への対応や、学校教職員の働き方改革の推進と時期を同じくしたこともあり、作成や活用に関して教員の負担感や、作成自体の目的化といった課題も散見される。

　このような背景を踏まえ、「キャリア・パスポート」の趣旨や意義について再確認し、児童生徒の発達を支えることや、児童生徒と児童生徒に関わる多様な方々の相互のキャリア発達について再考する契機としたいと考え、文部科学省初等中等教育局特別支援教育課特別支援教育調査官 加藤 宏昭 氏、全国特別支援学校知的障害教育校長会会長 米谷 一雄 氏、本研究会会長 森脇 勤 氏の三者による座談会を企画した。座談会をとおしてそれぞれの立場から今後のキャリア・パスポートの活用や今後の充実に向けて求められることについて、提言をいただくこととした。

菊地 本日はご多忙のところ、ご出席いただきまして、誠にありがとうございます。平成28年12月の中央教育審議会における答申では、各学校段階を見通したキャリア教育の充実を図るため、特別活動の役割を一層明確にするとともに、キャリア・パスポート（仮称）の活用について提言がありました。このことを踏まえ、今般の学習指導要領ではすべての学校段階においてキャリア発達を促すキャリア教育の充実を求め、平成31年3月には文部科学省がキャリア・パスポート例示資料等を作成し、都道府県および政令市教育委員会等に通知しました。それから約3年が経過したところですが、キャリア発達支援研究会としましては、従前から本人の思いや願い、そして振り返りと対話を重視してきたことから、この活用について大変期待しているところです。本日は座談会をとおしてキャリア・パスポートの趣旨を再確認し、今後の活用や今後の充実に向けて求められることについて、先生方よりご提言いただければと思います。どうぞよろしくお願いいたします。

それでは、まず、我が国の特別支援教育施策を進めるお立場から、加藤先生にキャリア・パスポートの趣旨と学校現場に求められることについてお話いただきたいと思います。加藤先生、よろしくお願いいたします。

加藤 みなさまよろしくお願いいたします。キャリア・パスポートについては、ご存じのように子供たち一人一人が自らの学習状況や、キャリア形成を見通したり、振り返ったりできるようにすること、また、学びの連続性の観点から各学校段階で完結させていくことなく引き継いでいくこと、これらのことが重要であることから、令和2年4月より導入されました。今回の学習指導要領の改訂においても、総則に示した「児童生徒が学ぶことと自分の将来とのつながりを見通すこと」「社会的・職業的な自立に向けて必要な基盤となる資質・能力を身に付けていくこと」ができるように、「特別活動を要としつつ、各教科等の特質に応じてキャリア教育の充実を図ること」と明示されています。この要となる特別活動におきましては、児童生徒が学習や、生活の見通しを立てること、そして学んだことを振り返りながら、学習や生活への意欲につなげていくことが大事です。また、将来の生き方を考えたりする活動を行う際に、活動を記録して、そして蓄積していく。そういった「教材等を活用すること」と示されております。キャリア教育を進める場面において学習や活動の内容を記録して振り返っていくことは、当然、教員にとっても児童生徒にとっても、これまでの学習の成果を明らかにしていくことにつながりますし、次の学習に進んでいくために、大きな意義があると考えます。

ですので、特別支援学校においても、通常の学校と同様にキャリア・パスポートの作成や活用が求められていますが、当然ながら、児童生徒それぞれの障害の状態等が違いますので、本人が活動を記録することが困難な場合もございます。通知等においては、そのような場合には個別の教育支援計画や、個別の指導計画に記載することをもって、キャリア・パスポートの活用に代えることも可能としておりますが、やはり、その場合には、当然キャリア・パスポートの目的に沿っているかに留意することが重要に

なって参ります。知的障害のある児童生徒の特性としましては、周囲の状況を理解することに困難さがあるとか、自分が行うことに自信がもちにくいということから、学習をはじめとするさまざまなことに受け身的な態度になりがちであるといったことが一般的に言われています。ですので、やはりキャリア・パスポートを活用する際には、これまで自分が何を学んできたのかに加え、そのことによって自分自身の成長を知ることができるように活用していただきたいです。そして次に自分が何をしていきたいか、どのようなことをやっていきたいかといったことを考えるきっかけとし、自分に自信をもって主体的に学習に取り組む力を育むことが必要となって参ります。さらには、このようなことが学校段階だけではなく、卒業後を見据えたときにも必要になります。

　また、キャリア・パスポートの作成においては、児童生徒と教員、あるいは保護者との対話が重要でありますが、当然、言葉を使用しての直接的な対話だけを示しているのではありません。教員や保護者からのさまざまな働きかけに対して、児童や生徒が考えたり、選択したり、表現したりするなどして、自分の意思を示していくことができるようにしていくことが大切であると考えます。これはキャリア発達の諸能力の中の「意思決定能力」にもつながっていく力ではないかと思います。これまでも各学校ではおそらく創意工夫され、児童生徒の学校生活上の目標の設定や、その目標に対する評価などを行ってきたことと思いますが、昨今活用されているICT機器などをとおして、さらに児童生徒が理解できるような振り返りと見通しをもっ

た学習の積み重ねが求められると考えます。

菊地 ありがとうございます。加藤先生のお話を伺って、改めてキャリア・パスポートが、子供たち自身が自分の学びを確認するもの、学ぶことと自分の将来をつなぐもの、そして学びの意欲を高めるもの、そのための教材であるということが確認できました。また、対話を前提にしたものであるということがよくわかりました。一方で障害の状態が異なる点にどう応じるかということが、学校現場における大きな課題になっていると思うのですが、今のご説明の中で、教員や保護者による働きかけが大事であるという点と、本人の意思決定の重視という点では、一方でさまざまな工夫がなされているのではないかという可能性を感じたところであります。ありがとうございました。そのようなところを踏まえまして、続いて全知長会長のお立場から米谷先生に、知的障害特別支援学校における期待と課題ということでお話いただければと思います。米谷先生、よろしくお願いいたします。

米谷 はい、よろしくお願いいたします。私からは全知長会長の立場ということですので、学校現場でこれまで工夫されてきたこと、そしてこのキャリア・パスポートが今後どう生かされるといいか、ということについて、少しお話ができればと思っております。特に知的障害特別支援学校につきましては、小学部と中学部、そして高等部がありますが、今までもキャリア教育を進める中で、子供の将来像を考えながら、特に個別の教育支援計画の中に「本人の願い」

を位置付け、それを実現するために個別の指導計画の中で、どのように力を付けていくかということが、従前から行われてきていると思います。ですので、今回キャリア・パスポートの作成が求められたときに、学校現場は「また作るの？」というのは確かにあったとは思います。ただ今回大きく違うのは、今も話があったように、教材なのだということです。今までの諸計画は子供の実態に応じて、どのような力を育成するかという視点は当然ありましたが、どちらかというと教師が子供の実態を把握して、それに応じて手立て等を考えて目標設定してきました。では、どれだけ子供たちとの対話があったのかというと、そこはやはり少し足りない部分ではなかったかと思います。なので子供の意思が本当に反映されていたかということについては、今までの諸計画では少し疑念が残ります。そこについて、対話をとおして、子供たちの願いがきちんと入った教材として、このキャリア・パスポートを活用することで、教師や保護者が子供たちの将来を考える材料にできると思います。

　今、私が課題だと思っていることは、知的障害のある子供たちの内言語と表出言語について、小学部段階からどれくらい実態把握ができているかということです。これが把握できていないと、自己選択、自己決定をするプロセスの上でも、子供たちの思いや願いを拾いきれないのではないでしょうか。だからこそアセスメントも含めて、きちんと教師側、保護者側が子供たちの理解力を把握して、その理解力のもとに子供たちが理解できる言葉でキャリア・パスポートの中に願いを取り入れ、対応していく

必要があります。そうすると、子供たち自身にとっても共有できることになると思います。小学部段階で意思の表出の難しい子供たちに対しては、今までも先生たちは工夫をして、段階的に選択をするという力を付け、思考や行動を導いてきました。自分の意思で選ぶということを積み重ねていき、年齢が上がるにしたがって選択の幅が広がったり、そこから話題を広げたりするということを繰り返し行っています。その取組をキャリア・パスポートに取り入れていければ、本人が振り返りのときに、ああ、自分はこうやって力を付けてきたんだという気付きにつながっていくのだろうと思います。小学部1年生の段階からきちんと積み上げていくことは、とても意味のあることで大切なことです。教材として本当に子供たちを中心にしながら、学校の中で活用していければ、きっと子供たちが自分の将来についてより深く考えるきっかけになるでしょう。繰り返しになりますが、子供たちが本当にどれくらい言葉を理解しているかということが、ポイントになると思います。知的障害特別支援学校の先生には、これまでの経験の蓄積を上手に活用していただきたいです。さらには、小学校や中学校等の通常の学級にも広げて欲しいです。知的障害特別支援学校には、センター的機能を発揮して、そういった役割もぜひ果たしてほしいと期待をします。私からは以上でございます。

菊地　ありがとうございました。やはり個別の諸計画とのつながりというところでは、一人一人の子供に応じたものという共通点があることを踏まえつつ、子供の姿を念頭において教師の

立場で作るものと、子供自身の立場で作っていくものという違いが挙げられたように、指導計画と教材との位置付けの違いが大きいと思います。また、米谷先生から、大事な論点として、知的障害がある子供たちの場合、内言語と表出言語との実態のズレ、把握をどうするかという、学校現場で多くの先生が抱えているであろう悩みについてご指摘いただきました。この点については、当方が進めてきた全知長加盟校への質問紙調査の中でも、本人の願いは大事であるという回答が大半で、その理解が進んでいる一方で、把握の難しさの課題がどうもネックとなっているという結果が出ておりました。子供の見取りをどのようにしていくかというような、日々の授業実践を研究していくことが、大事なポイントの1つになると思いますし、米谷先生からお話がありましたように、小学部段階からの子供の姿をしっかりと捉え、可視化して積み重ねていくことが大事かと思います。また、支える側がしっかりと子供の成長を捉え、適切に働きかけるということが、子供自身が成長を実感できることにつながっていくのではないかと思います。ありがとうございました。

それでは続きまして、キャリア・パスポートに先駆けて、生徒本人が参加する個別の諸計画である「キャリアデザイン」を10年以上前から導入してきたという立場から、森脇会長に当時の意図なども踏まえてお話いただきたいと思います。森脇先生、お願いいたします。

森脇 私、校長を退職してからちょうど10年が経ちました。キャリアデザインを作ったのは、それよりさらに5年前で15年以上前になります。私が校長をしていました京都市立白河総合支援学校（以下、白河）は、平成16年に普通科から職業学科に転科しました。生徒自身の「働きたい」ということが前提の学校づくりをしていきましたので、当時はいろいろな思いをもっていました。働くことを実現していくために何が必要かということです。まずは移行していく働く場を知り、企業から学ぶということを掲げました。もう1つは、学校の中で完結しないカリキュラムづくりの理念です。これを一貫して在職中に言い続けてきたところがあります。それを、どのように実現していくかということで始めたのが、デュアルシステムという考え方です。産業現場等における実習（以下、実習）を教育課程の中核に置きながら、実習との関連性をどのように学校の中で作っていくかということを考えていたわけです。

当時の組織上の問題が非常に大きくありまして、教員の平均年齢が53歳でベテランの先生方が多かったということ、若い先生は講師の先生しかおらず、新規採用の先生はほぼいなかった状態でした。かつ、中学校や高等学校から異動されてこられる先生方が何割かおられた中で、このような理念をどう実現していくかが非常に大きな課題だったわけです。それは、指導観がバラバラであることや、先生方それぞれが今までの経験値で指導されていくと、「こうあるべきだ」みたいな指導になってしまうことです。現場実習は1週間、2週間、場合によっては3週間あり、実習を終えると、生徒がたくましくなって帰ってきます。それは先生の専門性というよりも、生徒自身がやはり大人の社会の中で、緊張しながら求められる役割を遂行して

いく、そのことに取り組んだ結果の姿であり、学校の中で見られないものがあったと思います。企業さんも一生懸命育ててくださったと思うのですけれども、生徒も相当な緊張の中で頑張ってきたのだと思います。

　大事なのは先生方が、生徒がたくましくなったと気付いたという気持ちなのですが、さらにそれはどうしてか、何が今までと違うのかというところの気付きをなんとかしたいと思いました。そのために作ったものが「キャリアデザイン」です。1年生から3年生、あるいは卒業に向けて、生徒たちがどのような体験をしていくか、その中でどのようなことに気付いてほしいかということを並べたものです。長い間、何百人もの白河の卒業生が就労していった姿を見ていく中で、大体こんな感じかなというものを作りました。

　具体的には、キャリアデザインというものを4つのステージに分けて作ってみたのですね。何かと言ったら、はじめ1年生のときは、どんな仕事があるんだろうという情報収集であるとか、仕事自身に慣れるというか、馴染んでいくというような、そういう体験をしていこうということです。当時は2、3人で一緒に実習に出ていました。その次の段階としては、いろんな仕事があるけれども、少し仕事らしいもの、スーパーであるとか、そういうところのバックヤードで、一人で仕事してみるということになっていって、2年生になると、さらにそこから自己理解を進めるとか、他者との関係を意識したような実習であることです。さらに2年生の終わりから3年生にかけては、卒業後を見据えて自分に合う職業を具体的にイメージしていくこと

です。さらに4つ目のステージは、長く仕事を続けていくために、あるいは職業生活そのものを続けていくための支援ネットワークをどのように作っていくか、どのようなニーズ（必要性）があるかを書き出していくことです。先ほど言いましたように、いろんな先生がいる中で、実習に出た生徒が、今どこの場所で何をしているのかということをすぐに理解するところが難しいわけですね。今までどういう体験をしてきたか。その結果、今、何をしていて、次にどうなっていくのかを考えることが、なかなか難しいのですね。それをわかってもらうために、1つの地図を作ったわけです。すなわち先生方が、今、生徒がどの場所（段階）で何をしているかを知ってもらうための座標軸を作ったわけです。今やっていることが、次にどうつながっていくのかということがある程度見えるようにしていこうというのが当初のキャリアデザインのねらいだったのです。当時、先生方同士の連携や目標の共有はそれほど難しいことだったのです。そうは言っても、白河は働くことを目指す学校なのだから、シンプルでわかりやすいものを作っていったほうがいいということで、このようなキャリアデザインを開発したわけなのです。だから最初は生徒たち自身が自分で作るということではなくて、まずは先生が今、どこの立ち位置にいるかということをわかってもらう、そのためのものでした。さらにそこから先ほど指導が硬いと言いましたけれども、生徒と先生との関係性をどう作りだしていくかということも含めて、生徒自身がキャリアデザインというものを作れないかなということに発想が展開していきました。学校で学んだこと、あるいは

実習で学んだことを双方向で行き来できるように、振り返りとそれを言語化していくという活動を、先生と一緒にやってほしいというようなことです。それで作り出したものが、生徒が自ら作るキャリアデザインというものです。

そこのねらいというのは、1つは先生方が一方的に自分の価値観で生徒にこういう目標を作りなさいって、次はこうだからね、と言うのではなくて、生徒自身が何を学んだか、何を経験したかということを言語化しながら、次、じゃあ何していくの？ということを問いながら、一緒に言語化していくようなツールとしてのキャリアデザインです。白河の生徒は一応、企業就職というのをみんな目指すというか、目指さないという人もいたかもしれませんけれども、目指すという集団でしたから、例えば実習先のスーパーのバックヤードでこんなことを言う人がいたよ、ということを言語化したそのものを教室に貼ってしまおうと考えました。「僕はこんなことに気が付いたよ」という自分のデザインを貼ってしまえということです。それをまた次に行く生徒が「ああ、そうなんか」みたいに読めるようにしました。あるいは一緒に語れるようなものに作っていったのです。だから教室に行ったらこれがいっぱい貼ってあったわけです。それから実習から戻った後、共通教科や専門教科とか、実習との連携というか、関係性というのは、これは普通科のときからずっと問題だったのですね。作業学習と実習とはどんな関係があるの？って。ほとんどなかったですね。難しかったです。実習というのは1つのイベントになっていて、実習は実習、学校の授業は授業みたいな、かなり乖離しているところがあっ

て、言葉では連携といっても、なかなかそれをどうしたらよいのかがわかりませんでした。

キャリアデザインを作るときに、先生方が個別の指導計画から抜き取って、各教科の中で何を目指すかということを生徒一人一人について把握していればよいのですけど、正直難しいです。それならば、もう生徒が自分で自分の目標を立てて、自分で管理して、自分で各先生方のところに相談に行こうというような、生徒が自分で自分の目標を作るために各教科の先生、あるいは専門教科の先生のところに行くというような、そんな取組です。職業の時間を使って、担任の先生が中心に生徒と話をしながら、各教科の先生のところへ行っておいで、というような話で進めていました。そういうことをやる中で、少しは先生方に変化があったかなと思います。生徒への言葉がけであるとか、接し方であるとか、問いかけ方であるとかが柔らかくなったように思いました。

それから数年経って、これを作り出してからちょうど10年くらい経った頃、今から5、6年前に、当時の校長先生からもういっぺんこのキャリアデザインの意味について、先生方に話をしてほしいという依頼があって、行ったのですけど、やはり形骸化してくるわけですね。だからやっぱりどこかで揺さぶりをかけながら、これを作ったときの意図みたいなことを伝え続けていく必要があると思いましたし、やはり、なんと言うか、どうしてもできた・できないという判断、評価基準を持ってしまうわけですね。そうじゃなくて、プロセスの中で生徒がどのように変化していったかということを、どのように記録として残しながら、それをまた振り

返って将来につなげていくかという、そういう繰り返しができるような、そういうシステムが必要だと思います。このことはキャリア・パスポートと重なるところが非常にあると思っています。また、キャリア・パスポートの目的を読んでいましたら、大きく重なるところがあると思ったのと同時に、作っていくプロセスの中ではいいのですけど、何年か経ったら形骸化していくのではという危惧も少し感じていました。

菊地 ありがとうございました。改めてキャリアデザインの当時の趣旨を伺うと、多様な教師が目線をそろえる共通の枠組みのものとして出発したことが分かりました。どちらかというと指導計画よりのものであると感じました。そこに生徒が自ら作るということが入ったことにより、今の大きな成果につながっていると受け止めました。改めて本人主体、あるいは本人を中心とした指導や支援について考えさせられるお話であったと思います。

例えば、実習後の振り返りとして教師が考える「あるべき、なすべきことを生徒に指導する」というスタイルから、複数の教師、あるいは生徒同士が本人の話を聞いて、その思いを受け止め、共感して、提案するという流れを大切にし、その中から生徒が選択、判断を重視することに変わってきているのではないかなと思います。最近、少しずつそのような学校が増えてきているような気もしております。そのような学校では、森脇先生のお話にもありました、できた・できないという結果だけではなく、プロセスに目を向けていくことが大切にされています。このあたりは、先ほど加藤先生や米谷先生のお話

にもありました、本人の思いの見取りの難しさということについて、いかに私たちがセンサーを働かせるというか、複数の教師が多面的、多角的に捉えた見方をすり合わせ、適切に応じていくかということがポイントになるように思います。なお、観点別学習状況の評価の中で「主体的に学習に取り組む態度」の把握が難しく、かつ大事であると言われていることにも通じるような気がしました。

さて、ひととおりお話を伺いましたので、ここで少し意見交換したいと思います。お互いの話を聞いて、言語化したいことなどがありましたら、ご発言いただければと思います。いかがでしょうか。

加藤 米谷先生からのお話にありましたように、やはり選択するということを小学部1年生段階から大切にしていくこと、小学部6年間、中学部3年間、高等部3年間の12年間の間で培っていくということが大事だと思います。その際に材料と言いますか、選択や決定をする際に何もない中から選んだり決めたりするというのは、通常の学級に在籍する子供でも難しいですし、ましてや知的障害のある子供ではもっと難しくなりますので、選択するための材料を教員のほうで提示していくというところに、今回のキャリア・パスポートやポートフォリオ評価という側面の意義があると思います。材料を教員の側でしっかり用意していくといったところにつながっていくとよいと思いました。

また、森脇先生からは、子供たちがたくましくなったことに教員が気付いたということや、子供たちがたくましくなったとはどのようなこ

とかについて、資質・能力的なステージで整理されたというお話がありまして、まさにこのあたりが今の学習指導要領とも重なっていると思いました。それぞれの段階に応じた各教科の資質・能力といったものについて、各段階でどのように見取っていくかということを、きちんと共通理解していないと、個々の教員の単なる主観でしかなくなってしまいます。子供たちが自分で評価をしていくにあたっても、ある程度の基準のようなものがないと、自分がどこまで成長したか、この先どのように進んでいけばよいのかというところが分からない部分があると思いました。キャリア教育で育成される資質・能力は、教科等横断的な資質・能力になって参りますけども、それがきちんと基準として示されていたところが、今般の学習指導要領の改訂につながるところがあったと思いました。

菊地 ありがとうございます。米谷先生いかがでしょうか。

米谷 森脇先生の話を聞いていて、私もとても共感するところがあります。今の私の学校も職業学科を設置していますので、高校籍の先生や中学校の先生が着任することがあります。先生によって特別支援教育への理解度の違いや、指導力に差があるというのは、学校現場はどうしても否めないですね。特に特別活動においては、どうしても学級担任の力量によって差が生じます。その点での改善策を考えた時に、学校経営上では、人材育成の視点が非常に重要で、在籍する全ての児童生徒一人一人に不公平さが生まれることなく、育てていくためには、組織的な

人材育成は欠かせません。一定の指導力や専門性を有し、きちんと児童生徒の言葉を拾っていくには、人材育成の取組が重要となります。近道はないので、実践の中から、その生徒の変容を追い、成果に結びついた経験を積むことが必要です。キャリア・パスポートの活用と合わせて、教員の育成に関わる事例の紹介もあると、参考になるのではないでしょうか。

菊地 ありがとうございます。米谷先生のお話を伺って、前任の青山特別支援学校におられたときのキャリア教育研究において、小・中学部の小さい子供たちが体を動かしたりすることのスキルではなくて、そこに向かう内面を先生方がずいぶん丁寧に読み取って働きかけていたなということなどを思い出しました。そういった表面的に見えない不確実なものを捉えようと先生方が努め、多様な見方や解釈をお互いに交わし合うことで、違いはあれども、多面的・多角的に子供を捉える資質・能力の向上にもつながっていたように思って聞いておりました。森脇先生、いかがでしょうか？

森脇 はい。今の米谷先生のお話、それから加藤先生のお話に共通すると思うのですけど、私がその当時できる最大のことというのは、教室に生徒自身が書いたものを貼り出すということでした。そのことによって先生も見るし、生徒も見るし、そこまでやらないと共有していきにくい部分があると思いました。
　生徒が変容することによって、先生も変わっていくという、そこがすごく大きいと思います。キャリア発達は双方向で起こるという言葉があ

りますけども、まさにそういうことを大事にしたと、今振り返ってみて思います。

それから、このキャリアデザインは、先生方のためにはカリキュラムのガイドラインとして使っていたわけですね。そうするとこういう方向や方針でいくということを先生方と共有できるわけです。

もう1つは生徒の側にはガードレールと言っていたのです。だからここから落ちたら駄目よ、という。ただしその中では自分で歩んでほしいなという思いもあったし、だから、いつも右肩上がりに成長していくのではなくて、たまには止まったりもするだろうし、もういっぺん元に戻ることもあるかもしれないし、そこは生徒自身が自分の足で歩んでいきます。それから、例えばあいさつをすることについても、1年生のときにあいさつの仕方とか、なんであいさつをするかとか、いろいろやるのですけど、3年生だって必要ですし、大人になっても必要なことです。だから行ったりきたりしながら、いろんなことを学ぶ。それを意識化していくというか、なんかそのようなことにつながってくれたらいいなと思っているところです。

もう1つは、はじめに加藤先生もおっしゃっていたキャリア・パスポートと個別の指導計画の似ているところと違うところについてですけども、やはりそれもね、白河の先生方がキャリアデザインに対して当初「なんでこんなの作らなあかんの」って、そんなことをおっしゃっていました。そのようなことを数年前にも聞いたのですけどね、やはりキャリアデザインというのはまさにポートフォリオですね。生徒自身の学びのプロセスを可視化し、先生も一緒に歩ん

でいくためのポートフォリオなのですね。一方、個別の指導計画というのは、これはやっぱり一人一人の計画書であるし、教育企画書でもあるわけですよね。だからそこはちょっと違うかなと思います。でも、保護者にも合意形成していくという部分では一緒かと思いますし、その辺りはまさに手引きの中にも書いてありましたけれども、教材としてどう使っていくかというか、そのような違いがあると思います。

今、ちょうど私、教育委員会で高等学校の担当をしておりまして、生徒たちや先生方にもアドバイスする立場にあるのですけども、キャリア・パスポートはかなり使われております。中学校からの連携というのもかなりあるのですが、どこが担当しているかを聞いたら、進路指導部が多いように思います。やはりその位置付けは少し違うかなと思います。もちろん進路は大事ですけどね。むしろ、学級担任が中核となっていくような、学校全体で取り組めるような教務部とか、生徒指導部とか、その辺りが関わっていくほうがよいのではないかと思うところです。

菊地 全知長加盟校にご協力いただいた調査では、進路指導部と教務部が連携しながら進めているという回答が多かったです。どちらかのみがやっているのではなくて、両者が歩み寄っていると捉えられました。あと、やはり学級担任が中心となりながら、週日課の中で対話の時間を計画的に位置付けるなどして、振り返りを行うことや、丁寧に対話をされていると捉えております。

昔、学校現場の教員だった頃のことを思い出

すと、季節ごと学期ごとに写真を整理したり、アルバム作りをよくやったと思うのですけど、休み時間等に発語のないお子さんたちがよくアルバム見ていて、そこに対して教師が共感したり、声をかけたり、働きかけるっていうようなことをしていたと思います。その現代版として、今、タブレット端末を使った振り返りなど、形は変われども様々な対話が行われているのかなと思います。そういったあたりでは、子供たちとより直接関わっている学級がホームグラウンドであり、学級担任の先生方も丁寧にやっているのではないかなと思っております。

　それぞれのお立場からいろいろ伺いまして、大事なことがたくさん確認できたかと思います。では、最後の話題ということになりますが、今後のキャリア・パスポートの活用に向けて期待されることや、解決の鍵となるようなことなどについてお話いただければと思います。加藤先生からよろしいでしょうか。

加藤　全知長の調査報告の結果も拝見しまして、菊地先生もおっしゃっていましたが、児童生徒にとっての振り返りや見通しなど、キャリア形成に資するものとなっているという、肯定的な回答が9割近くあるというのは、非常にありがたいことです。おそらく各学校で、創意工夫されたキャリア・パスポートの活用がなされているということだと思いますし、やはりキャリア・パスポートを活用していくことが児童生徒のキャリア形成においては有用であるということが示唆されているのかなということを感じました。

　一方で課題として、自己表出の難しい児童生徒に対する取組であるとか、児童生徒側が自身の課題や目標を自覚するということが大きな課題として挙げられていました。これはある意味、想定されるところではないかと思いますが、この教員側と児童生徒側の課題はお互いに関連しており、おそらく先ほどもお話があった、観点別学習状況の評価が知的障害のある子供、特に障害が重度である子供に対しては難しいという課題ともつながってくることではないかなと思っております。当然、障害の状態等が重ければ重いほど、変容が1単位時間では見て取れないということもありますし、授業の中で児童生徒本人が何を学習するかという目標を理解しにくいということもあるかとは思います。しかし、こういった困難さを克服するためには、授業で言えば1単位時間ではなく、単元全体で見ていくとか、これまで学習してきたことを実際の教材や映像で示すなどして、わかりやすい振り返りをしてから学習に臨んだりすることが必要かと思います。これまでも工夫はなされてきたかと思いますので、おそらくキャリア・パスポートについても同様で、目標を設定しようとする際に、いろいろな材料、児童生徒がこれまで学習してきたものをわかりやすく示していく。それが現代で言うとICTを使ってよりわかりやすく示すということにもなるかもしれませんが、そういったことが対話する材料となって、それをきっかけに児童・生徒が目標を設定していくということもできる可能性が広がっていくのではないかと思います。

　また、キャリア・パスポートの引き継ぎという観点からは、先ほどから先生方みなさんがおっしゃっている「キャリア・パスポートは教

材である」というところで言いますと、おそらく個別の指導計画や、個別の教育支援計画、指導要録といったものに示されている内容を補完するものとして活用されていくことも考えられるかと思います。子供たちが取り組んできた活動はさまざまあっても、諸計画上では端的に書かざるを得ず、引き継ぎのときはそこから把握するしかありませんが、そこを埋める、より詳細に引き継ぐためのツールとしてキャリア・パスポートの活用が期待されます。子供がどのような思いをもって、どのような学びをしてきたかということを捉えるためのツールとなるとよいと思っているところです。

菊地 ありがとうございます。加藤先生のお話を伺っていて、教員の側が子供のことをより深く知るためのツールにもなり得ると思いました。引き継ぎのための諸計画の行間を、子供との対話をとおして理解していくことは、いわゆる学習評価の精度を高めていく上でも有効であるような気がしました。米谷先生、いかがでしょうか。

米谷 そうですね。今後ということになると、ICTは欠かせないだろうと思います。1人1台端末の時代になってきているので、その端末に自分自身にとって必要な情報を取り込んでいくことができます。ASDや重度の方でも操作が上手な方はたくさんいます。あっという間に必要な画像を持ってきたり、検索したりということができますし、言葉でのやりとりは難しくても画面上で選択をする。何が好きだ、何がしたいのかが、画面上であればかなり有効的に拾え

る可能性があると思っています。1人1台端末を活用し、ポートフォリオを保存して、いつでも振り返られるということが進んでいくことに期待を寄せています。あとは、引き継ぎですね。中学部まではGIGA端末ですが、中学部卒業と同時に、高等部は端末そのものが変わります。データの引き継ぎをどうしたらよいかという点や特別支援学級等からの入学生徒について、生徒本人からの引継ぎが上がってくるかという点も整えておかないとなりません。データの内容であるとか、容量であるとか、または引き継ぎの方法というのは、今後さらに工夫をして、受け入れるほうも必要な情報が子供のほうから入るような形を取っていけるよいと思っています。今後、研究も含めて実践を進め、各学校が子供たちに応じて、取り組んでいただくことを期待します。以上です。

菊地 ありがとうございます。まさにICTの活用はいろんな学校で取り組まれているところだと思いますが、米谷先生のおっしゃったように、言語表出が難しい子供の行動そのもの、操作そのものを教師が捉えて共感し、いかに価値付けたり、方向付けたりしていくかというところが大事かと思います。また、プラットフォームやデータの移行、さらにはセキュリティ等、現代ならではの課題ですが、きっと何らかの解決方策を見出していくのだと思います。このあたりが従前の紙ベースでの取組では為し得なかったことを解決できる可能性として非常に期待できることかと思います。ぜひ学校現場からのたくさんの発信に期待したいところです。森脇先生、最後にお願いいたします。

森脇 両先生がおっしゃっていることとだぶってしまいますが、一つは観点別学習状況の評価との関連というのはあるというか、活用できるのではないかなと思っています。今、高等学校の現場でも導入が求められ、どうするの？という話が、会議の中で出てきているとこですけども、やはり評価のための評価ではないので、生徒一人一人の学びをどのように捉え言語化しながら、プロセスをどう見ていくかというところが非常に大事になってくるかと思っています。そう思うと、このキャリア・パスポートは活用によっては、学習評価につなげていける可能性があるのではないかと思っています。特に自己評価をどうするかというところについては、すごく役に立っていくような気がしております。どうしたらよいかについては、具体的にはまだわかりませんが、そのような活用、進め方というのはあるのかと思っています。

それからもう一つは ICT についてですが、これもコロナ禍の中でずいぶん学校の中で活用され、変わってきたように思うのですね。ロイロノートを使って、もうリアルタイムで生徒たちの意見をバッと聞いたりとか、それをグラフ化したりとか、先生方は当たり前のようにやっているところを見ていると、ずいぶん変わったなと思っています。それから、そういう情報端末をうまく生徒自身が使っていくことは、生徒自身の自己理解を深めていくための手段としても有効であり、まだまだ変化していくのではないかなと思っています。いずれにしても、生徒一人一人が自分の学びというものを、やっぱり言語化していくプロセスをどんなふうに残していくか、捉えていくか、そのことによって、なぜ・

なんのためにこの学習や活動があるのか、ということに気付いていくということが、一番、生徒たちの成長や育ちにつながっていくのではないかなと思っていますし、そういう意味でキャリア・パスポートというのは非常に有効な手段になっていくのではないかと期待しています。

菊地 ありがとうございました。まだまだ話題は尽きないところでありますが、あっという間に時間となりましたので、最後に一言ずついただければと思います。

加藤 はい、最後にということで、やはりキャリア教育ということで考えますと、学校生活が終わって、社会に出て行くというところで終わりではなく、卒業後も生涯にわたってキャリア発達を促していくことができるようにしていく必要があります。自己決定という部分で言いますと、なりたい自分とか、やりたいことというのをきちんと自分で判断して、卒業後も社会人としての生活を営んでいけるようにするということが、非常に大事だと思っております。そのためのツールとしてキャリア・パスポートをさらに活用していただけると、非常にありがたいですし、期待しています。よろしくお願いします。

米谷 実はずっと話を聞きながら考えていたのですが、このキャリア・パスポートを本当にしっかりと進めて、自己理解や自己選択をと考えたときに、自立活動との関連性は外せないだろうと思います。どのように自分の障害を受け止め、困難を改善し、克服していくかという視

点を踏まえつつ、願いに向かって様々なことに取り組んでいくことが大事だと思います。そのために今、自身にとって、そして環境として何が必要なのかということを考えることや、取組の積み重ねが必要だと思うので、今後は自立活動とキャリア・パスポートをどのように関連付け、子供たち自身の学びに導いていけるのかということを考えていきたいなと感じました。

森脇　先ほど言いましたように、最近高等学校の現場によく足を運んでいるのですけど、うらやましいくらい若い先生方で溢れているのですね。思うと、このキャリア・パスポートって先生方にも必要ではないかなって思っています。先生方自身がどのように歩んでいくかっていうこと、何かそんな思いでいつも見ている感じが

しています。冒頭でも言いましたけど、生徒が変化するときに先生も変化していくのだと思います。同時に先生が変化したら生徒も変化するのではないかなと思ったりもします。先生用のキャリア・パスポートがあるといいですね。以上です。

菊地　ありがとうございました。最後に一言、各者それぞれ本当に重みのある、また提案性のある言葉をいただきました。まだまだお話はつきませんけども、時間となりましたので、座談会はこれにて終わりたいと思います。本日はどうもありがとうございました。

座 談 会 振 り 返 り

　加藤宏昭先生、米谷一雄先生をお迎えし、本研究会森脇勤会長を交えた三者による座談会は、あっという間に予定していた時間が過ぎてしまいました。本座談会では、キャリア・パスポートの活用に向けた具体的方策の手がかりについてはもちろんのこと、特別な教育的ニーズのある子供たちの「これまで」と「いま」と「これから」をつなぎ、キャリア発達を支援する上で大切にすべきポイントなど、たくさんの示唆を得ることができました。この場をお借りして改めて感謝申し上げます。さて、本稿では、収録後の振り返りの対話について少し紹介したいと思います。

　加藤先生と米谷先生のお二人からは、子供たちの自己評価の重要性についてお話しいただきました。言語表出が比較的円滑にできる子供であっても客観性という点や、目指す目標に合わせなければならないという本人の思いによる影響など、その難しさについて言及していただきました。また、自己評価においては、評価基準の明確化や○△×などの本人にとってのわかりやすさを踏まえつつ、他者評価の活用によるすり合わせや対話、そして対話をとおして本人の思いに共感するとともに、本人なりの根拠や判断の背景を丁寧に拾い上げることなどによる分析の必要性についてご指摘いただきました。

　森脇先生からは、相手が何を言いたいか、何を求めているかということを、どのように読み取るか、すなわち「context（文脈）」を踏まえることの重要性について触れていただきました。加えて、言語的な弱者である障害のある子供たちのcontextを読み取る難しさや、本来的に誰もが全てを言語化することの難しさについて指摘されるとともに、その対応方策として写真や動画を活用し教員一人一人が子供たちのまなざし、しぐさ、声のトーン、表情等、いろんなものを見たり感じたりしたことを、チームで語り合うことによって、迫っていく必要性について言及いただきました。さらには、答えは一つではなく、また答えに至らなくても、教員同士の対話を広げたり、生徒との対話を深めたりすることの重要性や、そのためのツールとしてのキャリア・パスポート活用について提言をいただきました。

　私自身、先生方のお話を聞き、やりとりさせていただき、現在取り組んでいるキャリア・パスポート研究はもちろんのこと、勤務する教職大学院で院生が作成する「学修ポートフォリオ」の活用やreflection（省察）における対話の在り方について改めて考える機会となりました。また、座談会の最後で森脇先生が述べられていたように、ポートフォリオ等を用いた対話の充実によって教員評価における効果的な省察や、職務上の目標意識の醸成とその具体的実践につながると捉えました。今後、キャリア・パスポート的なツールの開発と導入、小集団対話等の形式を踏まえた語り合い・学び合い場の創出によって、よりポジティブな省察や組織的取組が推進され、教育活動全体の活性化が期待されます。

　さらには、本座談会をとおして、振り返りの視点という定型的な枠組を導入した対話により、知的障害のある子供の自己評価力やメタ認知力が向上したという実践報告が思い出されました。この点については、実践研究による開発の余地があると考えます。

　最後に、座談会の企画編集に携わり、収録に

も立ち会って諸々に対応いただいた、松見常任理事、坂本理事から振り返りのコメントを紹介したいと思います。

松見和樹　常任理事

　座談会では、キャリア・パスポートを活用していく上でのポイントである、「つなぐ」と「対話」について、その重要性を含め、大変参考になるお話を伺うことができました。

　子供たちが自らの学習を振り返りながら、自身の変容や成長を自己評価できるようにしていくということを、小学部段階から丁寧に積み重ねていくには、実態に応じた対話が必要です。小学部は、写真を使って振り返りをすることが多いですが、そこに一緒に記す教師のコメントや児童生徒の感想はとても大事です。そのときに自分が何を感じたのか、何を考えたのかについて記録されていて、それをあとで振り返ることができることはとても大事です。座談会では、内言語と表出言語の実態把握の重要性について指摘がありました。教師や友達との対話から、そのとき体験した気持ちを言語化する。また、子供自身が感じたことを自分の言葉や文章で表すには、対話がとても重要な役割を果たすことに改めて気付かされました。

　いわゆるキャリア・パスポートの通知（文部科学省，2019）には、「自らの学習状況やキャリア形成を見通したり振り返ったりしながら、自身の変容や成長を自己評価できるようにする」とあります。子供たちに寄り添い、対話しながら振り返りと見通しを繰り返していくなかで、メタ認知の力を高め、自己調整や自己決定ができるようにキャリア・パスポートを活用していくことが必要です。座談会では、子供たち自身で学びを深め、学びの意欲を高めていくことの重要性が指摘され、改めてキャリア・パスポートの意義と活用のポイントを押さえた上で

実践していくことが大切であることを認識しました。キャリア・パスポートへの期待と取組への意欲が湧いてきた座談会でした。ありがとうございました。

坂本征之　理事

　座談会では、本校の校内事情を思い浮かべながら、3人の先生方のお話を伺いました。今後のキャリア・パスポートの活用に向けた3つのキーワードが挙げられました。一つ目は「個別の諸計画との相違点」、二つ目は「本人参画」、三つ目は「内言語と表出言語」です。

　キャリア・パスポートは学びの履歴を積み重ねる「教材」であり、個別の諸計画の隙間を埋める可能性があるということです。本人の思いや願いに教員と保護者が向き合い、個別の諸計画に反映していくためには対話が重要となります。対話においては、子供たちが表出する言葉や態度に対する教員の見取りの力を磨いていく必要性や、子供たちの内言語にも着目する必要性があります。ありたい自分やなりたい自分の実現に向けて、主体となるのは本人です。ICT機器の活用が急速に進む中、本人を中心に据えたキャリア・パスポートをどのように作成し、有機的に活用していくことができるかという視点で、これまでの取組を捉え直していきたいと思いました。

　私の勤務する学校では、個別の諸計画をもってキャリア・パスポートに代える形で運用していますが、まだ有機的な活用には至っていません。担当者からも改めて課題として、個別の諸計画とは別に、キャリア・パスポート作成の必要性が挙げられています。先生方からの主体的な課題提起を契機として、対話を重ね、アイデアを練っていく上でのきっかけと示唆をいただいた座談会でした。ありがとうございました。

論 説

キャリア発達を促すキャリア・パスポートの意義と活用に向けた具体的方策

弘前大学大学院教育学研究科

教授 菊地 一文

1 キャリア・パスポートの意義

（1）キャリア・パスポート導入の背景

　今般の学習指導要領改訂の方向性を明確にした中央教育審議会（2016）による「幼稚園、小学校、中学校、高等学校及び特別支援学校の学習指導要領等の改善及び必要な方策等について（答申）」（以下、答申）では、「キャリア発達を促すキャリア教育」の充実を図る重要性について言及するとともに、「キャリア教育の理念が浸透してきている一方で、職場体験活動のみをもってキャリア教育を行ったものとしている」、「社会への接続を考慮せず次の学校段階への進学のみを見据えた指導となっている」、「職業を通じて未来の社会を創り上げていくという視点が乏しい」等の課題を指摘した。

　これらの課題の解決を図り、キャリア教育を効果的に展開していくために、答申では「教育課程全体を通じて必要な資質・能力の育成を図っていく取組」の重要性を挙げ、学級活動やホームルーム活動といった特別活動を中核として、教育課程全体をとおした取組を進めることや、各教科等において児童生徒が「自己のキャリア形成の方向性と関連付けながら見通しを持ったり振り返ったりしながら学ぶ」視点を踏まえた、授業等の改善の必要性について言及した。さらに、各学校段階を見通したキャリア教育の充実を図るため、特別活動の役割を一層明確にするとともに、「キャリア・パスポート（仮称）」の活用について提言した。

　答申が示したこれらの課題や指摘を踏まえ、今般の学習指導要領では「社会に開かれた教育課程」「育成を目指す資質・能力」「主体的・対話的で深い学び」「カリキュラム・マネジメント」の4つのキーワードに基づき、学校種別や段階を越えて教育活動の一層の充実を求めている。また、キャリア・パスポートについては、その意義の理解と活用を図るべく、学習指導要領改訂の後、文部科学省（2019）は「キャリア・パスポート例示資料等」（以下、例示資料）を作成し、都道府県及び政令市教育委員会等に通知した。

（2）キャリア・パスポートとは

　上述した背景を踏まえ「キャリア教育の充実」に向けた具体的方策の一例として示されたツールがキャリア・パスポートであり、答申の指摘事項を踏まえ、通知によって、2020（令和2）年度より小・中・高等学校、特別支援学校にお

ける導入を求めた。

キャリア・パスポートの導入の根拠としては、各校種の学習指導要領の「特別活動 第2 学級活動・ホームルーム活動 3内容の取扱い」に示す「学校、家庭及び地域における学習や生活の見通しを立て、学んだことを振り返りながら、新たな学習や生活への意欲につなげたり、将来の（在り方）生き方を考えたりする活動を行うこと。その際、児童（生徒）が活動を記録し蓄積する教材等を活用すること」（下線は筆者）であると捉えられる。当該箇所を踏まえ、例示資料では、キャリア・パスポートについて、児童生徒が「自らの学習状況やキャリア形成を見通したり振り返ったりしながら、自身の変容や成長を自己評価できるよう工夫されたポートフォリオ」と解説している。

（3）ポートフォリオとは

ポートフォリオとは、もともと画家や建築家、新聞記者といった職業の人々が、自らを売り込むときに用いる「紙ばさみ」であり、ファイルやスクラップ帳などを指す。画家であれば、自分の代表作や個展のビラ、新聞に載った批評などを綴じ込み、それを見れば力量や画風、さらには社会的な評価が一目瞭然となる（西岡ら、2013）。

また、教育の場においては、パーソナルポートフォリオ等、質的な学習評価の方法の1つとして活用されてきている経緯があるが、本人にとっての「キャリア発達を促す」ためのツールという視点から改めて捉え直す必要がある。まず、ファイリングについては、児童生徒にとって手応えがあった、あるいは課題となった学習

や活動の内容等、本人の選択・判断による、何らかの意味付け、価値付けがなされたものである必要がある。また、詳細については後述するが、キャリア・パスポートは振り返りや対話のためのツールであるという理解が必要であり、具体的な資料を踏まえて本人がこれまでの学習を振り返ることで、現在の到達点や今後の課題を考え、語る機会を確保することが肝要であると考える。

（4）キャリア・パスポートの目的と内容に関するポイント

例示資料では、児童生徒、教師双方にとってのキャリア・パスポートの目的について次のように解説している。児童生徒については「小学校から高等学校を通じて、自らの学習状況やキャリア形成を見通したり振り返ったりして自己評価を行うこと、主体的に学びに向かう力を育み、自己実現につなぐもの」と示しており、教師については「その記述をもとに対話的にかかわることによって、児童生徒の成長を促し、系統的な指導に資するもの」と示している。なお、類似する取組として、教員養成系大学及び教職大学院における「教職ポートフォリオ」や「学修ポートフォリオ」が挙げられ、ポートフォリオをとおした省察は、職能成長を促進する上でも重視されてきている。

例示資料はカスタマイズを前提としており、キャリア・パスポートの内容について以下の9点のポイントを示し、各自治体及び学校において適切に取り扱うこととしている。しかしながら、多くの自治体では例示資料をそのまま適用しているケースも散見されるため、特別支援学

校では在籍する児童生徒の実態から使いにくいという指摘も見られる。

①児童生徒が自ら記録し、学期、学年、入学から卒業までの学習を見通し、振り返るとともに、将来への展望を図ることができるものとすること

②学校生活全体及び家庭、地域における学びを含む内容とすること

③学年、校種を越えて持ち上がることができるものとすること

④大人（家族や教師、地域住民等）が対話的に関わることができるものとすること

⑤詳しい説明がなくても児童生徒が記述できるものとすること

⑥学級活動・ホームルーム活動で「キャリア・パスポート」を取り扱う場合にはその内容及び実施時間数にふさわしいものとすること

⑦カスタマイズする際には、保護者や地域などの多様な意見も参考にすること

⑧通常の学級に在籍する発達障害を含む障害のある児童生徒については、児童生徒の障害の状態や特性及び心身の発達の段階等に応じて指導すること。また、障害のある児童生徒の将来の進路については、幅の広い選択の可能性があることから、指導者が障害者雇用を含めた障害のある人の就労について理解するとともに、必要に応じて、労働部局や福祉部局と連携して取り組むこと

⑨特別支援学校においては、個別の教育支援計画や個別の指導計画等により「キャリア・パスポート」の目的に迫ることができると考えられる場合は、児童生徒の障害の状態や特性及び心身の発達の段階等に応じた取組や適切な内容とすること

これらのポイントをさらに整理すると、「児童生徒が作成し活用できるもの」、「児童生徒の学びをつなぎ、今後に生かすもの」、「児童生徒との対話や関係者の連携・協働に生かすもの」の３点に集約できる（菊地、2021）。すなわちキャリア・パスポートというツールによって、児童生徒が学び、取り組んだことの「可視化」を図り、その活用によるガイダンスやカウンセリングの視点を踏まえた「対話」をとおして、児童生徒自身の学びや育ちへの気付きを促し、「これまで」と「いま」と「これから」を「つなぐ」ことが求められているのである。この一連の取組によって、児童生徒が将来の目的に向かい、「なぜ・何のために」学ぶのかを認識するとともに、各教科等をとおした資質・能力の伸長を図り、さらにはカリキュラムの改善を図ることが求められる。

なお、⑨については、特別支援学校では従前から個別の諸計画の作成と活用が進められてきた経緯から、キャリア・パスポートの導入に際して新たに作成する作業が増えるという負担感や、これまでの個別の諸計画との違いに関する戸惑いが指摘される。一方でキャリア・パスポートを個別の諸計画の作成等で代替する判断した場合においても、キャリア・パスポートの趣旨や目的に迫ることについて十分に検討・対応しているかどうかが課題となる。確かに個別の諸計画とキャリア・パスポートは類似する点もあるが、「児童生徒が作成し活用する」「対話をとおして学びや育ちに気付けるようにし・つなぐ」ということが重要なカギとなる。この点におい

て、現状の個別の諸計画における活用の実際は十分とは言えず（加瀬・菊地、2020）、一部のキャリア教育推進校等は別として、キャリア・パスポートの趣旨を踏まえ、代替できているとは言いがたい状況にあると捉えられる。

また、今般の学習指導要領を受け、現在、特別支援学級に在籍する児童生徒や通級による指導を受ける児童生徒に対しても個別の諸計画の作成と活用が求められている。これらについては、あくまでも小・中学校等に設置される学級であるという位置付けから、通常の学級で取り扱うキャリア・パスポートの様式がそのまま適用されていることが多いと推察する。したがって特別支援学級においては、様式等の使いにくさや学校全体の対応方針の中でどのように対応していくべきかなどの戸惑い等の課題を抱えていることも推察される。

（5）キャリア・パスポートを使用した指導における留意点

例示資料では、キャリア・パスポートによる実際の指導における留意点として、以下の9点を挙げている。

①キャリア教育は学校教育活動全体で取り組むことを前提に、「キャリア・パスポート」やその基礎資料となるものの記録や蓄積が、学級活動・ホームルーム活動に偏らないように留意すること

②学級活動、HR活動で「キャリア・パスポート」を取り扱う場合には、学級活動・HR活動の目標や内容に即したものとなるようにすること

③「キャリア・パスポート」は、学習活動であることを踏まえ、日常の活動記録やワークシートなどの教材と同様に指導上の配慮を行うこと

④「キャリア・パスポート」を用いて、大人（家族や教師、地域住民等）が対話的に関わること

⑤個人情報が含まれることが想定されるため「キャリア・パスポート」の管理は、原則、学校で行うものとすること

⑥学年、校種を越えて引き継ぎ指導に活用すること

⑦学年間の引継ぎは、原則、教師間で行うこと

⑧校種間の引継ぎは、原則、児童生徒を通じて行うこと

⑨装丁や表紙等についても、設置者において用意すること。その際には、一定の統一性が保たれるよう工夫すること

以上のことから、キャリア・パスポートの導入に当たっては主に活用面に関して留意する必要があることが分かる。個別の諸計画も同様であるが、作成することのみにとらわれてしまい、その作業負担が課題となることや、本題である活用面に目が向いていないために、後に効果的活用が課題として挙げられることが危惧される。これらの留意事項と従前から取り組んできた個別の諸計画の成果と課題を踏まえ、適切に対応していく必要がある。

2　障害のある児童生徒の対話を促進するための具体的方策

特別支援学校等に在籍する障害による学習上又は生活上の困難のある児童生徒の場合、キャ

リア・パスポートの意義を踏まえた効果的な活用を図る上で、次の4点を踏まえた対応が必要であると考える。

（1）対話の促進を図るツールの開発

キャリア・パスポートを活用した学習では特に目標を設定したり、振り返りを行ったりするような活動に取り組む上で、「具体化」「可視化」「共有化」「段階化」するツールの活用が必要かつ有効であると考える（石羽根・菊地、2021；菊地ら、2022）。

特に知的障害がある児童生徒の場合、記憶の保持や想起等、認知機能における困難が見られることから、「可視化」「具体化」は、全ての授業において不可欠と言える。これらの視点を具体的に進める方策として、マンダラート（今泉、1987）やライフラインチャート等のワークショップ手法のほか、PATH（Planning Alternative Tomorrow with Hope）等の本人を中心したアクションプラン作成のための手法、そして複線径路等至性アプローチ（Trajectory Equifinality Approach: TEA）の考え方を踏まえた TEM（Trajectory Equifinality Model）図（サトウ、2009）等の質的研究法の活用が考えられる。

また、児童生徒同士の対話による気付きの促進や価値付けが効果的であると考えられる（小林・菊地、2019；菊地ら 2022）ため、「共同化」を図っていくことがより望ましい。さらに、これらは手続きが確立されているものであるが、拡散と収束の手続きの工夫による、より効果的な「段階化」を検討することが効果的であると考える。

（2）対話を支える ICT 機器の活用

GIGA スクール構想による ICT 環境の整備が進められてきたことを踏まえ、障害による学習上又は生活上の困難に対しては1人1台端末の活用が効果的であると考えられ、その開発や工夫が求められる。特に知的障害等による、上述した記憶の保持及び想起に関する困難が見られる場合や、読字や書字が困難である場合などについては、写真や動画を階層的に保存し、参照できるアクセシビリティのよさに着目したい。また、知的障害と肢体不自由を重複するなど、いわゆる重度重複障害のある児童生徒の場合は、視線入力装置の活用も十分に考えられる。機器によって言語表出の困難な児童生徒の意思を把握し、かかわりによって「受け手」効果（鯨岡、1997）や「聞き手」効果（Bates、1975）を引き出すなど、教師の共感的対応が求められる。

一方で、読字や書字が可能な児童生徒である場合でも、対話し思考する過程において同時に記録として書字を求めることは、ワーキングメモリーへの負担となり、思考の妨げや制限になることが考えられる。キャリア・パスポート活用の主なねらいは対話をとおした振り返りと気付きであるということについて十分に留意し、その解決方法としての ICT 活用について積極的に検討したい。

（3）対話のサイクルの工夫とカリキュラム・マネジメント

キャリア・パスポートは、児童生徒本人の「学びをつなぐ」ための対話を促進するツールであり、対話をとおした意味付けや価値付け等に重

点を置くことから、その気付きを引き出すための対話のサイクルも重視すべき事項として挙げられる。

そのためには、個別の諸計画等への参画を進めるなどして、児童生徒本人が「なぜ・何のため」に学ぶのかについて意識できるようにするとともに、目標設定したり、振り返ったりする機会を大切にし、各授業場面におけるつながりやサイクルを十分に検討したい。とりわけ知的障害教育においては、従前から児童生徒本人が授業の中で目標設定したり、振り返ったりする活動に多く取り組んできている。しかしながら、効果的に展開されてきているかとなると、それぞれの授業内で止まっていたり、活動そのものが形骸化していたりすることが少なくない。また、目標を覚えることが目的になってしまっていたり、成功体験や手応えが得られにくい活動になっていたりする等の課題も散見される。

前述した対話における「可視化」「具体化」「共有化」「段階化」の工夫や「ICT機器の活用」は、目標設定と振り返りにおいても有効であり、その適用を図るとともに、改めてその目標設定や振り返りの在り方やつながりについて再考することが必要である。

例えば、日々の日常生活の指導において、その日一日を展望し、目的意識をもって学習活動に臨むことや、その日を振り返り、学習活動の結果を意味付けたり、価値付けたりし、次にすべきことを考える機会を大切にしたい。また、学級活動やホームルーム活動において、一週間のサイクルで総括することも有効であると考える。さらには、前・後期の区切りや高等部を中心に取り組まれている年に数回実施される産業

現場等における実習も大事な「節目」となり得る。

これらの目標設定や振り返りの機会を断片的に実施したり、単なるルーティンとして形骸化させたりすることなく、児童生徒が自身の学びや育ちや取り組むべきことに気付く大事な「節目」につながるものとして、組織的・計画的につないでいくことが求められる。つまり、個の育ちを促すという視点から、キャリア教育の「要（かなめ）」としての特別活動と各教科等をつなぐカリキュラム・マネジメントが求められるのである。

（4）対話における教師の力量形成

以上3点は、いわゆる対話のための環境整備と言えるが、対話において最も大きな役割を果たすのが、教師が対話において、児童生徒の思いを受け止め、理解しようとし、そして応じていく力である。その対応については、正解と言えるものはなく、様々な可能性があるため、対話における力量形成については、教師同士の学び合いにより、各自が多様な見方や捉え方を取り入れていくことが肝要であると考える。

具体的な取組の一例として、ラベルコミュニケーションやアクティブ・リスニング（竹村・柳川、2019）を参考にした、対話チャート（石羽根・菊地、2021）を用いた教員研修等が挙げられる。ここでも「具体化」「可視化」「共有化」「段階化」されたツールの活用の有効性が示唆されている。その他、マネジメントの考え方や様々なファシリテーション手法が参考になるだろう。

3 キャリア・パスポートの活用による今後の 実践の充実に向けて

筆者らの調査では、文部科学省通知による キャリア・パスポートの導入以前から、その趣 旨を踏まえた取組は進められてきている知的障 害特別支援学校が一定数あることを明らかにし た。

例えば、京都市立総合支援学校職業学科３校 や横浜市立若葉台特別支援学校の「キャリアデ ザイン」や、千葉県立市原特別支援学校つるま い風の丘校舎の「セルフデザインシート」等の いわゆるキャリア教育推進校におけるキャリア 発達を促すための対話ツールとしての取組が挙 げられる。また、秋田大学教育文化学部附属特 別支援学校の「私の応援計画」、長崎大学教育 学部附属特別支援学校の「セルフサポートブッ ク」等の、個別の諸計画への本人参画による、 本人を中心とした関係者の連携・協働を促進す る取組の２つの流れがある。

いずれも対話をとおして自己理解を図り、学 びや育ちへの気付きを促すとともに、「なぜ・ 何のため」「何を」「どのように」学ぶのかにつ いて児童生徒本人が自己選択・自己決定してい くことを大切にした、「ヒト・コト・モノ」を つなぐ取組である。また、いずれも用いるツー ルはあくまでも手段であり、児童生徒本人を中 心とした意思決定や、教え込みではない、内面 の育ちを大切にした実践に努めている。これら の先行事例の形式をなぞるのではなく、各取組 の本質的理解に努め、各校の実態に応じて咀嚼 し工夫していくことが肝要である。

前学習指導要領（2008・2009）においてキャ リア教育の推進が求められた当時は、障害によ る学習上又は生活上の困難があるゆえに、その 対応が難しいと言われてきた。また、キャリア 教育はいわゆる知的障害が軽度である生徒に対 する職業教育のことであるという誤解も生じ た。しかしながら、10年が経過した現在、小 学部段階の教育においても、いわゆる重度重複 障害と言われる児童生徒に対する教育において も、従前からの実践をキャリア発達の視点から 捉え直すようになり、キャリア教育は全ての児 童生徒に対して必要なものであるという理解が 進み、その取組が進められてきている。

現在、同様にキャリア・パスポートは難しい という声を聞く。また、その意義を理解しつつ も作業負担に対する否定的な見方も散見されて いる。改めてキャリア・パスポートの趣旨を踏 まえ、児童生徒の「キャリア発達を促す」とい う視点からこれまでの取組を捉え直すことが肝 要である。このことは、児童生徒個々に対する 実践の見直しのみならず、個別の諸計画や各教 科等の年間指導計画等の既成の計画やツール、 作成から活用に至る手続きやシステム、さらに は学校教育目標や教育課程との関連等について 再考し、それぞれをより機能させる機会となり 得るであろう。

キャリア・パスポートは、今般の学習指導要 領改訂に向けた議論の中で挙げられた課題への 具体的な対応方策として導入されたものである ことを再確認し、キャリア教育の充実はもとよ り、４つのキーワードの具現化に向けて有効な ツールとしてその役割を発揮していくことを期 待したい。本稿で指摘した、①「可視化」「具 体化」「共有化」「段階化」を踏まえた、対話 を促進させるツール開発、②対話を支える ICT

機器の活用、③対話のサイクルとカリキュラム・マネジメント、④対話における教師の力量形成の4点を踏まえ、実践を創造していくことが、これらの具現化に寄与すると考える。

付記

本稿の一部は、日本学術振興会科学研究費補助金基盤研究（C）「知的障害教育における対話と可視化の視点を踏まえたキャリア・パスポートの開発」（課題番号 21K02678）で得た知見が含まれている。

文献

1) 中央教育審議会（2016）幼稚園，小学校，中学校，高等学校及び特別支援学校の学習指導要領等の改善及び必要な方策等について（答申）.

2) Bates, E., Camaioni, L. & Volterra, V. (1975) The acquisition of performatives prior to speech, Merrill-Palmer Quartelyj, 21 (3), pp205-226.

3) 干川隆（2002）教師の連携・協力する力を促すグループワーク—PATH の技法を用いた試みの紹介—. 知的障害養護学校における個別の指導計画とその実際に関する研究報告書, 国立特殊教育総合研究所.

4) 今泉浩晃（1987）創造性を高めるメモ学入門. 日本実業出版社.

5) 石羽根里美・菊地一文（2021）知的障害のある児童生徒のキャリア発達を促すためのキャリア・パスポートの活用に関する研究 —目標の具体化と学習との関連付けを図るためのツール開発と効果的な対話の在り方の検討—. 日本特殊教育学会第 59 回大会論文集 CD-ROM.

6) 加瀬恵・菊地一文（2020）「本人の願い」を踏まえたキャリア発達支援の在り方に関する研究（2）—個別の教育支援計画に焦点を当てて—. 日本特殊教育学会第 58 回大会論文集 CD-ROM.

7) 菊地一文・加瀬恵（2020）「本人の願い」を踏まえたキャリア発達支援の在り方に関する研究（1）—キャリア教育の推進状況の変化と充実に向けての課題—. 日本特殊教育学会第 58 回大会論文集 CD-ROM.

8) 菊地一文（2021）知的障害教育における「学びをつなぐ」キャリアデザイン. ジアース教育新社.

9) 菊地一文・石羽根里美・岡本洋・田中美紀・藤川雅人・杉中拓央（2022）可視化と対話の視点を踏まえたキャリア・パスポートの活用 —本人の取組に対する気づきや意味付けを促す活用のポイントと課題—. 日本特殊教育学会第 60 回大会論文集 CD-ROM.

10) 小林寛子・菊地一文（2019）対話場面をとおした知的障害のある生徒のキャリア発達支援 —学習活動を意味付けする「対話」と「生徒のための 10 分会議」をとおして—. 日本特殊教育学会第 57 回大会論文集 CD-ROM.

11) 鯨岡峻（1997）原初的コミュニケーションの諸相. ミネルヴァ書房.

12) 文部科学省（2019）キャリア・パスポート例示資料集等について.

13) 西岡加名恵・石井英真・川地亜弥子・北原琢也（2013）教職実践演習ワークブック：ポートフォリオで教師力アップ. ミネルヴァ書房.

14) サトウタツヤ（2009）TEM ではじめる質的研究法 —時間とプロセスを扱う研究をめざして—. 誠信書房.

15) 竹村哲・柳川公三子（2019）実践！特別支援教育のアクティブ・ラーニング —子どもの内面を捉え，学びの過程に寄り添う教育研修—. 中央法規出版.

実践報告 1

キャリア発達を促すためのキャリア・パスポートの活用〜ツールの活用と対話の在り方の検討〜

千葉県立夷隅特別支援学校教諭　石羽根　里美

キャリア・パスポートの活用に向け、知的障害のある児童生徒がいまの学びと自己の将来を結び付け主体的に学びに向かうための支援方法として、目標を可視化・具体化するための「願いシート」及び「目標シート」の活用を行った。また、児童生徒の思いや気付きを引き出すための具体的な方策を見出すために教員の学びあいを行った。

◆キーワード◆　目標設定、定期的な振り返り、対話

1　はじめに

本校は学校教育目標として「いつも明るく元気、すすんで学び自分の思いを伝える、みんな仲よくがんばるいすみの子」という児童生徒の姿を目指して教育活動に取り組んでいる。主に知的障害のある児童生徒が通い、小学部、中学部、高等部の設置校である。

学校研究の中で「キャリア発達を支援する学校生活づくり」を主題とし、キャリア発達の視点から一貫性・系統性を見直し、児童生徒一人一人の社会的・職業的自立に向けた教育活動に取り組んできた。特に、児童生徒の内面の育ちに着目し、「できた・できなかった」といった結果だけでなく、どのように児童生徒が活動に向き合っていたのかといった取組の過程を重視し、教員との対話による価値付けを大切にしてきた。具体的な取組としては、活動の前に、何を頑張りたいのか、何をしたいのかといった目標設定を行い、活動後には、振り返りの時間を設け、できたこと、感じたこと、次に取り組みたいことを教員と対話しながら、言語化するようにしてきた。このような活動を繰り返す中で、自分の考えを言葉にしたり、目標を意識して活動に取り組んだりといった、児童生徒の変化が

みられた。

2　キャリア・パスポートの活用

平成31年3月、文部科学省初等中等教育局児童生徒課による事務連絡文書「『キャリア・パスポート』の様式例と指導上の留意事項」が通知され、キャリア・パスポートの目的が次のように示された。

> 小学校から高等学校を通じて、児童生徒にとっては、自らの学習状況やキャリア形成を見通したり、振り返ったりして、自己評価を行うとともに、主体的に学びに向かう力を育み、自己実現につなぐもの。
> 教員にとっては、その記述をもとに対話的にかかわることによって、児童生徒の成長を促し、系統的な指導に資するもの。

児童生徒の「なりたい・ありたい」といった本人の願いや思いを踏まえたキャリア発達支援の知見をもとにキャリア・パスポートが活用されれば、有効なツールになると考えた。

そこで、キャリア・パスポートの目的に迫るために、本実践では「願いシート」及び「目標

シート」を活用した。また、児童生徒の思いや気付きを引き出すための対話のプロセスや問いの工夫について検討する「対話チャート」等による教員の学びあいを実施した。

（1）「願いシート」

　児童生徒が、自己の将来といまの学びをつなぐためのツールとして、「願いシート」を作成した。「願いシート」とは、「なりたい、ありたい姿」に近づくために必要なことを可視化・具体化していくものである。形式は、マンダラート（今泉、1987）の手法を用いて、各学部の発達段階に合わせて工夫し実施した。ここでは、高等部での事例を紹介する（図1）。

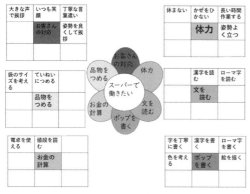

図1　願いシート（高等部）

　中心に本人の願いを記し、そのために必要な要素を教員と共に考えながら書き出し、さらにそのために必要なことを周りの9マスに具体化していく。本人の願いは、卒業後につきたい職業に限らず、生徒によってイメージがもちやすいものを設定した。

　「スーパーで働く」を目標にしたこちらの事例では、必要な力として、「文を読む」「ポップを書く」「お金の計算」「お客さんの対応」「体力」等の要素が出された。さらに、「文を読む」については、「漢字を読む」「ローマ字を読む」等、目標を達成するために必要な要素を具体化

した。

（2）目標シート

　「目標シート」とは、学期の目標を具体化するためのシートである。「願いシート」に記入した項目から、学期の目標を選び、達成するための行動を目標シートに具体化し、学期の目標とした（図2）。この生徒は、「漢字を書く」を目標にしたが、目標設定の段階で、「漢字が書ける」といったスキルだけではなく、「日課表の漢字を練習する」といった、目標を達成するために行う具体的な行動を書き記すことで、「できた・できなかった」だけではなく、努力した過程にも気付けるようにした。

図2　目標シート（高等部）

（3）定期的な振り返りの実施

　高等部では、特別活動（HR活動）の時間に月1回、学期の目標に対する振り返りを実施している。あまり時間をかけずに実施できるように、「目標シート」に月ごとの振り返り欄を設け、自己評価に応じたシールを貼るようにした（図3）。できなかったことは、実施可能な方法を再検討したり、目標を見直したりするようにした。

　また、児童生徒の実態に応じて、目標に対する振り返りを毎日行ったり、即時評価をしたりすることで、児童生徒自身が目標を意識化でき

るように工夫している。

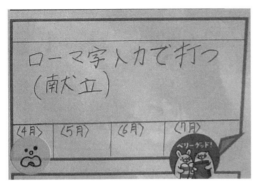

図3　月1回の自己評価

図4　目標に対する即時評価

（4）児童生徒の変容

①小学部Aさん

○なりたい自分について

　保護者は家庭で、担任は休憩時間等に本人との会話を通して探った。家庭と学校での発言から「パン屋（学校の近くにあるパン屋さん）で働きたい」「かっこいい6年生になりたい」という思いをもっていることが分かった。

○目標を設定するための手立て

　頑張りたいことを見つけられるように、係活動の役割や学習活動を経験してから目標を設定した。また、めあてとして選択肢をイラストで示し、本人が選択するようにした。

○振り返りの工夫

　目標シートを教室に掲示し、目標にした行動を即時に評価することを積み重ねたことで、目標を意識して行動する姿が見られるようになった。具体的には、目標シートの下に評価表を用意し、目標に向けて頑張ったことや、できたことにシールを貼ったり、その時の様子を担任がコメントとして書いたりして、本人が分かる評価を日々積み重ねた。学期末には、蓄積した評価表を見ながら目標の達成状況を振り返った。達成できた目標には「大変よくできました」のシールを本人と確認しながら貼るようにした。

○Aさんの変化

　自分よりも先に他学年の児童が移動するのを受け入れられないことが続いた際に、担任がどうしたら良いか本人に尋ねると「目標シート」を指し「1番じゃなくてもいいよ。ほら、あそこにも書いてあるよ」と話す場面が見られた。また、目標の一つに「やさいを食べる」があった。担任が勧めても食べようとしなかったが、かっこいい6年生になるための目標を設定してから「先生見て、今からにんじん食べるからね」と自分から苦手な野菜を食べようとする姿が見られた。目標シートを指しながら「かぼちゃも、にんじんも食べたよ」「かっこいい6年生になるからね」と、自分から話す姿もあり、今取り組んでいることとその先にある目標とのつながりを意識する姿が見られた。

②中学部Bさん

○なりたい自分

　進路学習での体験学習や職場見学を写真で振り返り、なりたい自分について考える時間を設定した。具体的な職業はまだ明確ではないが、働きたい思いがあることが分かった。

○目標を設定するための手立て

　進路学習を踏まえて学級全体で作成した「働くために頑張りたいこと」を参考に、自分ができるようになりたいことを考え、「時間を守る」

「あいさつ」「身だしなみ」を目標として設定した。

○振り返りの工夫

　目標シートを振り返りとしても活用し、できた項目に毎日シールを貼るようにした。それを基に、月一回の振り返りでは、自分が目標に向けて努力したことやできるようになったことなどを自己評価できるようにした。

○Bさんの変化

　最初は「時間を守る」の目標について、「やらなきゃだめだから」と答え、なぜ必要なのかの理解までは至っていなかった。しかし、高等部の校内実習を見学したことにより「高等部に行ったら5分前行動ができるようになりたい」という少し先の将来を思い描くことにつながった。また、移動時間になったら「時間です」とクラスメイトに声をかける「号令係」を設定したことにより、本人にとっての学ぶ必然性が生まれ、時間を意識して行動する姿が見られるようになった。日々の振り返りを積み重ねたことで「できた」という実感にもつながり、「今日は作業に行くのが遅くなったけど、明日は早く行けるようにしたい」など、次への思いをもつことにつながった。

③高等部Cさん

○なりたい自分について

　担任との対話から「地元のために働きたい」という思いがあることがわかり「地元で働きたい」と設定した。

○目標を設定するための手立て

　教員が見本として作成した願いシート、目標シートを例示し、作成の流れが分かるようにした。また、「働くためにどんなことが必要か」を教員が具体的な場面を挙げながら、生徒と共に考えていくようにした。また、職業で「働く」について考える学習を実施し、具体的なイメージをもてるようにした。

○振り返りの工夫

　目標シートに記載した内容について、月1回振り返る時間を設定し、自己評価に応じたシールを貼るようにした。

○Cさんの変化

　取組の開始時は「目標を作るのが大変」と話していたが、継続して取り組む中で「目標をもてるようになって嬉しい、目標を立てやすくなった」といった、自分で決めることへの前向きな思いが生まれた。「今月ここがダメだった、ここ直してよかったな、まだまだだなとか、自分で判断できるようになって良かった」「いつでもどこでもあいさつできるが、誰でもっていうのが自分はまだできていない」と語り、自己理解の深まりが見られた。

（5）考察

　児童生徒の「なりたい・ありたい姿」から学期の目標へ具体化したことで、本人にとっての学ぶ必然性につながった。また、目標の可視化や行動の具体化を行い、児童生徒との対話により目標を共有化したことで、教員も児童生徒の目標を日頃から意識し、関連する学びの場面を見逃さずに児童生徒の気付きを促す支援を行ったことで、児童生徒が目標の必要性を自分事として実感するに至ったと推察する。これまでも、学期ごとに目標を立てる活動は行っていたが、「どんな自分になりたいか、ありたいか」といった本人の思いから、日々の目標を設定し具体化していくことや、定期的に振り返ることで、学びのつながりを実感することや、その子なりの将来展望を見出すことにつながったと考える。

3　対話を考える教員の学びあい

　教員は「児童生徒の思いを大切にしたい」「教員の誘導にならないようにしたい」という思いはあるものの、対話の難しさを感じている現状があった。そこで、教員間で悩みや課題を共有し、具体的な問いを考える「対話チャートの作

成」、ラベルコミュニケーションの手法を用いた「教員の学びあい」を行い、児童生徒の気付きや思いを引き出すための具体的な方策を見出すことに迫りたいと考えた。

（1）対話チャートの作成

　学期の目標に対する月1回の振り返り場面を想定し、児童生徒の思いや気付きを引き出すためにはどのような問いを重ねたら良いかを教員間で考え、対話チャートを作成した。作成する流れは図5に示す。実際の場面で、作成した通りの対話をすることが目的なのではなく、一つの事例をもとに、様々な問いの切り口を共有していくことで、自身の担当する子どもたちと対話する際の問いの幅を広げることが目的である。図6が実際に作成した対話チャートである。最初の問いについて、「何を一番頑張りましたか」という自分の取組を想起し答える問い、「今日の作業学習の時間は間に合ったかな？」という場面が焦点化された問い、「次の活動は何時からかな？」という明確な答えがある問いなど同じテーマに対して多様な問いが出されている。事例生徒にとってイメージをもちやすく、答えやすい問いは何かをグループ内で考え、チャートをつないでいった。個人思考とグループでの共有を繰り返すことで、多様な問いへの気付き、児童生徒の思いや気付きを引き出すための問いについて考えを深めることができた。

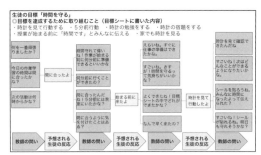

図6　作成した対話チャート

参加した教員からは、複数で意見を共有することでの気付きとして、「悩みの共有」、「多様な問いへの気付き」、「方策の具体化」が挙げられた。

（2）ラベルコミュニケーションの手法を用いた学びあい

　富山大学附属特別支援学校で実践されている「学びあいの場」を参考に、生徒の気になる発言や表情などから解釈をラベルに書き出すラベルコミュニケーションの手法を取り入れた研修を実施した（図7）。生徒と教員の対話場面から、生徒の気になった発言や表情等についての解釈を教員間で聞き合うことで、児童生徒理解を深め、気付きや思いを引き出すための方策を共有することが目的である。

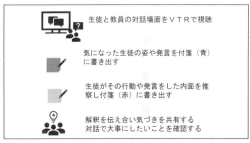

図7　学びあいの流れ

　事後のアンケートからは、「日頃自分はどんな風に対話しているだろうかと振り返るきっかけになった」「同じ場面のやり取りであって

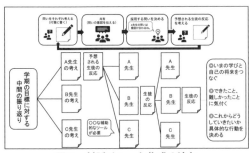

図5　対話チャート作成の流れ

も様々な解釈の仕方がある。学級の先生方と気になった１日のエピソードがあった時には共有し、どう考えているのか探るともっと児童への理解が深まると思った」等、複数で意見を共有することでの新たな見方や、解釈の共通点と差異への気付き、自分自身の関わりを振り返り、児童生徒理解が深まったことなどが挙げられた。教員が対話場面を振り返り、見方を共有し方策を検討することは、児童生徒の自己理解や内面の変化への気付きを促すための教員の資質向上を図る上で有効な取組であったと考える。この研修を通して整理された、対話において大切にしたいポイントを 図8 に示す。

1	話題はシンプルにする（児童生徒が理解できるように）
2	視覚的手がかりを活用する（児童生徒の言葉、やりとりの視覚化）
3	言葉かけの焦点を絞る（情報量の精選、ゆっくり分かりやすく話す）
4	選びやすい選択肢を提示する
5	児童生徒が考えをまとめるための間を作る（反応を待つ）
6	児童生徒の考えをフィードバックする（思いの確認）
7	発言の真意を探る（問いを重ねなぜそう思ったのかを確認する）

図8　対話において大切にしたいポイント

4　おわりに

体験的な活動に加え、振り返る機会や対話の工夫を繰り返すことで、児童生徒が自分の思いを言葉にして伝えられるようになり、キャリア・パスポートに記入する内容が変化してきた。始まったばかりの取組ではあるが、子どもたちの心の成長や思考の深まりを把握する上でもキャリア・パスポートは有効なツールであることを実感している。キャリア・パスポートが子どもたちの思いを知るツール、対話をするきっかけとなるツール、子どもたちのこれまでの思いの変化を積み重ね、つないでいくためのツールとして活用されるよう、今後も取り組んでいきたい。

参考文献

今泉浩晃（1987）創造性を高めるメモ学入門．日本実業出版社．

富山大学人間発達科学部附属学校園（2019）専門家として学びあい高め合うための校内研修の在り方共同研究プロジェクト 実践！特別支援教育のアクティブ・ラーニング　子どもの内面を捉え、学びの過程に寄り添う教員研修．中央法規出版株式会社．

石羽根里美（2021）児童生徒に対するキャリア発達を促すためのキャリア・パスポートの活用―目標の具体化と学習との関連付けを図るためのツール開発と効果的な対話の在り方の検討―．千葉県長期研修報告書．

実践報告

2 タブレット端末とクラウドサービスを活用したキャリア・パスポート

国立特別支援教育総合研究所情報・支援部主任研究員 相田 泰宏
（前横浜市立上菅田特別支援教諭）

横浜市立上菅田特別支援学校では、通う児童生徒の実態に合わせ、独自のキャリア・パスポートを開発した。さらにキャリア・パスポートをより効果的に作成・活用できるよう、タブレット端末やクラウドサービスを導入している。本稿では、独自様式開発にいたる経緯や完成までの過程を紹介する。また同校のキャリア・パスポートの特徴、タブレット端末やクラウドサービスを使う意義や見えてきた課題等を報告する。
◆キーワード◆ 独自様式、タブレット端末、クラウドサービス

1 上菅田特別支援学校

横浜市立上菅田特別支援学校は肢体不自由のある児童生徒が通う学校で、小学部・中学部・高等部の児童生徒153名（令和4年4月時点）が学んでいる。横浜市の中心に位置していることもあり、児童生徒の居住地は横浜市ほぼ全域にわたる。通う児童生徒は身体障害だけでなく、知的障害を併せ有する者、医療的ケアが必要な者、重い身体障害と知的障害を併せ有する者（いわゆる重症心身障害）等、その実態は多様である。そのため、各学部には教育課程が複数存在し、高等部卒業後の進路先は大学進学、企業就労、福祉サービス等、幅広い。日々、児童生徒一人ひとりに応じた学びが行われている。

2 キャリア教育の推進に向けて

令和2年度、同校は中期学校経営方針（学校教育目標の達成に向けた3年間の学校経営方針及び取組等を示したもの）の重点取組分野に「キャリア教育の充実」を掲げた。それまで

の同校のキャリア教育については、実質的な進路指導を担う進路指導部と、教育課程の編成・運営に携わる教育課程委員会とが、キャリア教育に関する業務内容を分担していた。それぞれの組織が与えられた役割を果たしてはいるものの、一つの学校としてキャリア教育の取組について共通の認識をもっているとは言えなかった。学校全体で組織的にキャリア教育を推進するため、学校長のリーダーシップのもと、進路指導部と教育課程委員会それぞれに「キャリア教育担当」の業務を割り振り、異なる二つの組織で分掌・委員会の枠組みを超えてキャリア教育の取り組みを進めた。

3 オリジナル様式開発の経緯

学校としてキャリア教育を推進するために解決しなければならない課題の一つは、12年間の系統性・連続性の確保であった。先に述べたように、同校には小学部1学年の少し前まで幼稚園や保育園、療育センターに通っていた児童

から、高等部３学年の社会参加を目前に控えている生徒まで在籍しており、教育課程も複数ある。年齢の幅も障害の幅も広い同校において、教職員がキャリア教育について共通の認識をもつことに困難さが生じるのは当然のことである。そこでキャリア教育推進の要として、「キャリア・パスポート」に着目した。12年間を貫く「キャリア・パスポート」を導入することで、学年や学部が変わっても、担当する教師が変わっても、目指すべき方向性（キャリア教育目標）を見失わず、今までの学びを蓄積しこれからの学びへとつなげることができるのではないか。また、小中高の12学年が共に学ぶ学校だからこそ、「キャリア・パスポート」のもつ特性を最大限に生かせるのではないか。「キャリア・パスポート」は同校がキャリア教育を推進するために、必要かつ重要なツールであった。「キャリア・パスポート」を活用することは決まったが、同校の児童生徒の実態を考慮すると、文部科学省が提示する「キャリア・パスポート」をそのまま導入しても有効に活用できない児童生徒がいることが想像できた。学校としてキャリア教育を推進する以上、誰一人取り残すことなく同校に通うすべての児童生徒が活用できなければならない。そこで、進路指導部と教育課程委員会からなる「キャリア教育担当者会」において、独自の様式の検討を始めた。

4　キャリアノートの完成

　まずは文部科学省から示された「キャリア・パスポート（例示資料）」の小学校、中学校、高等学校の様式、さらに先行的に取り組んでいる各自治体の様式を、インターネットや文献等から広く収集した。集めた情報と「『キャリア・パスポート』の様式例と指導上の留意事項」を参考に、次の３点に注意を払いつつ独自様式の構想に着手した。

　　①同校の児童生徒の実態に合っていること（すべての児童生徒が活用可能であり、キャリア発達を促すものであること）

　　②同校のキャリア教育目標（図２裏表紙参照）に則っていること

　　③「キャリア・パスポート」の趣旨から逸脱しない（本来の目的を見失わない）こと

　障害の重い児童生徒が作成することを想定したとき、自ら書く代わりの手段として、また自らの学習状況を振り返ったり自身の成長や変容を確かめたりする手段として、写真や図を活用することは有効である。しかしただ写真を載せることだけに終始してしまっては、「キャリア・パスポート」としての機能が失われてしまいかねない。児童生徒が活用しやすいものでありながら、あくまでも「キャリア・パスポート」本来の目的から逸れないように留意しながら様式を検討した。令和２年度内に独自様式が完成し、令和３年度から実際に学習場面で取り入れた。なお、横浜市では「キャリア・パスポート」を「自分づくりパスポート」としているが、同校では「キャリアノート」と呼んでいる（本報告においても以後はキャリアノートとする）。

5　キャリアノートの特徴

　同校のキャリアノートの特徴はいくつかあるが、主に次の点に独自性がある。

（1）表紙

　独自の様式であるため、表紙のデザインも同

この「キャリアノート」は、次のことをねらいとしています。

☆皆さんの良いところや得意なことをたくさん見つけ、増やすこと
☆学校生活の中で皆さんが果たした役割を記録し、その成長を確かめること

☆いろいろな人との関わりを通して、「自分らしさ」をつくりあげていくこと

☆家族や先生、友だちと一緒に「自分らしい生き方」をさがすこと

など

上菅田特別支援学校のキャリア教育目標

いつまでも自分らしく、社会とともにいきいきと暮らしていけるよう、自己理解・自己選択・自己決定・自己表現の力を育てます。

一人ひとりの良さや強みを見つけ、増やし、伸ばし、社会に貢献できる人を育てます。

※表紙は上菅田特別支援学校高等部の生徒が作りました。ガーベラの花言葉は『希望』『前進』です。

| 図1 表紙 | 図2 裏表紙 |

時に検討した。キャリアノートは教師ではなく、児童生徒自身が作成するものであることから、表紙のデザインは児童生徒に委ねることにした。高等部「KSTビジネス」（キャリア発達支援研究8「いま、対話でつなぐ願いと学び」参照）に依頼し、独自の表紙が完成した（図1）。表紙の裏（図2）には、キャリアノートの目的、同校のキャリア教育目標、そして表紙のデザインに込められた生徒たちの「想い」が記載されている。

（2）行事のページ

　学校で展開される様々な行事は、キャリア発達を促す貴重な学習活動である。通常のページは学年ごとで完結するようになっているが、スポーツフェスティバルや学習発表会のような毎年実施される行事のページについては、過去からの変化や成長がわかりやすくとらえられるよう、行事ごとにまとめている。このことにより、事前学習で活用できたり（去年は自分が楽しむだけだったから、今年は後輩が楽しく参加できるように応援を頑張る等）、自身の変容を振り返れたり（1年生のときはあまり参加できなかった→2年生のときは緊張しながらも頑張って参加できた→今年は好きなことが見つかり主体的に参加できた等）することが期待できる。

（3）現場実習のページ

　「これまで学んできたこと」と「今学んでいること」と「未来の自分」とを繋げるために、高等部で実施する現場実習の活動の記録はキャリアノートに欠かせない（図3）。現場実習は

学校で身に付けてきたことを直接社会で試すことができる機会であり、今までの学びを確認することのできる重要な学びの場である。また現場実習は、その後の人生（進路選択・進路決定）にも大きな影響を与える。実習時において、他の特別支援学校と同じように実習日誌を使用している。これまで取り組んできた実習日誌と、これから取り組むキャリアノートを関連させることで、より高い教育的効果が期待できると考えた。

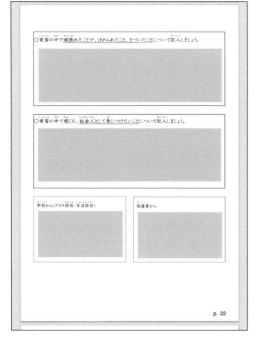

図3　高等部現場実習

（4）1ページ目「わたしのいいところ」

　同校のキャリア教育目標である「一人ひとりの良さや強みを見つけ、増やし、伸ばす」を象徴しているページである。同校の児童生徒は、日常的に多くの生活場面で他者からの支援や介助が必要となる。そんな児童生徒たちが将来社会人となったとき、必要な支援を受けながらも

それぞれのもつ「良さ」や「強み」を発揮するために、「一人ひとりの良さや強みを見つけ、増やし、伸ばす」ことを目標としている。キャリアノートの作成を通してこのことが達成できるよう、このページを設定している。

　このページは他のページと異なり、児童生徒本人が記入する内容や文章を考えない。このページの内容を考えるのは、その児童生徒と関わる人々である。児童生徒は進級・進学するにつれ、新しい友だち、新しい先生、新しい人たちと出会い、関わる人が増えていく。そんな自分のことを知る人たちから、すてきなところや輝いているところ＝「わたしのいいところ」を教えてもらう。自分を知る人、自分と関わる人が増えていき、それに伴い「わたしのいいところ」もどんどん増えていく。またこれまでに関わってきた人であっても、関わり続けることで

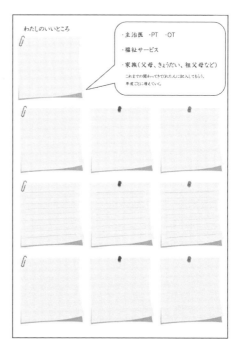

図4　「わたしのいいところ」

今まで認識していなかった「わたしのいいところ」に気が付くこともあるし、児童生徒が成長や発達をすることで新たな「わたしのいいところ」を発見できる。児童生徒が「自分には素晴らしいところがたくさんある」「周りの人たちは自分の良いところをこんなにたくさん知っている」ことを実感してもらいたいという思いから、このページを1ページ目にした。毎年積み重ねることで学校を卒業するときにはたくさんの「わたしのいいところ」で溢れる。

6　タブレット端末での作成

　同校には、肢体不自由により学習上様々な困難さを有している児童生徒が多数いる。また知的障害により、文字の判読や文章理解が難しい児童生徒もいる。聴覚からの情報収集が優位、視覚からの情報取集が優位な児童生徒もいる。すべての児童生徒が主体的に関与するためには、これらの障害による種々の困難さを解決し、個々の特性を生かした様式にする必要がある。そこで同校では、タブレット端末での作成を中心に据えた。もともと同校では、中期学校経営方針に「ICTの推進」を位置付けたことに加え、コロナ禍における学びを止めない方策としてICT機器の積極的な活用を推進しており、タブレット端末を学習場面で利用できる土壌が整っていた。またICTコーディネーター（※）の存在により、全学部・全学年をフォローする体制もできていた。タブレット端末の作成により受けられる最大の恩恵は、選択肢の拡大である。鉛筆を握れないまたは鉛筆で書けない肢体不自由の児童生徒や、文字や文章の理解が難しい児童生徒は、紙に自ら鉛筆で文字や文章を書くことは難しく、教員が代筆することになる。

しかしタブレットであれば、キーボードで入力する、直接指で書く、音声を吹き込む、写真を挿入する、絵を挿入する等、児童生徒が可能な方法で記入できる。もちろん、紙に鉛筆で直接書いても良い（書いた紙をタブレットで撮影してキャリアノートに取り込む）。また記入したものを振り返る際でも同様である。障害により文字や文章の理解が困難であっても、写真や絵、音声等、児童生徒の特性に合わせて振り返ることができる。実際に同校では、児童生徒の実態に合わせ、様々な入力・出力方法でキャリアノートを作成している。

7　クラウドを活用する意義

　横浜市ではロイロノート・スクールを導入している。児童生徒全員にアカウントが配布されているため、クラウド上に自分専用の学習記録が保存できる。ロイロノートはタブレット端末との相性もよく、写真や音声等の機能をそのまま使える（タブレットで撮影した写真をキャリアノートに挿入できる、タブレット端末で録音した音声をキャリアノートに保存できる、等）。以上の理由から、同校においてはロイロノート上でキャリアノートを作成している。

　またロイロノートのメリットは、作成時のみに限定されない。作成自体はタブレット端末から行うが、データはクラウドに保管される。そのため、特定の端末に頼らず、自分のアカウントを入力すればどの端末からでもキャリアノートを作成したり、閲覧したりできる。学校にいなくても作成が可能であり、例えば休校時や登校できない状況でも児童生徒自身が作成できる。また距離にも影響されないため、離れて生活をしている親戚等でも「わたしのいいところ」

欄の記入ができたり、完成したキャリアノートを閲覧できたりする。いつでもどこでも作成や閲覧ができることは、クラウドがもつ強みである。また紙とは違い、物理的に無くならない点も良い。紙であれば破けたり、間違えて捨ててしまったり（実際に作成・保管するのが児童生徒であれば、当然起こりうる事態である）するが、クラウド上にあることで、バックアップさえ怠らなければデータが消える心配はなく、どの端末からも見ることができ、また必要に応じて何度でも印刷できる。

8　今後の展望

　以上のように、「キャリア・パスポート」作成にあたってタブレット端末やクラウドサービスを使うことには、次のような利点がある。①作成段階：文字・写真・図・音声が使えるので、個々の児童生徒の得意な方法で作成できる②自己の成長や変容を振り返る：文字・写真・図・音声等、個々の児童生徒が理解しやすい・情報を得やすい方法で振り返ることができる③共有方法：クラウド上にあるため、いつでもどこからでも記入や閲覧ができる④記録の蓄積：破いてしまったり、汚してしまったり、無くしてしまったりする心配がない

　一方、次のような課題もある。①引き継ぎ：転校や他校への入学をする場合、その学校がロイロノートを導入していないとデータを引き継げない（その場合、印刷をして渡すことになる）②卒業後：ロイロノートのアカウントは学校在籍時のみ有効なので、進路先にデータを引き継げない（同校では卒業時に印刷をして渡している）③教職員の負担：新しいことを始めるためには、時間と労力が必要となる。開発にあたっ

ては、情報収集や様式の検討に多くの時間を費やした。実際の運用にあたっては、タブレット端末の操作やICTの知識を新たに身に付けなければならず、そのための研修や事前準備に労力を費やした。

　このように、タブレット端末やクラウドの活用は良いことばかりではない。しかし新たな試みには失敗やリスクはつきものである。これからの学校は、トライアル＆エラーも前提に、完全性を求めることなく、アジャイル（小さい単位で開発を進め改善を繰り返す手法）に軌道修正、進化・発展していく視点が求められている。コロナ禍でできなくなったことはたくさんあったが、GIGAスクール構想の前倒しなど、できるようになったこともある。本報告も、できるようになったことを最大限に生かし、少しでも児童生徒の学びを進化させることを目指した同校の取り組みの一つである。

※ICTコーディネーター

　同校では校内分掌にICTコーディネーターを配置。特定の学部や学年に所属せず、学校全体のICT業務に関わり、必要に応じて授業支援にも入る。ICTコーディネーターの存在が、本取組の実現には欠かせなかった。

引用・参考文献

文部科学省.「キャリア・パスポート」例示資料等について.

キャリア発達支援研究会編著. キャリア発達支援研究8 いま、対話でつなぐ願いと学び. ジアース教育新社, 2021.

内閣府. Society5.0の実現に向けた教育・人材育成に関する政策パッケージ, 2022.

実践報告 3

自分を知り、「ありたい姿」へ学びをつなぐ「自分ノート」づくり〜中学部3年間の学びの軌跡から〜

愛媛県立松山盲学校教諭　谷口 泰祐
（前愛媛大学教育学部附属特別支援学校教諭）

　愛媛大学教育学部附属特別支援学校（以下、本校）では、「たくましく生きぬく力」の育成を学校の教育目標に掲げ、キャリア教育の視点に立った授業実践を行っている。私が勤務していた2019年度からの3年間では、「地域で豊かに生きる子どもを育てる〜地域と連携・協働し、貢献を実感する学びを通して〜」の研究テーマの基、「ふさわしい生活（地域）」について共通理解し、小中高の12年間の学びや子どもの意識をつなげながら、授業実践を積み重ねてきた。本校では、卒業を間近に控えた中学部3年生が、中学部3年間の生活を振り返り、自分や友達のよい姿、かっこいい姿を次のステージである高等部や将来の生活に生かしていこうと取り組んだ「自分ノート」の取組について紹介したい。

◆キーワード◆　自己理解・他者理解、学びのつながり、キャリア・パスポート

1　はじめに

　本校は、知的障害特別支援学校であり、小学部から高等部までの計60名の児童生徒が学んでいる。日常生活の指導、生活単元学習、作業学習など各教科等を合わせた指導を中心に、生徒の「生きる力」を育むための教育活動を実施している。

　本校中学部では、生徒のキャリア発達を支援するため、生徒の生活年齢や段階に「ふさわしい生活」において、「なぜ」「何のため」に取り組むのかを生徒自身が意識して活動に取り組めるよう、教員間で共通理解して授業づくりを行っている。

　「内面（意識・意欲・主体性）」を育てることが働く生活の実現につながる、という認識から、生徒の内面の育ちに目を向け、育成を目指す資質・能力を「内面の働く確かな学びの姿」として捉え、授業や日常生活の中での具体的に目指す生徒の姿としている。図1に示すものがその

姿である。

図1　内面の働く確かな学びの姿

　中学部では、「生活意欲」（勤労観）の育成を中心的な課題としながら、「自分を肯定的に理解すること」「働くことのよさを理解すること」を中学部段階で育てたい力と捉えている。また、今の学びが高等部や卒業後の生活につながっていくためには、生徒自身が「今の自分、なりたい自分」を意識できることが重要であると考えている。そのために「先輩・後輩」という時間軸の中で自分自身を捉え、今の自分を肯定的に

理解したり、先輩の姿から「なりたい自分」を意識したりすることができるような教育課程の編成を心掛けている。

本稿では、生徒自身が、中学部での学びの過程を、周りの友達や教師と共に意味付けしていく姿について「自分ノート」づくりの実践を通して述べる。

2　生徒の実態と3年間の学び

対象は、令和X年度の中学部3年生の6名（男子4名、女子2名）である。

（1）生徒の実態

入学当初、どの生徒も人と関わりたい気持ちはあるが、うまく自分の思いを伝えられず、適切な表現や行動にならないために、自己肯定感が得られない状況であった。一方で、「自分の力でやりたい」「役に立ちたい」という気持ちをそれぞれがもっており、教師や友達に認められたいという思いも強く見られた。

（2）3年間の学び

筆者は、3年間本学級の担任を務めたが、上記のような実態をふまえ、心掛けたことは、次の3点である。

① 　生活単元学習の充実

本校では、授業づくりの方策として、【単元・学習内容設定の工夫】【学習環境・支援の工夫】【評価の工夫】という三つの柱を設けている。この方策にのっとり、生徒の思いを実現するために、集団として目標が共有でき、見通しをもちやすく、一人一人が自分の得意なことを生かして力を発揮することのできる単元の設定を行うようにした。

② 　時間軸を意識した学びの充実

中学部では、各学年に「かっこいい中学生になろう（1年生）」「かっこいい先輩になろう（2年生）」「かっこいいリーダーになろう（3年生）」

という学年目標を設定している。その目標を生かし、学年の進行に従って生徒の意識が育ち、学びがつながっていくよう、単元を構想した。

③ 　貢献を実感する学びの充実

「貢献を実感する学び」は、昨年度までの本校の研究テーマである。中学部では、同じ敷地内にある附属幼稚園、小学校、中学校との交流及び共同学習を継続して行った。多様な他者と協働しながら目標に向かって活動するという取組は、3年生の生徒たちにとって、自己理解を深めるために重要な学びであったと考える。

実際に授業を行う際に、大切にした視点は次の通りである。

授業で大切にした視点

ア 　自分の目標を立てて、目標に沿って振り返りを行い、次に生かすこと。

イ 　1時間の振り返りだけでなく、単元の節目で振り返りを行い、自分の成長に気付く場面を設定すること。

ウ 　自分のよさや友達のよさについて、対話を重ねながら振り返る場面を設定すること。

この3点に沿って授業を積み重ねることにより、生徒自身が目標を立て、それを自分の課題として意識し取り組むようになった。振り返りを積み重ねる中で、どのような姿がよい姿なのか、意味付け・価値付けする自己評価力が高まった。そして、振り返りを次に生かそうという姿も見られるようになった。

さらに、生徒が集団の目標を意識しながら活動を進められるようになり、自分だけではなく、友達の目標にも目が向き、生徒同士でお互いのよさを認め、称賛し合うような場面も見られるようになった。

3 「自分ノート」の作成

「『自分ノート』を作ろう」という単元名で、高等部進学を目前にした令和X年2月の生活単元学習の8時間で実施した。

（1）作成にあたって

作成の目的は、次の2点である。

> ① 生徒自身が、中学部3年間を振り返り、自分の言葉で意味付け、価値付けを行うことにより、自己理解・他者理解を深められるようにする。
> ② 身に付けてきたことに自信をもち、高等部や将来の生活においても自分のよさを意識しながら活躍していけるようにする。

中学部では前年度も3年生が「自分ノート」の作成を行った。その「自分ノート」の作成過程や内容が、中学部での単なるポートフォリオではなく、学習の中で生徒が考え、身に付けてきたことを生徒自身が意味付けし、将来につなげようとするものであったことが、本実践の背景となっている。

（2）「自分ノート」の内容

自分ノートの内容は、次の通りである。

> ～目次～
> ① プロフィール
> ② 3年間で得意になったこと。
>   好きになったこと。
> ③ 自分や友達のいいところ。
> ④ これがあるとうまくいく
>   自分に必要な支援
> ⑤ 高等部へ向けての目標
> 資料：1年時からの生徒の個人懇談記録
>   学習物のファイリング

一つ一つの項目は、短い時間でも取り組めるよう、A4一枚のワークシートに一つの質問を書き、生徒が箇条書きで答えられる形にした。自分で考えて進められるよう、活動の写真などを提示しながら取り組んだ。

その表紙には、中学部3年間で成長した自分の「かっこいい姿」を描いた絵を用いることにした（図2）。

図2　自分のかっこいい姿を描いた表紙

① 「プロフィール」

ここでは、生年月日などの基本事項のほか、「今の自分はどんな人」という形で、現時点でどのように自分を捉えているか、問い掛けた。

やや抽象的な問い掛けにも関わらず、生徒たちは、「掃除が好きな人」「気持ちの切り替えができるようになった人」「朝の活動が早くできる人」など、全員が現在の自分に対して肯定的なイメージを記述しており、自分の成長に気付いている様子が伺えた（図3）。

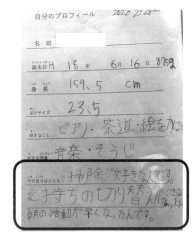

図3　プロフィール

② 「３年間で得意になったこと、好きになったこと」

この項目は、プロフィールで記述した「今の自分の姿」を支える要素であると考える。

３年間を振り返るにあたっては、普段の生活や授業での様子、取り組んできた行事など様々な場面の写真を時系列に沿って提示した。生徒は、写真を手掛かりに得意になったことや好きになったことを次々に挙げていった。

「すきまがあかないように作業した」「音楽でトーンチャイムの手本ができる」など毎日の生活から自分の成長を捉えた文章や、「みかんの二度切りができる」など、現場実習から得た自信など、様々な内容が書かれていた。教師の予想を超えた量であり、普段の何気ない行動にも生徒の自信のある振る舞いが表されていたということに気付かされた（図４）。

自分ノート②
わたしが中学部１年、２年、３年で
好きになったこと。得意になったもの。できるようになったもの。

せんをよく見てはさみで上手に切りました
友だちの話を聞いて発表しました
すきまがあかないように作業する
体育でバランスボールができた
くつばこのそうじができた
レンタルゲームやさんで園児さんを喜ばせた。
学校祭で進行係
音楽でトーンチャイム手本できます
野菜の収穫がじょうず
みかんの二度切りができる

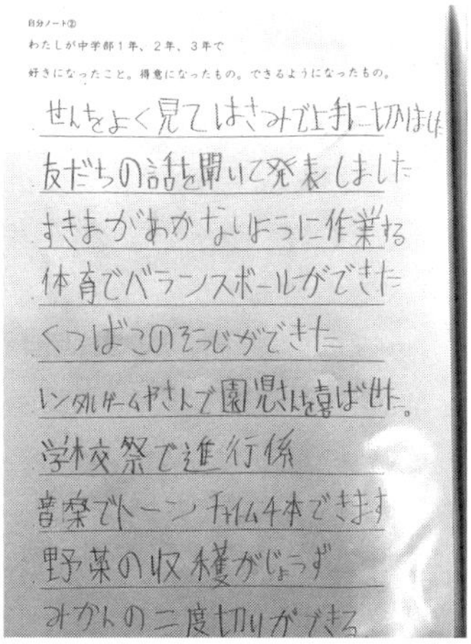

図４　得意になったこと、好きになったこと

当初、３年間という長い時間の振り返りは生徒にとって難しいかもしれないと考えていたが、先に述べたように、単元や行事ごとに振り返りを行い、意味付けすることで生徒の中に「自分のよい姿」が確かなものとして定着していたのだろうと考える。

③ 「自分や友達のいいところ」

本学級では、自分のよさに気付くとともに、友達のよさにも目を向けて話し合うことを大切にしてきた。そこで、「自分ノート」の中にも自分や友達のよいところというお互いのよさを認め合うシートを用意した。

それぞれの生徒が自分のいいところが現れている写真を選び、その写真をお互いに見ながら、付箋を使って友達のよさを書き出していった（図５）。

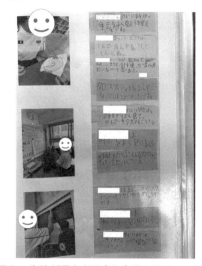

図５　生徒が選んだ写真と友達からのコメント

どの生徒も「よく見てゆっくりしている」「線に沿ってはさみを使っている」など、友達がどのような目標をもってその活動をしていたか、ということを意識し、その目標が達成できている、という視点でコメントをしていた。写真の選択やコメントから、自己理解・他者理解の深まりが感じられた。友達からもらった付箋をうれしそうな、同時に自信にあふれた表情で眺める姿が印象的であった。

④ 「これがあるとうまくいく、自分に必要な支援」

ここでは、３年間の学びから、どんな手掛かり、支援があれば、自分は活動を成功させられるか、まとめるようにした。生徒の身の回りにある支援を自分で意識し、「これが自分には必

要です」と周りの人に自分から伝えていってほ
しい、という教師の願いから用意したページで
ある。

　これまでの授業の写真や、生徒が実際に使用
している手順表などを示し、自分がうまく活動
していくためには何が必要なのか、生徒から出
た意見を教師が整理していった。その結果、「予
定が分かると行動しやすい」「チェックリスト
で確認する」など７つの項目にまとめることが
できた。

　生徒たちに、その中から自分に必要だと思う
ものを選んでノートに書くように伝えたとこ
ろ、「私にはこの７つ全部必要です」と答えて
書いた生徒もいた（図６）。

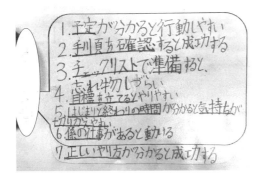

図６　生徒が書いた自分に必要な支援

　６名の生徒が全員、自分に必要な支援として
あげたのが、「目標を立てるとやりやすい」と
いう項目で、手順表やチェックリストといった
具体物でなかったことに、驚かされた。目標を
もつということは、「なぜ、何のために」学ぶ
かということが明確であるということである。
生徒が、自分が目標をもつことこそが活動を成
功させるのに必要なことだと考え、生徒自身の
言葉で伝えたことに担任として感動を覚えた。

⑤　「高等部へ向けての目標」

　ここでは、これまで振り返ってきたことを基
に、近い将来である高等部の生活で生徒が目指
す姿を考えるようにした。

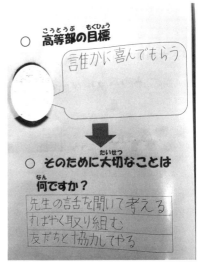

図７　高等部へ向けた目標

　生徒たちは、あまり迷うことなく高等部で目
指す姿を書いていった。それは、生徒の日常に
憧れる、「ありたい」「なりたい」将来像が身近
なモデルとして、存在しているからであろう。
高等部での生活について、具体的に理解してい
るわけではないが、高等部と合同の作業学習で
見ていた先輩たちの姿や、中学部から高等部へ
進学していった先輩たちの姿に接することで、
本人たちなりに、高等部に進学したら、「憧れ
の先輩のようになりたい」という思いをもって
いるのだということが感じられた。

　「そのために大切なことは何ですか」という
項目は、目標に向けてどのように行動していく
か、という見通しでもある。図７にある「先生
の話を聞いて考える」「友達と協力してやる」
という生徒の言葉は、これまでの中学部での生
活の中で本人が目標として取り組んできたこと
であり、そうすることで活動を成功させること
ができた、という実感をもった言葉であった。

4　成果と課題

　今回、「自分ノート」をまとめる中で、生徒
の自己理解・他者理解の深まりや自分への肯定

的な捉えを明確に見取ることができた。また、教師が思う以上に、生徒が自分の「ありたい」「なりたい」姿を意識しながら、普段の生活に向き合っていたことも知ることができた。活動を通して、自分自身のよさを友達や教師と一緒に意味付け・価値付けられたことがこの単元の成果であると考える。

課題としては、「将来どういった自分になりたいか」というところまで十分に考えられなかったことが挙げられる。時間的な制約もあり、「高等部での目標」を考えるにとどまってしまった。卒業後の生活をイメージすることは難しいが、明確でなくても今の時点での将来像を記述しておくことも大切なのではないかと思われる。

二つ目の課題は、キャリア・パスポートについて、学校全体としてどのように取り組んでいくか、という点である。現在、中学部も高等部もそれぞれ独自の形式で作成しており、学校全体での研修や共通理解はできていないのが現状である。今回、高等部への引き継ぎ資料として使用したが、今後小・中・高が連携し、どのように活用していくか、体制を整えていく必要がある。

5　おわりに

本稿を書くにあたり、「憧れ、目標としての先輩、頑張る原動力としての後輩。その関係が子どもの成長に大切ですね」という保護者からの言葉が思い出された。身近にある「先輩」という確かなモデルから日々、自分の「ありたい姿」を意識し、同時に、自分の「かっこいい姿」を後輩に示していくというつながりが本校には

ある。この「先輩・後輩」という時間軸の中での学びが生徒の意識の中でつながり、彼らの成長に大きく関わっていると感じている。

今回、学校全体で取り組んでいるキャリア教育の視点に立った教育活動をベースにしながら、生徒の「自己理解・他者理解」をキーワードに「自分ノート」を作成した。そうすることで、生徒の「ありたい」「なりたい」姿が明確になり、そこに至るまでの見通しを生徒自身がもてるものとなったと考える。

日々の生活の中で、役割を果たし、自分の価値を実感していくこと、その積み重ねから生まれるキャリア・パスポートが生徒たち自身を支えるものとなるのだと思う。

高校生になった生徒の一人は、教室に置いてある「自分ノート」を取り出し、プロフィールや目標などのシートを自ら書き換えようとしていたそうである。おそらく、その生徒は、中3の頃の自分を高校生になった現在の時点から振り返り、「自分ノート」を作成した頃より成長した姿を書き込んだのだろうと想像でき、大変、うれしく思った。

今後も生徒が自分自身に価値を感じ、これから先の自分の「なりたい姿」に期待して生活していくことを願っている。

参考文献

菊地一文監修（2021）知的障害教育における「学びをつなぐ」キャリアデザイン．ジアース教育新社.

キャリア発達研究会編著（2021）キャリア発達支援研究8　いま、対話でつなぐ願いと学び．ジアース教育新社.

愛媛大学教育学部附属特別支援学校（2022）『研究集録46』.

実践報告 4

生徒が学んだこと、身についたことを可視化し、将来につなげるための振り返りの実践
～「授業振り返りマップ」の活用と悩み相談会～

京都市立鳴滝総合支援学校教諭　**木村　和弘**

　京都市立鳴滝総合支援学校（以下、本校）はこれまで、「児童生徒の自己有用感・肯定感を高めるキャリア発達支援の推進」をテーマに校内研究を進めてきた。生徒がわかる、できる授業づくりを目指し、授業改善に取り組んできたことが生徒の活動や言動の変化に表れるようになってきた。自分たちで考えて主体的に動くような姿や、コミュニケーションの内容が濃くなっていく中で、生徒が身につけた力を多様な場面で発揮するためには、生徒自身が自己理解を深めること、メタ認知を高めることが重要になる。
　本稿ではキャリア・パスポートを補うツールとして「授業振り返りマップ」を活用し、学習や思考の流れを可視化すること、メタ認知を高めることを目指した取組の実践例を紹介する。
◆キーワード◆　学習の流れの可視化、内面の育ち、メタ認知

1　はじめに

　本校は、昭和52年に隣接する独立行政法人国立病院機構宇多野病院に長期療養・入院する進行性筋ジストロフィー及びそれに類する筋疾患等の児童生徒を対象とする病弱養護学校として歩みを始めた。

　平成16年度に高等部に職業学科（生活産業科）を新設し、現在まで多くの卒業生が就労したいという願いを実現させている。

　本校生活産業科では、キャリア発達支援のために振り返りを重視し、生徒の主体性を促し、自己理解ができるような支援を進めてきた。その支援ツールとして「自己理解シート」を開発・作成し、活用してきた。この自己理解シートは卒業後の「なりたい自分」を考え、今現在できていることや、できるようになりたいこと（各教科、専門教科、実習、生活面、人との関わり、余暇活動）について、生徒が自分で記入するものである。

　また、生活産業科の教育課程の見直しを図るために各教科の指導に焦点を当てた「鳴滝スタンダード（教科ごとの年間学習計画。現シラバス）」を作成し、単元配列の見直しと授業改善に取り組んでいる。これらの取組を通して生徒の学びの過程を丁寧に見とることで、生徒自身が自己理解を深めることにつながっている。

　キャリア・パスポートを補うツールとして一つは「自己理解シート」を活用し、シートを基に教員と対話をすることで目標を設定している。一方で、各教科で学んだことが次の学びや学校以外の生活場面とどのように関連しているのかについては、あまり意識ができていない現状がある。生徒が身につけた力を多様な場面で発揮するためには、学びの過程の中で自分がどのように考えたのか、なぜできたのかに気づくことが重要である。そこで、生徒自身が学習す

る中で課題解決の流れや判断した道筋、その時の思いがわかるような取組ができないかと考えた。

2　「授業振り返りマップ」の活用

（1）「授業振り返りマップ」のねらい

生徒が各教科において、学んだ知識を多様な場面と関連付けて理解したり、問題について考えたりするには、各教科に応じた「見方・考え方」を働かせる必要がある。単元単位で学習の過程を見返し、学んだことをどのように扱うのかという視点で、学習や思考の流れを可視化、具体化する。「授業振り返りマップ」ではわかったことなどを教員や生徒間で共有するといったことをねらっている。我々が学生の頃、定期テストの前にはノートを見返し、学んだことの復習や考えを整理したように生徒が生活する場面で困りに直面した際、過去の学びを振り返り、解決の糸口が探れるようになることを目指したい。毎時間や単元単位の授業の内容と流れ、その時の自己評価、教員からの評価が一覧できるポートフォリオが「授業振り返りマップ」である。生徒が考えたことは様々な形で表現される。言葉による理解や表現だけでなく、生活に即した学習の流れや環境、感覚といったことを通して行動としても表れる。この「授業振り返りマップ」は、自分の考えや思い、行動を記録として残すことができるので、いつでも自分が気になったときに見返すことができる。また、この「授業振り返りマップ」は、個人で見返す以外にも生徒間で情報を共有することにも活用できる。自分が学んで得た考え方や方法、その時の思いなど授業の悩みを生徒同士で相談する際

にも役に立っている。悩みの相談をしている様子については別項で紹介する。

生徒が学習を通して自己理解や課題に対する気づきを深め、学ぶことと自己の生活や将来とをつなぐことができるように支援することが個々のキャリア発達を促すことにつながると考える。

（2）「授業振り返りマップ」作成の流れ

この「授業振り返りマップ」は、各教科すべてで実施をしているのではなく、3教科（国語、数学、家庭科）に絞って実施している。上記の3教科の設定理由は、生活する上で特に教科の内容を活用しやすいだろうと考えたからである。今後、教科を増やすかどうかは検討していく。

「授業振り返りマップ」は大きく分けて2つの手順で実施する。1つ目は、毎時間の振り返りをマップの書式に記入する（図1）。書く内容は、教科名と単元名、日付とその日の授業内容、その日に分かったことやできたこと、授業を5段階で自己評価するなどである。教員は生徒の感想や自己評価に対してコメントをする。

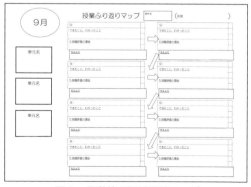

図1　月単位の振り返りマップ

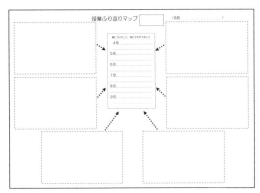

図2 半年単位で学びの様子が一覧できる振り返りマップ

また、毎時間の流れがわかるように矢印で示し、授業のつながりが意識できるようにした。

2つ目は1ヶ月ごとに振り返りをまとめ、半年単位で学んだことが一覧できる表を作成する（図2）。図1の書式をカラーで縮小コピーし、月ごとに図2の様式に貼り付ける。表の作成は総合的な探究の時間を使って毎月1回実施する。この時に1ヶ月の学びの整理と、これまでの授業の流れを確認する。

（3）実践方法

手順1つ目の授業の振り返り（図1の書式）については下記の表のようにいくつかのルールを設定した。

- 本時についての達成度や理解度を5段階で塗り、自己評価する
- 矢印は4色（赤、橙、緑、青）を使い分けて塗る
- 矢印の色の意味は、赤：できた、わかった、面白いなど
    橙：まあまあ（できた寄り）
    緑：まあまあ（できなかった寄り）
    青：できなかった、難しいなど
- 1つの単元がカテゴリーとしてわかるように線で囲む

5段階の自己評価ついては、あくまでも生徒自身の尺度で評価するものとする。専門教科の振り返りでも到達度を100%とした振り返りを実施しており、5段階でも抵抗なく自分の思いを表現できると考えた。自己評価と教員の評価をすり合わせ、自己評価を修正する力を身につけていきたい。

矢印の色分けを4色にした理由は、少しでもその時の気持ちを細かく表現したかったからである。特に「まあまあ」という気持ちの幅は大きく、曖昧な表現であることから、捉え方を間違えるとアドバイスが本来のねらいとはズレてしまうことがある。その幅をポジティブ寄り、ネガティブ寄りに分けることで自分の思いをより具体的に表すことができるのではないかと考えた。また、マップを一覧で見たときに色分けがしてあると、すぐにその時の思いや、思いの変化が見て取れる。矢印の色や5段階評価の変化から自分の転機が見え、その時の思いや考えの変化に気づくことで自己理解を深め、メタ認知を高めることにつなげていきたい。

半年ごとで1枚となる「授業振り返りマップ」はA3版の大きさで作成し、その月の授業で学んだことから自分が身についたと思ったこと、役に立ちそうと感じたことをマップの中央に書いていく。単元が月を跨ぐような場合は、現在までで感じた内容を中央部分に書くなど柔軟に対応できるよう、予め取り決めておく。このマップを作成するのは生徒自身であるが作るだけでなく、書いている内容（自己評価や教員からのコメント、矢印）と単元のつながりを見て、その時の思いや学んだことの可視化・具体化を図ることが期待できる。また、半年分の学びの過程が一覧できるので、単元間のつながりが意識できるようになっている。教員からの促しが必要であるが、マップは3教科で実施しているので、3枚を見比べることで教科間のつながりにも気づき、教科を横断的に活用すること

にも期待できるのではないかと考える。さらに半年ごとの成果がまとまっているので、生徒がやり切ったという達成感を得ることで自己肯定感を高めることにもつながる。

（4）総合的な探求の時間での取組

①教科ごとにその月で「身についたこと」、「役に立ちそうなこと」をマップに記入する

②チェックシートに教科別でそれぞれできるようになったことを箇条書きで記入する（現在の姿）

③授業について悩んでいることや分からないことを生徒が匿名で問題提起する

④悩みについてアドバイスをする

⑤みんなのアドバイスから自分ができそうなこと，やってみようと思うことを選択する

上記の表は、総合的な探求の時間に実施する取組の内容と手順である。マップを作成することと並行して、マップチェックシート（写真1）を活用し、できるようになったことや、身についたことを整理する。整理した内容はそのまま「現在の姿」として個別の指導計画に反映することもできる。

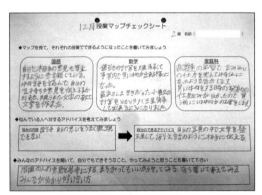

写真1　マップチェックシート

（5）悩み相談会

生徒が対話をして共に課題を解決することの良さに気づくことを目指して、授業の悩みを相談し合える時間も設定した。この「悩み相談会」は、マップのチェック後に生徒同士で話し合いをする活動である。マップの矢印に緑や青を塗っている生徒から教員が予めどのようなことに困っているのかを聞き出し、その悩みを匿名で提示する。その悩みに対するアドバイスを生徒複数人で構成したグループで話し合う。グループ内での自分の考えをまとめる際にはマップを活用する。グループで出た意見は全体で共有し、自分も気づかなかった、やってみたいと思うことを写真1のチェックシートに書き、残していく。ここでは自分の考えを言葉にして伝えること、多様な考え方に気づき、自分に合った方法を選択するといった力がつくと考える。

3　アサーショントレーニング

話し合い活動で意見交換をするには自分も相手も大事にする考え方が必要になる。お互いが話題の内容を理解して、コミュニケーションがとれるように、国語で定期的にアサーショントレーニングを実施している。アサーショントレーニングは、良好な人間関係を築くために、相手に不快な思いをさせず自分の気持ちを素直に表現する（自己主張する）ことを目指すトレーニングである。繰り返しテーマを変えて取組を続けているので、相手のことを考えた表現力が身につき、話の内容にも変化が見られ始めている。

4　生徒の気づきと変容
（1）実践の様子から

授業の振り返りを5段階で自己評価し、その理由を書くことについては、初め戸惑いがある生徒もいた。5段階評価の理由では「今日の内容が分かったから」、「できたから」などと表現

することがあった。具体的に振り返ることができていない、文字で表すことが難しいなど原因は様々であったが、教員が返すコメントの内容を、本人の授業中の様子を肯定的な評価にしたり、本時の目標に沿った問いかけにしたりすることで、書く内容に変化がみられるようになった（写真2）。

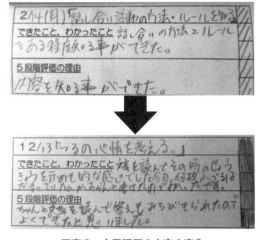

写真2　自己評価の内容の変化

　矢印の色分けでは、前回よりもよくできた、わかったと感じた際に赤の矢印を自分で大きく書き、枠からはみ出すほどの巨大な矢印で表現する生徒もいた。また、矢印の色が否定的、肯定的に変化している理由について、「前回の内容を忘れていたから」や「以前の反省を思い出して取り組んだらできるようになった」などと話す生徒もおり、自己評価や矢印を頼りに、本時だけでなく単元として振り返ることができている様子が窺える。また、半年の学びの成果を一覧で見たとき、「こんな事していたんやな」、「もう一回時間の計算をしてみたいな」、「この前、専門教科で役に立ったわ」と生徒間で話す様子も見られた。これらのことは、生徒の授業

に対する向き合い方が意欲的になってきていることの表れであり、マップを通しての気づきから単元間や学校生活と学習のつながりが意識でき始めているからではないかと考える。このマップを冒頭で紹介した「自己理解シート」の作成や教員との対話に活用することで、生徒の目標の具体化とそれに向かう姿勢が変わることに期待している。マップを活用し学習の成果や思考の流れを可視化して自己理解を深めることで生徒がメタ認定を高めることにつなげたい。生徒が各教科での学びのつながりや自分の変容、成長に気づくことができる、自信が持てるといった点では、キャリア・パスポートのポートフォリオとしての機能を果たせているのではないかと考える。

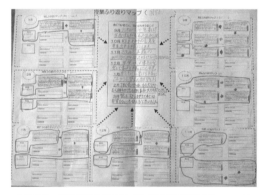

写真3　半年間取り組んだ「授業振り返りマップ」

（2）対話を通した学習効果

　「オレはこんな感じにしてるんやけど」、「なるほどなぁ」、「相談者は○○がわかれば大丈夫なんちゃう？」毎月の悩み相談会で話し合っている生徒の会話の一部である。初めはクラス単位で話し合いを展開していたが、回数を重ねるごとにグループの人数を少なくしたり、クラス以外の仲間とグループを組んだりと、相談する

相手を変えても話し合いをすることができるようになった。授業に困っている仲間にアドバイスをするというテーマがはっきりしていることもあり、話し合いをする意図や意味をはじめから意識することができていた。生徒たちは友達にアドバイスをする、友達からのアドバイスを参考にする関係性の中で自分の困りに対するヒントや多様な考え方があることに気づきを得ている。気づいたことはその後の授業や学校生活の中で試すような場面も見られ、「みんなの意見が参考になった」、「わかって楽しい」といった感想を述べる生徒もいた。生徒同士だからこそ自分もできるといった考え方につながり、自分の成長を感じることが生徒の「内面の育ち」につながっていると考える。

写真4　「悩み相談会」の様子

5　授業者の気づき

　生徒がマップに書いたことは、教員が生徒から受ける授業の評価とも受け取ることができる。生徒の5段階評価や矢印の色から授業の理解度や単元内でのつまずきが分かりやすくなり、教員間で次の授業や単元計画の見直しなど授業改善に役立てることができた。

　また、生徒と学習の様子を振り返る際に次の3視点に着目した。①意図的に単元の配列を意識できるような発言をする。②マップの中央部に書いた内容と生活とを関連付ける。③3枚のマップを見比べてつなげてみる。結果として生徒の内面の育ちの変容が見られたことで、生徒がマップを通して日々の学習を「可視化」「具体化」「共有化」することにつながっているのではないかと考える。

6　おわりに

　「授業振り返りマップ」は、「自己理解シート」と併せて活用することで、生徒、教員それぞれにとってのキャリア・パスポートの目的をある程度果たせていると感じている。

　この「授業振り返りマップ」は、単学年で進行しており、今後は学校全体で取り組むか検討中である。このマップでは、家庭及び地域における学びとのつながりについては弱いところがあり、その点をどのように反映させるのかも検討しなくてはならない。また、本校には1人1台の端末がある。紙ベースではなくクラウド上でのマップの作成や、共有フォルダを活用して、いつでも教員と生徒同士でのやり取りができる方法についても合わせて考えていきたい。

参考文献

文部科学省初等中等教育局児童生徒課事務連絡文書（2019）「キャリア・パスポート」の様式例と指導上の留意事項.

菊地一文監修（2021）全国特別支援学校知的障害教育校長会. 知的障害教育における「学びをつなぐ」キャリアデザイン.

横倉久監修（2020）全国特別支援学校知的障害教育校長会. 知的障害特別支援学校における「深い学び」の実現.

実 践 解 説

特別支援学校における具体的実践が示唆する
キャリア・パスポートの活用に向けたポイント

弘前大学大学院教育学研究科教授　菊地　一文

1　4つの実践が示唆するキャリア・パスポート活用のポイント

　実践報告では、特別支援学校における4つの実践を紹介した。いずれもキャリア・パスポートの導入と向き合い、児童生徒を中心とした「対話」によって「学びをつなぎ」「キャリア発達を促す」ツールであることを理解し取り組まれた実践である。また、従前から蓄積してきたキャリア教育の実践知見を活かした、効果的な実践である。

　これらの実践が組織的取組としてさらに効果を上げ、学校間や家庭等との連携・協働の強化を図るためには、全ての教育活動をとおして児童生徒一人一人のキャリア発達を促す重要性について再確認するとともに、そのためのキャリア・パスポート活用の意義について共通理解を図っていく必要がある。

　本稿ではキャリア・パスポートの活用のための具体的なイメージがもてるよう、それぞれの実践のポイントについて改めて整理し、価値付けをしたい。

　千葉県立夷隅特別支援学校の実践では、キャリア・パスポートの活用につながる対話を促進させるツールの開発と試行、そして教員研修の取組について報告した。

　本報告において着目すべきポイントの1点目は、本人の願いを踏まえた目標設定や振り返りを促進するための「願いシート」「目標シート」の活用である。これらのシートによって、児童生徒が、願いを踏まえた目標の具体化によって「自己化」を図り、実効性を高めている。そして2点目は、教員の対話力向上を図るための「対話チャート」を活用した教員研修の実施である。対話は日々行っているものではあるものの、知的障害のある児童生徒が大事なことに気付き、自ら取り組めるようになる対話となると、簡単ではない。当校では具体事例をもとにその力量を教員が相互に高める学びあいを進めてきた。

　いずれも論説で示した「可視化」「具体化」「共有化」（論説では「段階化」も含めて明示）を図るためのツールが活用され、効果的な対話につなげている。さらに、これらの実践をとおして得られた「対話において大切にしたいポイント」に着目したい。教員がこれらのポイントを踏まえて対話することにより、今後、多くの好事例や困難事例が得られるであろう。事例から得た知見の蓄積により、さらに対話の精度を上げ、重要な知見を得ていくことを期待したい。また、ぜひ他校においてもこの7点のポイントを参考とし、対話に臨んでいただきたい。

　続いて横浜市立上菅田特別支援学校の実践では、児童生徒の障害による学習上又は生活上の困難に応じた ICT 活用によるキャリア・パスポートの開発について報告した。

　本報告で着目すべきポイントは、キャリア・パスポートの目的を踏まえた上で、児童生徒の実態に合わせて様式や媒体そのものを柔軟に改変し、対応している点である。具体的には次の3点が挙げられる。1点目は、児童生徒が興味・関心をもち、目的意識をもって取り組めるような名称や、なりたい自分を描いた表紙等のカスタマイズの工夫である。

　2点目は、実際の活用を見据えた様式の工夫である。ワークシートとして演習に活用できるようなものとなっており、具体的にどのように作成し取り組んでいくのかが分かるようになっている。

　3点目は、ICT 活用による媒体の工夫である。具体的にはタブレット端末等の機器面、ロイロノート等のアプリケーション面とクラウド等のセキュリティを含む環境面での工夫に分けられる。

　なお、これらをサポートする ICT コーディネーターの存在も大きく、今後、各自治体において ICT 体制整備を進めていく中で、学校現場が軌道に乗る基盤づくりのための人的確保や配置を進めていくことが求められる。外部の専門化がかかわることで、教員は教育そのものに尽力することが可能になる。また、多様な人材が特別支援教育にかかわることは「社会に開かれた教育課程」や共生社会の形成にもつながる。

　続く愛媛大学教育学部附属特別支援学校の実践では、身近なあこがれから具体的な「なりたい自分」を意識化できる教育活動の展開と、それを可視化するためのツールとしてのキャリア・パスポートの活用について報告した。

　当校では長年にわたってキャリア教育研究に取り組み、小中高全学部が全ての授業をとおして児童生徒一人一人の「内面が働く」キャリア発達を促すことに努めてきた。当校が重視している「貢献を実感する学び」は、児童生徒にとっての「なぜ・なんのため」が明確にあり、取組をとおした「手応え」のある、他者からの価値付けや自身の意味付けが得られる学びである。これらの学びは、児童生徒の「内面が働く」ことにつながるため、キャリア・パスポートを活用した目標設定や振り返りによって、内面にある思いが顕在化し、意識化が図られるのである。このような取組により「体験」が実体験に終始せず、体験をとおして得た見方・考え方を含む「経験」となる。

　また、本報告で着目すべきポイントは、児童生徒同士での対話をとおしてそれぞれが自身と向き合うということの重視である。具体的には次の2点が挙げられる。

　1点目は「なりたい自分」という、児童生徒が自己の将来像を描くツールとしての活用を図っていることである。「なりたい自分」の意識化と「内面が働く」学びの連続により、育ちが起こる。それを可視化するツールがキャリア・パスポートとなる。

　2点目は、自己理解と他者理解を促し、望ましい人間関係の形成を支えるツールとして活用していることである。先輩や後輩を含む同世代の仲間同士での対話は、自己理解を促す上でも、問題解決における自己選択・自己決定を支える

上でも有効である。結果として他者にさせられる行動ではなく、本人の意思により、時には迷い、納得して行動したことは、結果の如何にかかわらず、「腑に落ちる」ことにつながり、次の行動への意識化にもつながりやすい。

当校の「自分ノート」は、まさにその名のとおり、「自分のことを知る」ノートであり、「自分が課題とぶつかった時に参照し、解決に向けて活用できる」ノートである。キャリア・パスポートの活用においては、本人にとっての問題解決のツールであることも大事な視点と考える。

最後の京都市立鳴滝総合支援学校の実践では、キャリア・パスポートを補うツール「授業振り返りマップ」の活用により、学習や思考の流れを可視化し、生徒のメタ認知の向上を目指した取組について報告した。

当校では、地域協働活動をとおして、生徒が多様な他者とかかわり、求めに応じることをとおしてキャリア発達を促してきた。

本報告で着目すべきポイントの1点目は、「自己理解シート」と「授業振り返りマップ」等の補助ツールの開発と活用である。そして2点目は、生徒にとっての学びをつなぐことによる、カリキュラム・マネジメント促進の可能性である。特に「授業振り返りマップ」は、一番身近で短いサイクルの振り返り場面となる各教科等の授業において、生徒が学習をとおして得た自己理解や課題に対する気づきを蓄積し、その後の対話につなげているところが興味深い。また、毎時の振り返りを1ヶ月のサイクルで総括する「段階的」な振り返りも、自身の育ちを実感する上で有効であると考える。

さらに、「授業振り返りマップ」では、矢印の色や5段階評価の変化から「転機」を「可視化」し、思いや考えの変化に気づけるようにしている。このことは、知的障害による学習上又は生活上の困難の一つである、記憶の保持と想起、プランニングの課題に対する有効な手立てと考えられ、自己理解やメタ認知の向上に寄与するものと捉えられる。

そして「授業振り返りマップ」の活用により、生徒本人目線による各教科等における「見方・考え方」を活かした学びのつながりが生じていく。なお、ここでも着目したいのは生徒同士による対話の効果である。生徒同士の対話をとおしたアドバイスの相互作用が生じており、形骸化した目標設定と振り返りに陥らず、実効性を高めている。

以上の生徒の育ちの把握や学習評価の結果等を総括し、学校全体で組織的に取り組むことにより、今後単元構成の配列について再検討するなどのカリキュラム・マネジメントの促進につながっていくことが期待される。

2 キャリア・パスポート活用の土台となる 「キャリア発達」への着目と組織的理解

本稿では、キャリア・パスポートを試行・活用している特別支援学校における4つの実践報告から、そのポイントを整理した。

いずれの取組においても、根底にあるのは、キャリア発達に着目した実践を組織的に追求し、積み重ねてきたことと言える。「できる・できない」といった学習の結果だけではなく、児童生徒の学習へのプロセスに着目し、大切にしてきたことにより、教員が常に児童生徒の「内

面の育ち」を捉えようとする姿勢をもつように
なり、キャリア発達を促すかかわりを意識する
ようになったことが成果につながったと捉えら
れる。

　また、キャリア・パスポートと従前からの個
別の諸計画との関係に悩みながらも、その導入
を積極的に受け止め、両者の関係を検討しつつ、
児童生徒を中心とした「将来」を踏まえた「い
ま」をつなぐ実践に尽力している点で共通して
いる。

　キャリア・パスポートを単に「新たに作成が
求められている書類」と捉えず、また「従前か
らの個別の諸計画」の焼き増しと捉えずに、そ
の意義について組織的理解を図ることが肝要で
ある。多忙な学校現場においては、そのような
捉えになってしまうことが少なくないと危惧す
る。キャリア・パスポートの導入を機に、個別
の諸計画の意義と課題を整理し直し、両者の共
通点と相違点を再確認するなどして、活用や充
実を図っていくことが求められる。従前から個
別の諸計画への本人参画が求められてきている
が、障害による実態を理由として十分に対応で
きているとは言えない状況にある。一方でキャ
リア・パスポートは、「教材」として、本人が
作成し活用することが前提となっており、対話
によって本人が学びや育ちの変化に気づけるよ
う、価値付けることが求められている。この「教
材」としての導入に可能性があり、これを機に
様々な方策の検討を進め、本人参画の課題の解
決につなげることが肝要であると考える。

　今後のキャリア・パスポート活用における課
題の１つとして学校間連携が挙げられる。この
学校間連携が進められることによって、学習の

成果の検証や、指導・支援の一層の充実につな
がると考える。なお、移行にあたっては、学習
を経験した児童生徒が「これまで」を知ってい
る側となり、教員は知らない側となるため、必
然的に教員は児童生徒の話に耳を傾け、ポート
フォリオに目を向け、児童生徒理解に努めるこ
とになる。「児童生徒から学び、適切な指導と
必要な支援に努める」。ここにキャリア・パス
ポート活用における大事なポイントがあると考
える。

　最後に、「キャリア・パスポート」は、今般
の学習指導要領の改訂の流れの中で児童生徒の
学びをつなぐものとして導入されたものであ
り、目指すキャリア教育の充実は「社会に開か
れた教育課程」「育成を目指す資質・能力」「主
体的・対話的で深い学び」「カリキュラム・マ
ネジメント」の４つのキーワードと不可分であ
ることを再確認したい。

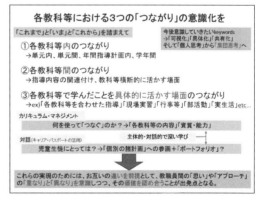

　キャリア・パスポートの導入によるキャリア
教育の充実は、児童生徒一人一人の学びはもち
ろんのこと、学校全体の教育活動の充実に資す
るものであることを再認識し、各地・各校にお
ける、今後の児童生徒一人一人キャリア発達の
促進に向けた教育活動のさらなる充実を願う。

第Ⅱ部

第9回年次大会広島大会

共創〜多様な人が協働し、新たな価値を創造するキャリア教育

　第Ⅱ部では、昨年度の第9回年次大会広島大会について振り返る。

　第1章では、「第9回年次大会（広島大会）の企画趣旨（経緯とテーマ・プログラム、運営）」や、広島大会に込めた思いについて報告した。第2章では、本大会に先駆けて開催したプレ大会での牧野恵美氏（広島大学学術・社会連携質山岳連携推進部スタートアップ推進部門准教授）の講演と、話題提供2本について報告した。第3章では、本大会における熊原保氏（社会福祉法人優輝福祉会理事長）とさとみ木村シンディ氏（ウィスコンシン大学リバーフォール校教授）の講演のほか、3本の話題提供及び3つの論点で実施した「グループセッション」のまとめについて報告した。第4章では、「キャリア発達支援研究会第9回年次大会（広島大会）を終えて」として、広島大会実行委員から「共創」に向けて、初めての試みであったWeb・対面のハイブリッド開催やグラフィック・レコーディングを取り入れた運営面での工夫などを含めた「広島大会」の振り返りについて報告した。

第 **II** 部

第9回年次大会広島大会

第 **1** 章

企画趣旨

企画趣旨

第9回年次大会(広島大会) の企画趣旨
(経緯とテーマ・プログラム、運営)

広島大会実行委員会委員長　竹林地　毅

第9回年次大会（広島大会）（以下、広島大会とする。）（令和3年12月5日）の実行委員会は、中国・四国地区支部（以下、支部とする。）のメンバーが中心となり構成された。あらためて、実行委員会、研究会事務局の皆様に深く感謝の意を表したい。ありがとうございました。

1　広島大学との共催による開催

広島大会は広島大学大学院人間社会科学研究科・広島大学大学院人間社会科学研究科附属特別支援教育実践センター（以下、広島大学とする。）との共催として開催された。共催に至った理由は2つある。1つめは、支部の活動のなかで、地域貢献・協働の実践が多く報告され、支部のメンバーが地域貢献・協働の意義を実感していたことがある（支部の地域貢献・協働による実践はキャリア発達支援研究7（令和2年12月）に掲載されている）。広島大会の開催が決定した後に、地元の社会的な資源（例えば、広島県中小企業家同友会や大学等）との協働により開催することを検討していた。2つめは、広島大学大学院の改組により、教育学研究科等の文系の研究科が統合された「人間社会科学研究科」が発足し、記念事業の実施が検討されていたことがある。つまり、支部の思いと広島大学の思いが一致したのである。

その結果、広島大会の開会行事の挨拶では、小林信一　人間社会科学研究科長が、ご自身の体験をまじえたキャリア教育の意義や大学との協働の意義を語られた。また、広島大会の2つの講演を広島大学大学院人間社会科学研究科設立記念セミナーにも位置づけ、広島大学の地域貢献として、オンデマンドビデオ（無料）による公開を行うこととなった。

2　広島大会のテーマ「共創」と趣旨

広島大会のテーマは、「共創〜多様な人が協働し、新たな価値を創造するキャリア教育〜」である。実施要項（二次案内）には、大会テーマの設定理由について、「持続可能な社会の創り手となる児童生徒の育成のため、互恵性を基盤とした共同的な学びを目指し、共に支え合い、学び合うキャリア教育の創造」を謳った。「互恵性を基盤とした共同的な学び」、「共に支え合い、学び合うキャリア教育の創造」を「共創」への一里塚として考え、広島大会での協議等で、実践を深めていきたいと考えたのである。

「共創」は、広島大会後も支部の継続的なテーマになっており、10周年記念大会をめざす中国・四国支部＋九州支部のリレー学習会（令和

4年8月23日）のテーマとしても設定されている。リレー学習会の講演「日本を元気に！共創のサイクルとアイディアの創出」（講師：事業構想大学院大学事業構想研究所　教授　河村昌美　氏）では、「共創」の前提となる考え方を「経験を共有することで、全ての関係者が相手側で起こっていることを深く理解し、双方にとってより良い新しい経験を考え出す」と紹介された。また、「公民共創」の定義として「企業や各種法人、NPO法人、市民活動・地域活動組織（地域住民）、大学等教育・研究機関などの多様な民間主体と行政などの公的主体が、相互の対話を通じて連携し、それぞれが持つアイディアやノウハウ、資源、ネットワークなどを結集することで、社会や地域の課題の解決に資する新たな価値を共に創造すること」と示された。

この「共創」の考え方の前提と定義で示されていることは、過去、本研究会で報告されてきた地域の社会資源との協働によるキャリア教育の実践や協議で語られ、深められてきたことと重なると考えられる。

3　プログラム構成と「広島大会プレ大会」の開催

プログラムは、第8回年次大会までに蓄積・開発されてきたことに学び、2つの講演、ポスターセッション、グループセッションの構成を考えた。また、コロナ禍での確実な開催を目指し、対面参加（原則広島県内の参加者）とリモート参加のハイブリッド開催とした。さらに、運営の予行を兼ね1ヶ月前に「広島大会プレ大会」となる支部学習会をハイブリッド開催し、ハイブリッドでのグループセッションの試行など運営のノウハウの蓄積を図った。

「広島大会プレ大会」では、講演「不確実な世界を生き抜くためのキャリア発達支援～アントレプレナーシップの可能性」（講師：広島大学学術・社会連携室産学連携推進部スタートアップ推進部門　准教授　牧野恵美　氏）を設定し、「共創」の考え方と進め方に関する知見や実践例を学ぶことをねらった。「ACT －LEARN － BUILD」の考え方は、「使いながら学ぶ」という知的障害教育の考え方と重なるという発見があった。

また、実践報告は、町立学校の特別支援学級・町立養護学校からスタートし、現在でも地域との結びつきが深い高知県立山田特別支援学校の高等部主事　橋田喜代美　氏に「地域とつながるキャリア教育の取組」をお願いした。また、学校卒業後の生涯にわたるキャリア発達を考えるため、広島県内の本人活動「フレンドの会」の会長、副会長と20年来の支援者である広島市手をつなぐ育成会副会長の安森博幸　氏を招聘し、「障害のある人の生涯学習－本人からの提言」をお願いした。

生涯学習は、「共創」と同じく支部のテーマとして継続しており、リレー学習会でも、「青年学級・親の会と共に創るキャリア教育」（報告者　広島大学附属東雲中学校　教諭　笹倉美代　氏）で、半世紀にわたる活動実績がある卒業生の会「青年学級」と中学生が学び合う実践から学んだ。

4　プログラム－講演

広島大会の講演の1つめは、地域の響き合う

関係づくりを創造してこられている社会福祉法人優輝福祉会　理事長　熊原　保　氏にお願いした。演題は「地域と学校―共に創造し、響きあう関係に」。優輝福祉会は、広島県の北部地域で様々な施設を運営されている。過疎という言葉でくくられがちな、昨今は公共交通機関の見直しが話題になっている地域である。数十年にわたり、逆転の発想で地域に活動（価値）を創造されてきている熊原氏には、これまでのご経験と築かれた深い思想に基づき、学校教育への提言をお願いした。

　講演の2つめは、広島市のご出身で現在は、米国で特別支援教育を研究されているウィスコンシン州立ウィスコンシン大学リバーフォールズ校　教授のSatomi K. Shinde　氏にお願いした。Shinde氏が研究されている、障害者の自己決定の支援は、キャリア発達を促す実践を深めるために不可欠な取組であり、講演が、主体的に「なぜ・なんのために」を考え、行動する児童生徒を育てることを志向する本研究会の活動に波紋を広げることを期待した。

　Shinde氏とは、広島大会の約1年前から、米国日本大使館の資金により、「障害者の意義ある就労の実現」をテーマとした日米交流プログラムで再会した（書くことははばかられるが、約30年前、大学院（現職派遣）で学んでいた時、英語の堪能な学部生だったShinde氏に助けていただいた）。このプログラムの米国側の参加者は、Shinde氏、ミネソタ大学のICI（Institute on Community Integration）のBrian Abery氏、Renata Ticha氏である。日本側は、特例子会社の取締役、大学の研究者、障害者の就農支援者の養成機関、特別支援学校

の学校長である。月1回程度のリモートでの交流を重ねた。Brian Abery氏は、障害者の自己決定の支援に造詣が深く、Shinde氏は自己決定の支援を教師の支援力に焦点を当てた研究をされていることが紹介され、講演を依頼することになった。なお、ICIの季刊誌　Impact（2022　fall）には、この交流プログラムで話題となった、我が国の「特別支援学校と地域の社会資源との協働によるキャリア教育・職業教育」、「キャリア発達を促す対話」等が紹介されている。

5　プログラム―グループセッション

　グループセッションの話題提供の論点を3つ考えた。

　1つめは、「地域資源を生かし、地域と共に歩む地域協働・共創活動」である。話題提供は、島根県立出雲養護学校の和田成弘　氏に依頼し、作業学習の地域サービス班の取り組みを紹介していただいた。地域との協働的な学びはどのように深化したのか、互恵性の関係はどのように変化したのかを探ることをねらった。

　2つめは、「教師のキャリア発達・組織づくり」である。話題提供は、愛媛大学教育学部附属特別支援学校の土居克好　氏に依頼し、授業づくり（生活単元学習「とくしんピック2020を成功させよう」）を通して、学び合い高め合う教師のキャリア発達について考察していただいた。幼児児童生徒のキャリア発達・教師のキャリア発達と貢献意欲の関係（往還）はどのようにあるのかを探ることをねらった。

　3つめは、「生涯にわたるキャリア発達支援」である。話題提供は、秋田大学教育文化学部附属

特別支援学校の後松慎太郎　氏に依頼し、生涯学習を研究テーマとされ、生涯学習力を育む実践を紹介していただいた。前述したように「広島大会プレ大会」でも、生涯学習でのキャリア発達を考えたが、秋田大学教育文化学部附属特別支援学校の実践研究から浮かび上がる課題と解決のための協働の具体・工夫を探ることをねらった。

6　運営の工夫－3つの仕掛け

　討論・協議の発散と収束を効率よく進めるために3つの仕掛けをした。

　仕掛けの1つめは、「共創」の下位概念として、3つの事柄と問いを仮定し、話題提供について、どんな事実や考え方があったのかを整理するワークシートを配付し、討論・協議の発散と収束が促されることをねらった。下位概念と問いの1つめは、「互恵性の関係の深化」（一方的な関係から相互に学び合い・得る関係への変化はあるのか）である。2つめは、「貢献意欲の高まり」（目的を共有した上で、役割を果たしていこうとする意欲の高まりはあるのか）である。3つめは、「課題の協働解決」（課題（目指すべき姿と現状との差）の解決のための協働の具体・工夫はどのようなものか）である。

　仕掛けの2つめは、ファシリテーション・グラフィックの提供である。秋田でグラフィック・レコーダー（講演などの記録）として活躍されている平元美沙緒　氏（秋田ファシリテーション事務所）に依頼した。リモートで参加していただき、記録の様子を画面の一部として共有しながら、講演や話題提供が進行するようにした。話されていることが絵などで表現されることで、イメージをもちながら理解し、考えやすくなることをねらった。また、講演者・報告者との確認を経て、グラフィックのPDFをチャット機能によりすぐに参加者へ提供した。「広島大会プレ大会」でもお願いし、効果を実感した。

　仕掛けの3つめは、講演者・話題提供者の姿・スライドなどの画面・グラフィックの画面を合成し、Zoomの画面として提供するようにしたことである。

文献

河村昌美・中川悦宏（2020）公民共創の教科書．学校法人　先端教育機構　事業構想大学院大学出版部．

河村昌美（2022）日本を元気に！共創のサイクルとアイディアの創出．キャリア発達支援研究会設立10周年記念大会リレー学習会（2022.8.23）講演資料

Satomi K.Shinde and Takeshi Chikurinji(2022) Innovative approaches to transition. Impact Volume 35 Number 2.

広島大会案内ポスター

第 9 回年次大会広島大会

第 **2** 章

プレ大会報告

講演

「不確実な世界を生き抜くためのキャリア発達支援 ―アントレプレナーシップの可能性―」

講師　広島大学学術・社会連携室産学連携推進部スタートアップ推進部門准教授　牧野　恵美氏

ただいまご紹介にあずかりました牧野です。現在、広島大学でアントレプレナーシップを教育・研究対象とし、様々な考えを持つ人々の中でどのようにしてイノベーションが起こるのか、また、その方法の実証に取り組んでいます。私はもともとジャーナリストとしてキャリアをスタートし、1990年代の半ばから後半にかけて、アメリカで新聞記者をしていました。そうした日々で、様々なベンチャー企業の魅力的な起業家を多々取材をした上で日本に帰国すると、日本の変化のなさに気付きました。その時の「なぜ日本では、魅力的な起業家が育たないのだろうか」という問いの答えを求め、再び大学院に行き、今の起業家教育に携わるようなキャリアにつながっています。

1　今、大きく世界が変わっている

今、世界が大きく変わり、世の中からいろんな職業が消えています。例えば、レストランの案内係はロボットが担い、レジ係も精算機に代わっています。そうした背景にあるのがコンピューター化です。今、人間が行っている仕事の約半分が将来的に機械に奪われてしまうと言われています。

実際に職業を見てみると「花形」と呼ばれる職業と「ブラック」と呼ばれる職業に二極化していることがわかります。この二極化が進む中で、「ブラック」な職業の特徴には、20世紀型の工業社会が前提としている単純労働的なものが挙げられます。単純労働というのは、人間よりも機械のほうが上手にできるため、そうした職業は機械に置き換わりやすいのです。

これまでの20世紀型の工業社会では、経済資本といえばカネ・モノ・土地・労働力・自然資源でした。しかし、現在の経済資本には私たちの頭の中にある「知識」も含まれるようになりました。

過去に産業革命が起き、今は「知識革命」が起きているのです。社会が大きく知識社会に転換したことで、求められる人材像も変わってきています。

産業革命では、物を作ることや大量生産・大量消費が前提とされ、マニュアル型の人間が求められていました。しかし、「知識革命」が起きている今、会社が求める人材像は、「ユニークな発想ができる」や「変化をもたらすことができる」といったものに変化しています。その背景には、社会の仕組みが変わり、企業が「知識」をもって競争していく時代になっていることが関係しています。

知識経済、知識社会は、創造力（クリエーティビティー）の時代とも言うことができます。「そうぞう力」というと、日本語では想像力（イマジネーション）の意味もありますが、これまでの20世紀型の経済では、あまりこの創造力（クリエーティビティー）と想像力（イマジネーション）は求められてきませんでした。おそらく、学校教育においてもこうした創造・想像力を育むよりも、「マニュアルだけで動く人」や「ルールどおりにできること」が求められた人材像であったように思います。そして、そうした人を育てる教育をしてきたために、今、新しい時代が求めている創造・想像力を育むような教育制度になっていないと考えられます。

一方で、企業は創造・想像力のある人を求め始めています。なぜなら、そうした人がいないと企業競争に負けてしまうからです。残念ながら、日本の企業では、やる気のない社員が7割に達しているのが現状です。しかし裏を返せば、これだけひどければ前向きになるしかないとも言えます。これをチャンスにえることも大切です。その一つの手段が「アントレプレナーシップ」なのです。

2　知識経済の中での才能や強み

私たちの脳は、コンピューターに例えると、1秒当たりに1100万ビットの情報を処理できる非常に処理能力の高いコンピューターとされます。この処理能力には、当然ながら無意識で働いている部分も含まれます。私たちが意識的に使える1秒当たりの情報は、保守的に見積もって40ビットとされます。つまり、私たちは、色々なことをほぼ無意識でやっているので

す。無意識が、私たちの様々な動作をつかさどっています。知識も同じです。頭の中で分かっている知識と、実際に使える知識、「身体知」という体に埋め込まれている知識は、たくさんありますが、実際に意識して使える知識は、ほんの一部なのです。

では、現在の知識経済の中で「才能」や「強み」とは何を意味するのでしょうか。

まず、「才能」について考えるとき、「経験から身についた能力」と「才能」に分ける必要があります。例えば、私が20代で「あなたの才能何？」と聞かれた時には、「英語ができること」と答えていたでしょう。しかし、英語は学習をしたことで身についた、後からついた能力ですから「才能」ではないのです。

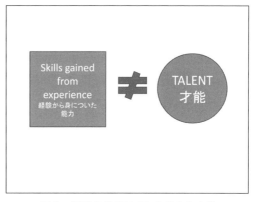

図1　経験から身についた能力と才能

「才能」の定義は、「A natural way of thinking, feeling and behaving」です。「その人にとって思考すること、感じること、行動すること、より自然にできるような状況がその人の才能だ」という意味があります。無意識に繰り返される行動パターンや思考、感情のパターンをひっくるめて「才能」と呼べます。何

かを創り出す力の背景には、その人が行うことや考えること、感じることがあるのです。

では、「強み」とは何でしょうか。「強み」は、「才能」に知識と技術を足し算したものと考えられます。

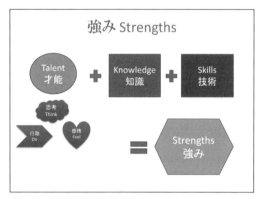

図2　強みとは

過去の工業社会では、知識や技能、スキルが大事にされてきました。日本でも新卒一括採用という、ある程度の知識や技能を持った人間を雇う方法がとられてきました。それぞれの業種で必要なものは、入社してから身につけてもらえばいい、という前提の雇用の仕方です。

図3　過去の工業社会での強み

しかし、前述したように、知識経済では創造・想像力が大事となります。これまで大事にされ

ていた知識と技能は、インターネットでも身につけることができるような時代です。だからこそ、「才能」が生かされるようになってきます。こうした社会では、「強み」は単なる足し算ではなく、一種の掛け算で表すことのできるものになってくると考えられます。

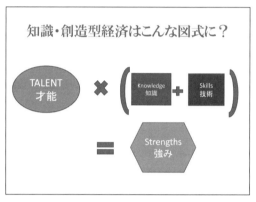

図4　現在の知識経済での強み

3　アントレプレナーシップとは

私がアメリカで起業家の取材をしていた1900年代後半は、アントレプレナーシップの訳語として「起業家精神」という言葉がよく使われていました。しかし、今、実際に大学で「起業家精神を教えてください」と言われても、なかなか教えられるものではないと感じています。精神、spiritは必ずしも教えられるものではないのです。

「アントレプレナー」という言葉には、二つの訳語あります。企てるほうの「企業家」と起こすほうの「起業家」です。この二種類のどちらを用いるかで、昔の学者は結構ぶつかりあったと聞いていますが、私は「起業家」を使っています。

様々な研究により、起業家とそうでない人た

ちの違いについて、リスクに対する考え方が異なることがわかってきています。

　意思決定をする時のプロセスにおいて、起業家は、まず「これぐらいのリスク取ってもいい」「これぐらいなら私は許容できる」というリスクの高さを選びます。そして、その範囲でリターンが増えるように、一生懸命創意工夫をして行動していきます。一方で、普通の経営者は、まず「これだけの利益が欲しい」という求めるリターンを決めます。そして、リターンの部分を固定したままリスクの部分を下げていき、行動します。つまり、起業家と普通の経営では考え方の順序が真逆なのです。

　普通の経営は、原因があって結果があるという因果関係を前提としており、目的に向かって様々な手段の中からベストな手段を選び、進んでいきます。学校で言うと「めあて」があり、子どもたちと「めあて」を共有して「めあて」に向かって学習を進めていくのが通常の因果関係に基づく意思決定のロジックです。普通の経営学でも経営の実務でも、いろんな所でこのロジックが支配的です。

　これに対して、熟達起業家が使っているロジックは逆です。手段から結果を導き出すという方法をとっています。「めあて」を決めるのではなく、自分たちの手元にある手段を見て、そこから成果を作っていくのです。「紡ぎ出す」という表現が適切でしょうか。これが、起業の達人が好む一種の思考と行動のロジックだということが分かっています。

　つまり、アントレプレナーシップは、精神論ではなく、ロジックなのです。ロジックであれば教えることができます。「リスクは許容でき

る範囲で取る」と教えることで、起業家は、不確実な環境に上手に対処できるようになります。

　私たちには、「起業家はリスクを果敢に取る」というイメージがありますが、実際にはリスクではなく、「不確実性を上手にコントロールできる」のが起業家なのです。

4　不確実な世界でのアプローチと成功法

　「不確実な世界」とは、予想ができない世界のことです。どんなに情報を集めても予想ができず、過去の情報は必ずしも役立ちません。「リスクの世界」は、ある程度の情報を集めることで傾向が分かります。傾向が分かると確率統計的にモデリングもでき、どういう行動を取ればいいかが分かってきます。

　「不確実な世界」では、予想ができないため「計画」が通用しません。そのため、PDCA（plan、do、check、act）は、通用しないどころか、むしろ弊害となることがあります。

　アントレプレナーは、この「不確実な世界」で、非常に上手にわたり歩くことのできる成功法を知っています。それは、計画することより

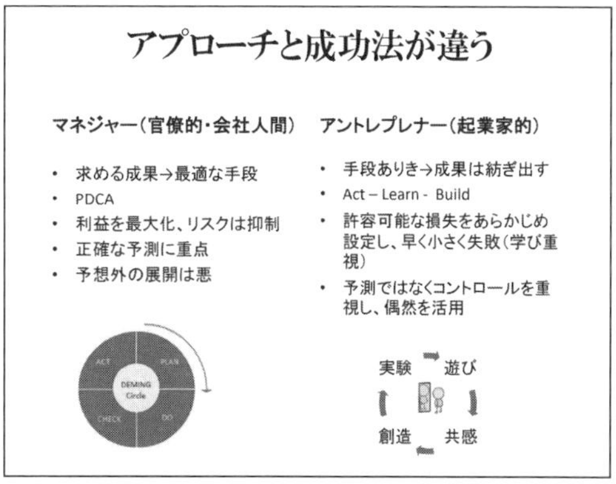

図5　アプローチと成功法の違い

も「アクションを取る」、「行動する」ということです。失敗は、計画する中ではよくないことですが、この場合は、むしろ歓迎されます。なぜなら、学ぶチャンスだからです。

（図5の）左側は、通常の会社人間にも当てはまる方法で、今まで成功法とされてきたものです。求める成果があり、最適な手段を選んでいく方法、つまり、PDCAを回すということです。このPDCAの考え方は、製造現場だけではなく、今は学校や自治体の中でも使われています。PDCAは、もともと計画して実行できる製造ラインを前提としています。予測できる世界だからPDCAが回り、利益を最大化してリスクを抑えていきます。正確な予測に重点があるため、予想外の展開は悪となります。

図6　Act － Learn － Build

これに対して、アントレプレナー、いわゆる起業家的な考え方は、手段ありきです。成果は、紡ぎ出していきます。こうした考え方を「Act － Learn － Build」と言います。

最初は計画ではなく、「Act」です。行動を起こし、そこから学んで作っていくと考え、早く小さく失敗することが重要となります。プランをするよりもまずやってみることで分かるこ

とがあるのです。分かったことから次につなげていく、作っていくという流れです。予測することではなく、コントロールが重視され、自分が何であればコントロールすることができるのかを考えたうえで、偶然をうまく自分たちの有利な方向になるように活用していくのです。「Act － Learn － Build」は、失ってもいい範囲で、できることからやってみることに尽きます。

次に、「Learn」です。「Learn」には「Ask」という意味も含まれており、聞いてみる、お願いする、頼んでみる、問い続ける、といった意味があります。問い続けるとは、仮説検証をすることです。ただ単にやってみるだけでは意味がなく、ある程度の仮説を立てて検証できるようにしていく必要があります。そのため、アントレプレナーシップであっても、仮説検証は非常に重要です。単なる試行錯誤ではなく、仮説を立てて検証する気持ちで取り組むからこそ、失敗が学びにつながります。科学的な実験がたくさんの失敗の上に成功が成り立っているのと同じです。

最後は、「Build」です。「Build」は「Co-Create」の意味を含んでいます。つまり、一緒に創るということです。共感することを通して、他の人も巻き込み、競争よりも共に創るほうが重要ということです。

ここで大事なことは、PDCAを否定しているわけではないということです。確かに、不確実性の高い状況ではPDCAは失敗につながりやすいと言えますが、不確実性が高くない状況であれば、PDCAを使うのが当然です。予測できたり、ある程度リスクや傾向が分かったり

するときはPDCAを使います。しかし、状況が不確実なときにPDCAを回してしまうと、かえってよくないということです。使い分けていくことが大切となります。

今、経営学では「両利きの経営」という言葉がはやっています。右利きが通常の経営学、左利きがアントレプレナーシップに近いものです。

図7　右利きの経営

右利き、通常の経営学を「exploitation」と言います。「搾り取る」と訳し、今、あるものからいかに価値を搾り取っていくかという意味の「exploitation」を指します。「知の深化」とも呼んでいます。

これに対して、左利きがよりアントレプレナーシップに近いところを意味します。探索という意味の「exploration」です。試行錯誤をしながら、その瞬間に対応していくということです。

冒険に出る時、私たちはいちいち詳細な計画を立てませんよね。ある程度ざっくりした計画を立てたとしても、予想どおりいかなければ、その時々の判断が必要となります。つまり、実

図8　左利きの経営

際には右利きの考え方も左利きの考え方も両方必要ということです。

「不確実な世界」では、そもそも変化について予測することができません。起こり得ないことが急に起こる世界です。これは、東日本大震災の津波もコロナ禍も同じですね。確率的には、必ず起きることが分かっていても、いつ起きるかが分かりません。こうした状況では、「effectuation」というロジックに基づいて事業機会を捉えたほうがいいのではないかと考えています。これは、キャリアにおいても同じことだと考えています。

5　障害のある人が力を生かせる社会

ニューヨークに住んでいたとき、視覚障害のある子どもを教育する所を取材する機会がありました。その取材でとても衝撃を受けたのが、「目が見えないことを障害と見ていない」ということです。「視覚的な障害を持っていることこそが強みだから、それをうまく生かせるような職業をつくり出すということにつなげていけるようなことを教育している」と、担当者が話しているのを聞いて驚きました。日本では、視

覚障害のある人は鍼灸師となる人が多いようですが、その学校の生徒は、普通の企業などに就職していました。大企業で活躍され、様々な障害のある人が商品開発し、取締役に近いレベルの役職に就いた事例もあります。

最近、誘っていただいたデイサービス事業で、SUP（Stand Up Paddleboard）を体験させてもらいました。2人1組でパドルボードに乗り、45分から1時間ぐらいかけて海を渡るという企画でした。軽度の発達障害のある高学年の小学生たちがパドルボードを車の中から下ろして空気を入れ、全部きれいにして並べていました。驚いたのは、この子どもたちを見ているだけでは、とても発達障害があるように思えなかったということです。お互い助け合い、テキパキと動き、全て子どもたちで取り組んでいました。なぜこんなに子どもたちが動けるのか、支援者の方に話を聞いてみると、子どもへのアプローチが、私たちが「effectuation」と呼んでいるものであったことがわかりました。手元の手段から始め、徐々に人々を巻き込んでいくような教育の仕方になっていたのです。しかし、このデイケアで普通の子どものように動いている子どもたちも、学校に戻ると何もできなくなってしまうのだそうです。

こうした経験から、私たち大人が子どもたちの可能性を押さえてしまっていることがあるように感じました。私自身も発達障害というとバイアスがあり、先入観や一種の差別があるように思います。そもそも、区別することから差別が始まるわけですから、分けているところに問題があるのかもしれません。

発達障害のある子どもたちが社会に出ていく上で、子どもたちの能力をフルに生かせる社会をつくっていかなければならないと考えます。同時に、そうした子どもたちの教育に携わっている人たちが、彼らのキャリアを本気で考えていかなければなりません。そうしたキャリアを考える上で、今までのようなキャリアのつくり方では、厳しいところがあるように思います。20世紀型のマニュアル人間を必要としている社会であれば、障害のある子どもたちは活躍しにくかったでしょう。しかし、むしろ今は様々なチャンスがあります。障害のある子どもたちが活躍できる場が広がっているのです。

6　アントレプレナーシップの原点は自分

私たちが広島大学で「アントレプレナーシップ」と呼んだときに、育てようとしている力が七つあります。これは、学術的な研究と論文を整理して私がアレンジしたものです。

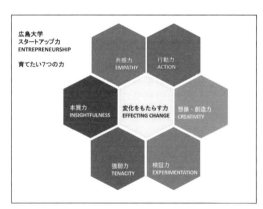

図9　アントレプレナーシップで育てたい力

真ん中に位置するのが、「変化をもたらす力」です。その周りにあるのが「行動力」、「想像・創造力」。「検証力」という実験する力や「強靭力」というやり抜く力、「本質力」という本質を見

極められる力もあります。そして、他の人の気持ちになって行動できる、「共感力」があります。おそらく、こうしたものは「アントレプレナーシップ」や「起業」でイメージするものとは全然違うでしょう。それそこが、私たち起業家教育に携わる人間が、この20年間で分かってきたことです。事業計画を作ることが、起業家教育ではないのです。

　アントレプレナーシップは、一言で「起業」と言いますが、アントレプレナーシップの原点は、自分にあります。自分が最大の資源になるということです。これは、教える側も同じです。学生一人一人の持っている力を最大限発揮できるようにしていくのが、われわれ教員の使命です。よく、学生が「起業したいけれども、自分はお金も知識も経験もないからできない」と決め込んでいますが、そうではなく、今いる自分を大切にしながら、「本当にやりたいこと何？」

「やりたいことが分からないのなら、取りあえず行動してみよう」「その中からやりたいことをつくっていけばいいじゃないか」ということなのです。その人それぞれの持っている力、強みを大切にしていくこと、これがアントレプレナーシップの原点であり、キャリア支援でもこうしたフレームワークが活用できるのではないかと考えています。

　キャリア支援では、これから様々な側面からの支援が必要になってくるでしょう。発達障害のある人たちも自立していかなければ生活を持続することが難しいです。親がケアしていても、いつか親は亡くなります。そうした観点から、本人が自立できるような環境づくりなど、周りのエコシステムをつくっていく必要があります。そうしたところから支援できるような世界を一緒に作れたらいいと願っています。

　本日はどうもありがとうございました。

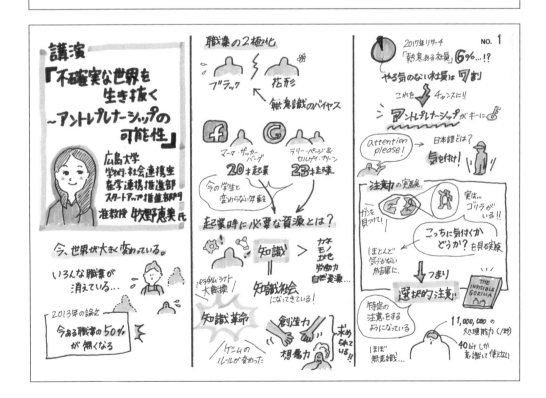

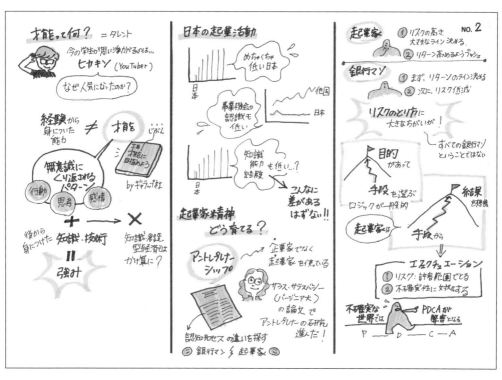

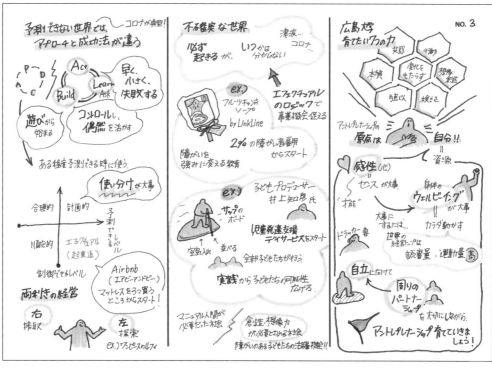

話題提供１

地域とつながるキャリア教育の取組

高知県立山田特別支援学校教諭　橋田　喜代美

近年の高等部の生徒の課題

　本校では、10年前よりキャリア教育の充実を柱に据え、「作業学習」の見直しや授業改善に力をいれて実践を重ねてきた。その中で、勤労観・職業観の育成に重点をおく内容が多く、社会的自立・職業的自立のために必要な能力の育成が不十分ではないか、「働くこと」は理解していても、「なぜ働くのか」「生きがい・やりがい」について十分な理解や実感がもてていないのではないか、基礎的・汎用的能力の育成について工夫・見直しが必要ではないか、などというような課題がみえてきた。それらの課題を踏まえ、令和元年度から「地域とつながる」実践及び授業改善をテーマに「職業科」でも学びのフィールドを地域全体とし、地域や地元産業界との連携も重視し、人材と資源の活用を図り、探究の学びを深めていく「地域社会への参画」の実践を模索している。

実践のポイント

　まず、職業科の内容を教師が正しく理解することから始めた。望ましい勤労観や職業観を育むために、必要な内容を網羅しながら、生徒達に付けたい力を個別の指導計画を活用して「知識及び技能」「思考力、判断力、表現力等」「学びに向かう力、人間性等」の３つの柱で整理した。その中で生徒が主体的に取り組める内容を精査して実践、評価し、生徒にフィードバックするPDCAサイクルを回しながら、地域と連携・協力した職業科の実践に取り組んでいる。

「モン・スペ・マルシェ」の取組

　「地域とつながる学習」の方向性を模索し始めた頃、香美市教育コラボレーション会議で、「市役所で職業科の製品を販売できるのではないか」とのアドバイスを受け、「地域とつながる販売学習」が実現した。地域とつながる探究の学習として、主体的・対話的で深い学びによる学習をおこなうことができた。地域の人々から製品の完成度の高さを評価してもらったことは、生徒の意欲や自信につながった。地域の人々の声は、生徒の主体性や意欲、積極性、達成感、自己肯定感の向上に一層つながるものとなった。

地域資源を活用し地域に貢献する取組

　清掃作業を指導するに当たっては、清掃のプロである「一般社団法人高知ビルメンテナンス協会」から人材を派遣してもらい、教師が研修を受講した。そして年数回、学習場面を見てもらい、指導のアドバイスをいただいている。地域の専門家から直接指導を受けることは、確実な知識と技能を身に付けることができるだけでなく、完璧に仕上げるプロの視点を学ぶことで、

教師にとっても社会や仕事の厳しさを理解するよい機会となっている。プロの指導を受けたことはよい刺激となり、一つ一つ丁寧に清掃を進めることができる生徒が増加した。清掃活動を通して、地域の人ともコミュニケーションをスムーズにとることができるようになった生徒もいる。

また学習で培った力を大いに発揮し、地域の清掃活動に積極的に貢献することは、地域に対する本校の教育への理解・啓発とともに、生徒にやりがいや達成感をもたらすものとして、今後も継続して取り組んでいきたい。

地域とつながる学習では、主体的かつ意欲的に取り組む生徒の姿が、随所に見られるようになった。学習を振り返り、学んだことをどう生かすかについて考えることができる生徒も増えた。教師の意識がより高次の目標へ向いたことが、生徒の変容につながったものと考えている。

教師の意識改善

教師は、以上の地域とつながる実践を通して「職業科」の内容や位置づけを再確認することができた。

これまでの「作業学習」では、体力や集中力、忍耐力、手先の巧緻性などが重視されがちであった。「職業科」を教育課程に位置付けたことで、望ましい職業観や勤労観、職業人としての人格形成のために、一つ一つの学習に明確な目的と意味づけができるようになった。働く上での厳しい目線を知り、地域の方々と関わりながら学ぶ生徒の姿を見ることは、教師にとっ

て進路に向けた職業科の授業や在り方を考える機会となった。何より学校や教育は地域社会とつながっていることを理解できた。学校で培った力は、学校以外の場で活用・発揮できてこそ本物の力であると言える。

私たちは、地域を活用するだけでなく、地域にとっても学校は一つの資源であるという認識をもつことが大切であると考える。地域と学校が互いに Win-Win の関係であってこそ、連携協力が成り立つことを改めて認識するとともに、日頃から地域を大切にし、良好な関係を築いておくことが必要であると考える。

今後の展望

今回紹介した実践の他にも、受注によるオーダーメイドといった個々のニーズや用途に応じた製品の製作や、より実践的に知識や技能を習得するためのデュアルシステムの導入について検討を始めている。また、地域の公共施設への出張清掃サービスを展開することなども考えている。

地域とつながる力は、生徒達の日々の学習を汎化する場としてだけでなく、地域社会の一員として存在を認められ、必要とされ、主体的に生きていくための土台を築くものである。そして、卒業後の人生を豊かに生きていくために必要不可欠な力であるととらえている。今後も「地域とつながるキャリア教育の取組」を重ね、より良い教育活動を全教職員が一体となって探究し、実践を重ねていきたい。

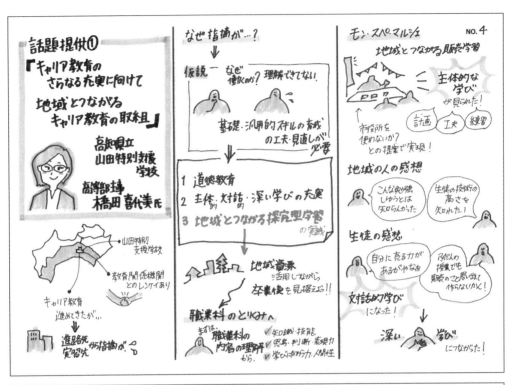

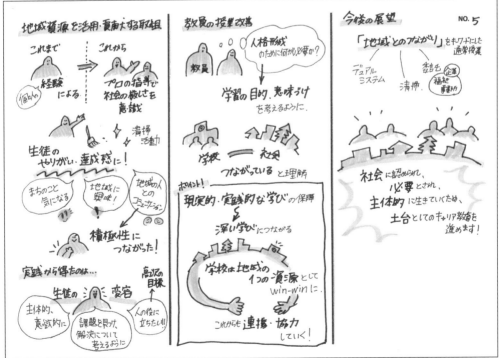

話題提供 2

障害のある人の生涯学習　－本人からの提言

本人活動「フレンドの会」会長　右手　義則
本人活動「フレンドの会」副会長　上山　新
本人活動「フレンドの会」会員、広島市手をつなぐ育成会副会長　安森　博幸

本人活動「フレンドの会」会長右手義則氏、同会副会長上山新氏、広島大学大学院人間社会科学研究科准教授（現広島都市学園大学子ども教育学部子ども教育学科教授）竹林地毅氏による鼎談を行い、支援者の広島市手をつなぐ育成会副会長の安森博幸氏にも参加していただいた。

1　フレンドの会について

「フレンドの会」は社会福祉法人広島市手をつなぐ育成会の会員本人による活動を行う組織である。広島市手をつなぐ育成会は、1958年（昭和33年）に障害のある人の自立と社会参加を支援し、差別されることなく安心して豊かに暮らせる地域づくりを目指す知的障害児・者の親の会として結成された。（当時の名称は「広島市手をつなぐ親の会」）。「フレンドの会」は、「本人による本人のためのグループ活動」を目的とした本人活動の会であり、友達作りや仲間との交流を希望する知的障害者の集まりである。会員資格は、16歳（中学卒業）以上の広島市手をつなぐ育成会会員となっている。現在は18歳以上が多く、会員数は約110名である。

発表者の右手氏は現在、広島大学霞キャンパス歯学部環境整備員の補佐リーダーとして勤務し、主に清掃や環境整備の業務を担当している。上山氏は、広島市の小中学校を巡回し主に除草作業や落ち葉清掃等、環境整備の業務に従事している。

「フレンドの会」への入会については、以前から広島県福山地区の活動に参加していた右手氏は、広島地区と兼任しながら「フレンドの会」に参加してみたところ、活動が楽しく、また活動に参加したいという思いがきっかけであり、上山氏は、職場のジョブコーチから「フレンドの会」に入らないかと勧められて参加し、現在に至っている。

2　活動内容～楽しむ・学ぶ～

「フレンドの会」には規約がある。第一に「友達をいっぱいつくる」そして第二に「暮らしに役立つことを学ぼう」である。

この規約を大切にしながら、「毎月1回の行事」を目標に、年始の総会や1年間のまとめ会の際に、会員同士で話し合って年間の活動計画を立てている。活動内容は、学習会、旅行、遠足、新年会、忘年会、ボーリング等のスポーツ、相談会、育成会全国大会、中国・四国大会、「はつらつ大会（広島県内の本人大会）」への参加等、多岐に渡る。

これらの活動のうち、令和3年の旅行先は高知県であった。旅行先は、毎年度の総会で中国

地区か四国地区から何処に行こうか会員が選んで企画をしている。旅行の予約や業者との交渉は、支援者に頼むことが多いが、会場の予約や名簿管理等の運営は、会長を中心に本人たちで行っている。

また、会員間では LINE でやり取りをするなど、SNS の運用を積極的に取り入れている。

当初は「こういうことをしよう」と支援者から投げ掛けていたが、現在は、上述の活動の企画や運営において社会の中で暮らしていくために必要なことは何かを考え、学ぼうとする会員の主体的な姿がみられるようになってきている。

3　活動しながら思うこと〜存在意義〜

（1）自分が成長するきっかけの場

学習会の内容は、バスの乗車方法や公共施設でのルールやマナーを学んだり、障害福祉サービスや年金等の知識を身につけたりしている。例えば、一人暮らしをするにはどうしたらいいのかを考える場合、「朝一人で起きることができるか」、「自分で料理ができるか」、「仕事は自分で行くことができるか」等その時点で本人にとって課題となっていることがいくつか出てくる。料理が難しいのであれば福祉サービスを使えばできるといったように、難しいことに対して障害福祉サービスで利用ができるものはないだろうかと解決策を見出していくようにしている。学んだことを実生活に生かしながら、右手氏は現在一人暮らしをしており、上山氏はグループホームで生活をしている。

（2）相談できる仲間がいる場

「フレンドの会」の会員は、働いている場と家とを往復する生活が主であり、余暇をどのように過ごしていいのかが分からなかったり、友達との付き合いが無かったりする場合が多い。「フレンドの会」の活動を通じて、仲間を増やしたり、喜怒哀楽を共にできる仲間をつくったりすることは非常に大切であり、毎月1回の行事を積み重ねていくと、仲間同士で連絡を取り合って話すことが増えたり、相談ができたりするようになり、友達関係がより深まっていく。会員のそのような姿は、仲間づくりをしながら、本人が主体となって、いろいろなことを学ぶ「フレンドの会」の存在意義を強く示すものであり、生涯学習という観点からも意義が深い。

4　活動を通して変わったこと〜成長〜

上山氏は、入会する以前は非社交的な性格で自分から積極的に友達をつくろうという意思もなかったが、職場のジョブコーチの勧誘に応じて参加し、意識が変わっていったということである。参加当初は、活動に多少の抵抗感もあったが、参加するにつれて自分から活動について積極的に提案するようになり、役員になったことをきっかけに活動にどんどん力を入れるようになっている。入会して一番変わったことは、「コミュニケーション能力が高まった」ということである。

右手氏は、「フレンドの会」での活動を楽しみ、仲間の性格を理解していく中で、仲間からの相談を受けて、仲間をサポートしいていくようになっていったとのことである。

5　今後の展望〜みんな（互助）で楽しむ〜

現在は、1年間を通して学習会やボーリング

を楽しむ割合が多く、時折、旅行に行くといった活動内容となっている。今後は、これまでの活動を続けながらも、観たい映画を観に行ったり、季節によって花見や紅葉狩りに出掛けたり、外へ出て歩いたりということも取り入れたいと考えている。また、歩くのが遅かったり、外での活動は難しかったりする仲間と助け合って、フライングディスク等のみんなでできるスポーツに取り組むなど、外での活動にもっと力を入れていきたい。

6　結びに（安森氏）

　右手氏と上山氏が話されているように、これから5年、10年と「フレンドの会」の活動が続くことをめざしたい。また、誰かがやってくれればいいと他力本願の考えではなく、会員がまとまりながら、支援者なしでも助け合って会を切り盛りしていけるようにしていきたいという本人の気持ちを尊重したい。

　これからも本人による本人のための主体的な活動を広げ、深めていけるよう「フレンドの会」を見守り、支援を続けていきたい。

7　質疑応答

Q　ジョブコーチや相談支援事業所の方がなぜ「フレンドの会」への入会を勧めたのか。

A　（安森氏）在学中は学校の友達も、先生も身近にいるが、彼らは卒業した時に環境が変わり、立ち止まることがある。その時期の保護者からの相談の多くは、平日は仕事場と家を往復しているから気にならないが、土日の過ごし方がうまくできていないといった余暇活動の支援についての内容である。そのため、相談員から「フレンドの会」を紹介している。

　私の職場では、手をつなぐ育成会のジョブコーチによる月1回の訪問があり、その時に個別面談で悩みを聞いたり、近況報告をしたりしている。

Q　こういった「本人活動」へ繋いでいくことについて、学校段階でできることはあるか。

A　（安森氏）卒業後の本人活動への参加は、保護者に任されているところが大きく、学校から勧められるところは少ない。学校からも勧めて欲しい。

　（竹林地）安森さんが関わっていらっしゃる親の会や広島大学附属東雲中学校では、在学中から青年学級の人たちと一緒に活動することが何度かあり、「卒業した後はこのような活動があるんだ」ということを本人も保護者もイメージできているのではないか。卒業後の生活の中に仲間という存在があることがこんなに良いことだということを学校も認識し、卒業後の活動に繋いでいく必要がある。

【参考】
広島市手をつなぐ育成会ホームページ
(http://h-ikuseikai.or.jp/)

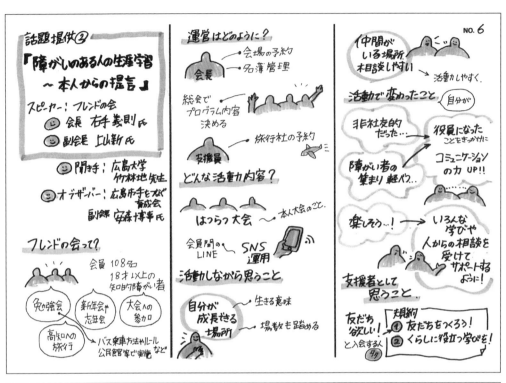

第 3 章

広島大会報告

記念講演 1

「地域と学校　共に創造し、響き合う関係に」

講師　社会福祉法人優輝福祉会理事長　熊原　保氏

　私の生まれは中国山地のど真ん中の、庄原市（旧甲奴郡総領町）で、山間僻地の過疎先進地です。三男坊だったので、都会へ出たいと思って、東京に行きました。しかし、友達や両親が「帰れ、帰れ」と言ってくるので、ふるさとに帰って、福祉の道に入りました。

　今日は、「地域と学校」というテーマをいただきました。私はこのテーマで、福祉の立場から、教育でまちづくりをどうすればいいかというお話をさせていただきます。

　さて、私が、福祉を目指したきっかけは、高等学校のときに、友達がオートバイで転倒し重度障害になり、彼の世話をしたくて、この道に入りました。また、障害者に対する思いが強まったのは、障害のある子どもができたことです。今では、娘は23歳になり知的障害と身体障害もあります。生まれる前までは、障害者の親ではありませんので、障害者の親御さんから相談を受けると、「ああ、そうね、そうね。」って話を聞くだけでしたが、自分自身が障害者の親になってみると、障害者の親に対して、強く深くものが言えるようになりました。お陰で特別支援学校PTA会長も経験ができました。もう一つは、半年前に妻が、乳癌になったことです。

　伝えたいことは、障害のある子どもの親になってみて、そして友達がオートバイ事故で植物人間状態になって、さらに妻が病気になって

も、発想を変え、考え方を変えると、良いことだっていっぱいあるということを、全体を通してお伝えをしたいと思っています。今日は「逆転の発想」と言いましょうか、「逆手にとる」ということが今日のお話しの裏テーマです。今年40周年目になるまちづくり研究グループの「過疎を逆手にとる会」（逆手塾）の活動で学びあった考え方を織り交ぜて話します。

　その原点は、資本主義の「金もうけが一番」とするものさしに対し、「金よりも大事なものがある」とする私たちのものさし（いのち・良い人間関係・役立ち感）なんです。私たちが求めるものは「人間が大きく見える」仕組みや営みです。その一つが逆手塾の応援団長だった永六輔さんの言葉から学んだ「あなたが輝けば、私も輝く」がコンセプトだろうと思っております。

　さて、サブテーマの「地域響生型教育でまちづくり」ですけれど、柱は教育でまちづくりができないだろうか、ポイントは学校と地域をどうしていけばいいか、学校がまちづくりの柱になってもらえないだろうかという願いをもって、お話をさせていただきます。

　半世紀ほど前、私は、東京に本部のあった日本青年奉仕協会から派遣され、兵庫県にある高等学校等に行って「ボランティア」を普及する活動をしたことがあります。その会は「共に歩

む会」と言っていました。でも私は、「共に歩むだけでは、やっぱりだめなんじゃないか。」と思い、「共を響」に置き換えて「響生」にして響き合って生きていくという、言葉を創成しました。喧嘩もしながら影響し合って生きていくと相乗効果があるという考え方です。

「地域生活支援の楽校」、これも「学」を「楽しい」にしています。楽しくなければ学校じゃないと思っています。特に不登校の子どもさんが増えております。それから言うと、本当に楽しくしないとだめなんじゃないだろうかという思いも込めて、「楽校」にさせていただいたというわけです。他にも造語の「元氣」、「響存」等いっぱい漢（感）字を使っております。

いずれにしても教育の目標は、ねばって、そしてみんなが幸せに暮らすためではないだろうかと思っております。私の場合は「地域」ですが、自分の地域以外でも外国でも同様です。その「ねばる」とは一つ目の「粘る」はもうお分かりですかね。二つ目の「ねばる」は「根を張る」の「ねばる」です。三つ目の「ねばる」は何だと思われますか。「never give up」なんですよ。教育も福祉もこの「地域でねばる」の心を持って実践したいですね。

さて、「まちづくり型教育の実践」についてです。今日の私のもう一つの願いは、学校を生かしてまちづくりをしてほしい。つまりは、地域まるごと教育の実践をしていただきたいということです。そのために、次の提案をしたいと思います。

最初に、地域の困ったことに応えていくことを考えていただければということです。私どもは福祉施設が地域とどのような関係をもってい

くかに工夫し努力しています。社会福祉法にも福祉施設の役割は、地域貢献・公益事業をすることとあるのです。だから「福祉のまちづくり」ではなく「福祉でまちづくり」と言いたいのです。教育現場でも、教育のことだけに目を向けるのではないということです。特に特別支援学校高等部卒業後の職業をどのようにするかという時にその成果は出ます。地元での一般就労をめざし安定した生活をしたいと願う人は多いのですから。もちろん福祉就労もありますけれど一般就労も福祉就労もレベルの高い定着が進むと思います。先生方が地域の「困った」に目を向けていただいて、地域の方と交流しながら人材不足など地域経済を衰退させる課題に、協働の担い手として舵を取っていただければみんながやる気になれます。この実践がコミュニティワーカーと呼ばれます。

次に「教育にイノベーションを！」ということです。イノベーションは、私流に考えると、今、自分の行っている福祉実践はこれでいいのだろうか、この生活でいいのだろうかと、場面、場面で考え続けていくことだと思います。この視点は教育の実践においても欠かせないものでしょう。今のままで満足していたのでは、どうしても後ろ向きになってしまいます。常々の発想転換を念頭に、危機感をもったり、これでいいのだろうかと思ったり、今までの実践を真正面から勇気を持って捉え直してみることなどが必要ではないかと思っています。私にとっては、イノベーションとは逆手発想です。

端的に言うと「教育の目標は、地域でねばってみんなが幸せを感じること」と思っていただければ幸いです。

　そういう中で、次に「柔軟に対応できる組織づくり」についてお話します。もう最近は、学校も福祉現場もクレームが多いのです。昔は「ありがとう、ありがとう」と言われましたが、今は、時代が変わって、何かあると、やっぱりクレームが来ます。学校現場も、そのようなクレームを逆手にとっていくことが、地域と学校の共（響）生に繋がり、「クレームは宝だ」の発想を生かすことになります。本当は、あってはいけませんが、クレームはニーズであり希望の指標です。

　実例の一端が、16年前に小規模多機能型居宅介護事業の制度ができたことです。今日では高齢者の輪の中に障害者も入れて、共生型として利用できる仕組みです。声なき声も聴き、クレームを宝にする事例で組織や制度もまあるくなりました。私の福祉実践の心訓は「まあるくなあれ」なんです。

　別の例として27年前から、「三障害を1本にしたい」という願いが実現したということがあります。「知的障害・身体障害・精神障害を1本にしたい、制度を変えなきゃいけん」と言い始め全国から同じ声も上がり、国が動いて三障害の制度もできて、私どもの施設でも対応が難しいと言う反対職員もいましたが、今は組織的にも三障害対応が可能となりました。私がクレーマーの事例です。（笑）

　これまで様々お話をしましたが、「学校も地域貢献をして」ということについては、学校から発信するというのは超難しいだろうと思っています。しかし、地元の社会福祉法人やビジネス関係の方々は、学校を活用し協働したいというニーズがあります。是非アプローチしてみてください。

　福祉施設は敷居が低いと思われがちですが、実際には高いのです。学校も同じように高いと思います。敷居を低くするためには、学校からも地域に挑戦をしていただきたいと思っています。今回のテーマが「地域と学校」です。「共に創造し響き合う関係に」というタイトルをいただき、私は「地域密着した教育でまちづくり」の提案をしているので、特別支援教育関係者の方々が、敷居を低くして「響生」に賛同していただいたのだと受け止めています。私は本当にうれしかったです。

　まちづくりの中で、「自分たちが貢献できるような地域をつくる。」とか「自分たちの努力を見てもらえる地域をつくる。」そのような地域をつくるとは、褒めてもらえる家庭や地域をつくることではないかなと思います。お互いに尊敬しあう「リスペクト」の風土を創るということです。その過程は、「学校も生徒と共に地域活動を」です。これが今日の訴えの一つだと思ってくだされば結構です。

　いずれにしても、「地域と学校」の関係とは「市民参画・参加のための教育」を創造することです。造語でいうと「響育」「郷育」となるのではないでしょうか。ここで「響」という字を使っているのは、「響き合う」のほうが「共」にだけでなく良いじゃないかということを説明したかったわけです。

　レジュメで地域で生き抜くための鍵は『5安』と書いています。安全・安心・安定・安楽の四つまではあっちこっちで使われているかも分かりませんが、五つ目は私が付けた造語です。安逝、あの世へ行く。「安死」と以前は入れてい

ましたが、何か「安死」を入れると、みんなに嫌だと言われたので、「安逝」にしました。でも本当は、死を擬視し受け入れないと「生きる」ことの豊かさは分からない、つまり、納得した終えんはないと思います。

　この五つの「安」を目指したまちづくりをしていくことが幸せになるんじゃないかなと思います。

　学校現場では、地域での多くの方々の生活のことを考える余裕はないと思っておられるかもしれませんが、地域と学校が共に「響生」していくためには、この五つの視点を入れていただければ、すごく面白い事例がどんどん出てくるじゃないかなと思います。

　「教育への提案」として、これも五つあります。
　①「やりたいことができる主体的教育」
　②「持ち味が発揮できる創造的教育。」
　③「得になる自己発展的教育」
　④「褒められる社会的承認教育」
　⑤「希望がある役立ち未来的教育」

　ということをヒントにしていただけたらいいと思います。

　話は変わりますが、私は「人生を楽しみ、暮らしに笑いをつくる力」、「人も笑わせて楽しませる力」ということを「笑楽力」と名付けました。30年ぐらい前に、1日に1回は笑うという「一日一笑」という、四文字熟語もつくりました。

　福祉の仕事は、「笑楽力」を磨く学校であると思っています。福祉の現場をもっともっと使ってほしいという意味です。もちろん敷居を高くしている所があるかも分かりませんけど、福祉施設は本来、利用者のためにも地域交流をしなければなりません。遠慮せずにどんどん施設に来ていただき、活用していただければいいなと思います。

　福祉現場は、俗に3K職場だと言って、マイナス的に言う人たちがいますが、違う3K職場です。それは「感心」、「感謝」、「感動」です。利用者との交流から体感そして共感できる場です。幸せになることを学べる所が福祉現場です。この3Kは「三感王」だと話しています。

　私共が福祉現場で努力しているのが、
　①「楽しい雰囲気で人を笑わせる」
　②「遊びも取り入れて仕事を楽しむ」
　③「真剣に人に向き合う」
　④「自己点検やコーチングで態度を選ぶ」

　この四つです。これは、そのまま教育現場にも当てはまると思います。

　さて、ケアの困難事例が出たときには、ケアする私たちの側が問題じゃないかなと思うことです。ケアを点検チェックし、態度、この向き合い方でいいのか、眉間にシワを寄せていないか？常に自己点検反省することが大切です。

　これでいいだろうと安易に考えていると、「パーソナリティーがない、プライバシーがない、プライドがない」と言われることになるわけです。つまり、3Pがないと。日本語で言うと、個性と私生活と誇りがないということですね。福祉施設としては、それはやっぱり変えていくということが必要ですね。ならば一つの方法として「まるごと福祉－小規模・多機能・柔軟対応のケア」に変えていく逆転発想であろうと思っております。私の一つの答えはコンビニの数ほどのグループホーム展開です。まるごと福祉とは？住居のグループホームの事例で伝えます。

障害系のグループホームはたくさんあります。私の所も何カ所かあります。でも、私は障害者だけの入るグループホームは反対なんです。子どもや高齢者、親子や兄弟など誰でも入れるユニバーサルなグループホームが日本に普及をしてほしいのです。高齢者福祉と障害者福祉の制度の違いを超えて「ごちゃまぜの法律を作ってほしい」とクレームをつけています。(笑)

最後になりますが、「過疎を逆手にとる会」の10ヶ条を紹介します。

①「過疎」は、「魅力ある可能性」と信じること。

②「ない」ということは「なんでもやれる」という可能性があること。

③目標は、「東京ではできないこと」をやること。

④武器は「アイデア」と「実践」。

⑤キーワードは、「過密」とのジョイント。

⑥壁へのチャレンジは「実績」の積み重ねetc。

⑦逆手にとるのは「過疎のマイナスイメージ」廃校、廃屋、多い高齢者、失いきった活力。

⑧ほしい「つれ」は「厳しい古里だからあえて古里に生きる」と言う人たち。

⑨とにかく、他人はどうであれ、己は過疎を相手に楽しく生きること。

⑩「群れ」はそんな「楽しい生き方」を「み

せびらかして」つくること。

の10ヶ条で新聞などマスコミに載って、本も何冊か出して、まちづくりでは「逆手」というのを使うことが流行った時代があります。まあ、今から20年、30年ぐらい前の話です。「過疎」を「障害」に置き換えてもいいかもしれません。それも一つのアイデアだと、発想・企画だと思っていただければいいと思います。

今日のお話は、地域と学校ということで、話をさせていただきました。この地域、このふるさとは私にとって、本当に元気が出てくる地域だと誇りを持っております。数年前に「里山資本主義」というタイトルでNHKによって中国地方向けに制作され、角川書店の新書で出版され、ベストセラーになりました。そのブランド力から今日では、過疎地と言われることは少なくなり、「里山」ですね!!と憧れられるようになりました。地域も学校も誇りが一番です。皆さんもそれぞれの地元、里山だけでなく、大都市の東京の方も含めて今、住む地域を自慢でき、自分の学校そして出身校を誇れることになると生まれてきたことを誇りに思うと自分自身の自己肯定感が上がるはずです。そんな地域や学校になればいいなと思います。「感心、感謝、感動」

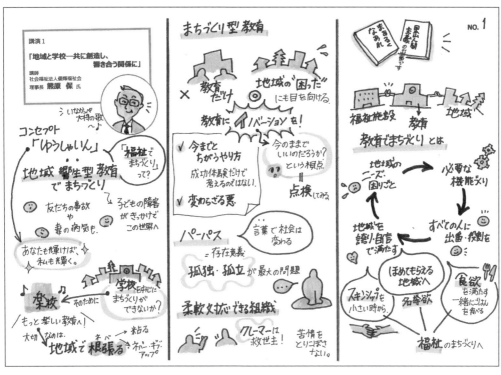

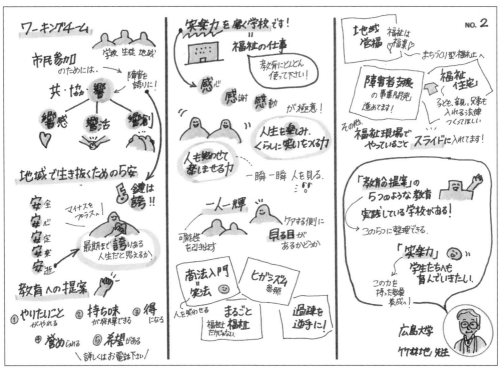

記念講演 2

「障がい者の意義ある就労の実現
―障がい者の自己決定を育む支援とキャリア教育―」

講師　ウィスコンシン大学リバーフォールズ校教授　さとみ　木村　シンディ氏

Ⅰ　講師紹介

広島県出身、広島大学学校教育学部特別支援教育教員養成課程を卒業後、アメリカ合衆国カンザス州立フォトーヘーズ大学で特別支援教育の修士号を取得した。

その後、イリノイ州シカゴ市で知的障がい、発達障がい、精神障がいのある人の臨床カウンセラーとして6年間の臨床経験を積み、ミネソタ大学大学院教育心理学部で博士号を取得（博士論文：「障がい者の痛み（身体的な）の評価法の有効性についての確立」）している。

現在、ウィスコンシン大学リバーフォールズ校特別支援教育コースの教授として、障がい者のQuality of Life、特別支援教育における生徒の学習到達度、インクルージョン、障がい者の自己決定などの研究を行っている。

Ⅱ　講演内容

1　障がい者雇用の現状

（1）学歴と雇用、障がいと貧困の関係

アメリカ合衆国における学歴と雇用率の関係は、Fig.1 に示すとおり、障がいの有無に関わらず相関がある。また、Fig.1 からは、障がいのある人の雇用率（左）が障がいのない人の雇用率（右）に比べて低いことがわかる。

また、アメリカ合衆国における障がいと貧困の関係は、どちらが原因でどちらが結果かということはわかっていないが、Fig. 2 の貧困状態の割合から、障がいのある人の貧困状態の割合（上）が障がいのない人の貧困状態の割合（下）に比べて高いことがわかる。

（2）法制度の整備と雇用の関係

障害を持つアメリカ人法と訳される ADA（Americans with Disabilities Act）が 1990 年に制定された。ADA は、就労や教育、交通機関、及び全ての公的および私的な場所を含む、公共生活の全ての分野における障がい者に対する差別を禁止する公民権法である。この法律の目的は、障がいのある人々が他の全ての人と同じ権利と機会を有することにある。また、2008 年には、ADA が ADAAA（障害を持つアメリカ人法改正法）として改正されている。

しかし、Fig.3 からは、ADA が制定された

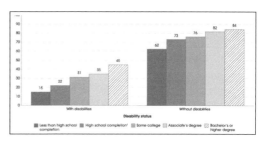

Fig.1　学歴と雇用率の関係

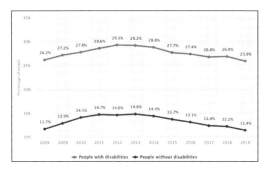

Fig.2　障がいと貧困の関係

1990年以降、改正された2008年以降も皮肉なことに徐々に障がいのある人の雇用率が下がってきていることがわかる。

　また、アメリカ合衆国には、米国平等雇用機会委員会と訳されるEEOC（Equal Employment Opportunity Commission)が設置されている。EEOCは、雇用や解雇、給与、仕事の割り当て、昇進、訓練、福利厚生、その他雇用条件を含む全ての雇用に関する差別を調査し、ADAなどの雇用差別を禁止する法律を強制する連邦機関である。また、雇用主に対して、過度の困難や費用が引き起こされない限り、障がいのある従業員や求職者に対して合理的な配慮を提供することを義務付けている。

2　障がい者雇用の推進

（1）障がい者雇用に消極的な理由

　テキサス州の雇用主（約190人）を対象にしたアンケート調査の結果、雇用主が障がいのある人を雇用することに消極的な理由として、次の三つが挙げられた。①障がいのある人を雇用することで、合理的な配慮のための費用や時間をとられてしまうのではないかという不安や恐怖、②雇用主の障がいのある人に対する知識

やADAなどの法律に対する知識の不足、③雇用主が障がいのある人を雇用した経験だけではなく、障がいのある人と接してきた経験の少さである。

　また、他の研究では、障がいのある人と接した経験（友人や知り合い）について調査した結果、約半数（44%）の人が障がいのある人と接した経験がないと答えていることが明らかにされている。

　このことから、障がいのある人の雇用率の低下は、雇用主の不安や恐怖、知識の少なさ、経験不足が原因であり、雇用機会がないこと自体が障壁であると考えている。

（2）障がい者雇用の評価指標

　企業がどれだけ障がいのある人を雇用しているか、また、雇用の割合だけでなくどのような努力を行っているかについて評価する指標として、障害平等指数と訳されるDEI（Disability Equality Index）がある。

　DEIで80%や90%の高い割合をとることは、企業にとっては自社がどれだけ障がい者雇

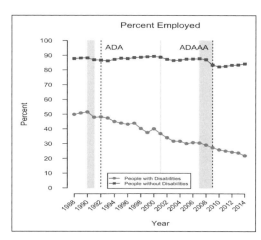

Fig.3　ADA制定前後の雇用率の変化

用を促進させているかを示すことにつながる。また、障がいのある人にとっては雇用の促進につながることから、お互いに Win-Win な関係になることができると期待されている。

（3）インクルーシブな雇用

　一般の職場において、障がいのある人とない人が等しい収入と機会のもとで共に働くということがインクルーシブな雇用である。それは、障がいがあるために質の高い雇用機会からの隔離や排除をされないことを保証する雇用である。例えば、同じ内容の仕事をしているにも関わらず、障害のない人に比べて障がいのある人の時給が低いというのはインクルーシブな雇用とはいえない。障がいのある人が業務を遂行するために必要なツールを使用し、障がいのない人と同じ仕事に就くことができること、つまり、合理的な配慮を得るとともに、福利厚生にアクセスできることがインクルーシブな雇用といえる。

3　自己決定

（1）自己決定と雇用や自立の関係

　2000 年から 2010 年の 10 年間、13 歳から 16 歳の障がいのある学生、アメリカ全国からサンプリングされた約 11,000 人を対象として調査した研究、National Longitudinal Transition Study(NLTS) がある。この調査では、様々な領域のアンケートや評価のスコアが収集されている。

　収集されたデータの中から自己決定に関わるデータを統計的に分析した結果、13 歳から 16 歳の時期に自己決定のスコアが高かった学生の方が、10 年後、自己決定のスコアが低かった

学生に比べて、卒業や成人してからの雇用や自立、経済的な自由などのスコアが高いことがわかった。

（2）自己決定とは

　自己決定とは、Abery & Stancliffe（2003）によると「個人が自分にとって重要な人生の領域内で、自分が望む人生をコントロールすることである」とされている。

　例えば、私事になるが、私の夫はグラフィックデザイナーであり、家の壁の色や家具の配置など見た目に関わる部分、その分野が彼にとって重要な領域の一つとなっている。一方、私はどちらかというと、色よりも片付いていて整理・整頓されていればそれで良いのである。私の自己決定が低いというのではなく、重要な部分が人によって違うということである。

　また、他の人のより良い人生をサポートすることも自己決定の一つといえる。特に社会から阻害されている人、往々にして障がいのある人を含むことがあるが、その人たちが望む経験をサポートすることも自己決定の一つといえる。

　自己決定とは、本人が重要なことに対して、本人がどれだけ舵を取りたいか、コントロールしたいかということである。

（3）日常的な自己決定

　日常的に起こる自己決定として、例えば、朝起きた時点で今日はどんな服を着て仕事に行こうかと考えることがある。ファッションに興味のある人の場合、服装が非常に重要な領域であり、自分で舵を取って、コントロールしようと考える人も多いだろう。

　その他にも、例えば、健康志向の高い人は、前日から次の日の食事のメニューを全部決めて

おき、それに従って３食自分で準備して食事をしたいと考えるだろう。健康志向の高い人の場合、食事や健康が非常に重要な領域であり、自分でコントロールしているのである。

一方で、食事や健康がそれほど重要ではなく、家族が食べるものを一緒に食べれば良いという人も多い。その人の自己決定が高いとか低いとかという問題ではなく、食事や健康の領域がその人にとって重要ではないのである。

日常的な自己決定の場はたくさんあるが、重要であるかないかは、その人や状況によって変わるのである。

（4）長期的な自己決定

長期的な自己決定として、例えば、どの大学に入りたい、どこの学校に行きたいと考えることがある。これらは、自分にとって大切なことであるため、誰かが決めるのではなく自分がある程度決めたい、そして自分で実践したいと考える人が多いだろう。

また、どのような仕事に就きたいか、どのような会社に就職したいか、どこに住みたいか、誰と一緒に住みたいか、結婚したいかしたくないと考えるか、結婚するのであれば誰と結婚したいのか、これらは全て長期的な自己決定として重要な領域と考えられる。

4　自己決定が起こる要因

（1）重要性とコントロール

自己決定が起こる要因を Fig. 4 に示す。左上の円は、その領域が本人にとってどれだけ重要であるかという重要性を示している。また、右上の円は、領域に関してどれだけコントロールしたいか、どれだけ自分で舵を握りたいかと

いうコントロールの程度を示している。さらに、下の円は、実際にどれだけ舵を取れているかというコントロールの行使を示している。そして、三つの円が重なる部分（真ん中）が自己決定の経験であることを示している。

例えば、健康志向の高い人、食事が自分にとって非常に重要だと考える人は、重要性（左上の円）が真ん中に寄ってくる。そして、重要性に対してコントロールをもっとしたい（右上の円）、実際にコントロールする（下の円）と三つの円が近くに寄り合い、自己決定の部分が増える。

一方で、食事のことは気にしないという場合は、食事のことに対する重要性は離れていき、あまりコントロールをしたいとは思わないので、コントロールの程度や行使も離れていく。その結果、自己決定の部分が小さくなる。

つまり、自己決定は、その領域が本人にとって重要であるか重要でないかによって大きくなったり小さくなったりするのである。

（2）他者との関係性

自己決定は、本人だけのことではなく、常に他の人との関係性においても起こるものであ

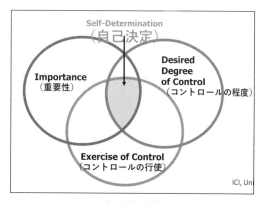

Fig. 4　自己決定が起こる要因

る。

　例えば、学生であれば、保護者や家族、法的な後見人、教師、友人に加えて学校という組織との関係性がある。また、働いている人であれば、同僚、上司、部下に加えて職場という関係性がある。さらに、本人が所属している文化のグループ、例えば、日本という一つの文化のグループの中でも、西日本、東日本という少し異なる文化のグループとの関係性もある。

　つまり、自己決定は、人との関係性や所属している組織、文化のグループとの関係性によって変化するものといえる。

　そして、障がいがあるないに関わらず、多くの人は、全てを自分でコントロールしたいとは考えていない。例えば、仕事や今回の研究大会などは、多くの人の力によって成り立っているものである。周りの人と一緒にコントロールしたい、舵を取りたいと考えていることも多いのである。

（3）障がいのある生徒の自己決定

　乳幼児の時期には、多くの場合、親が舵を握っている。子どもが成長するに従って、親がコントロールする部分が徐々に減っていくのである。子ども自身が重要と思える領域が増えれば、自分で舵を取りたいと思い、自分で舵を取るようになる。こうして自己決定の経験が増えていくことがあるべき姿と考える。

　しかし、障がいのある生徒、特に知的障がいのある生徒の場合、同年齢の障がいのない生徒や他の障がいのある生徒に比べ、自己決定の経験が少なくなりがちである。その結果、教育的・社会的・心理的、或いは雇用面や生活の質において、決して最適とはいえないのである。

5　自己決定を構成する要素

　自己決定を構成する要素を Fig.5 に示す。心理学の分野の研究では、自己決定を三つの要素（スキル、知識、態度や信念）と、三つの要素を支える環境で構成している。

（1）スキル、知識、態度や信念

　一つ目のスキルには、目標の設定や選択・意思決定、問題解決、個人の擁護、自己制御、コミュニケーション、自立した生活、社会面の領域がある。

　目標の設定の場合、例えば、生徒が宿題を毎日終わらせるという目標を設定したとする。ある生徒は、宿題をするということは重要であるから自分で舵を取りたいと考え、学校から帰るとまずは宿題を仕上げる。一方で、宿題があるということはわかっているが、友だちと遊んで家に帰ってからでも大丈夫だろうと考える生徒もいる。この場合、前者の生徒の方が目標設定の能力が高いと考えられている。

　二つ目の知識は、スキルよりも質的な領域となる。自分はどのようなものが好きだ、どのような価値観をもっている、どのような責任があるといった自己認識や、どのようなリソースがあるか、障がいのある人であればどのような法律があって、自分にはどのような権利があるかという環境に関する知識のことである。

　三つ目の態度や信念には、内部統制、自尊心、自己効力感、決定、他人から大切にされている気持ちの領域がある。内部統制（自分でコントロールできていることをどれだけ信じているか）の場合、例えば、数学のテストに向けて一生懸命勉強して良い点数が取れたとする。あ

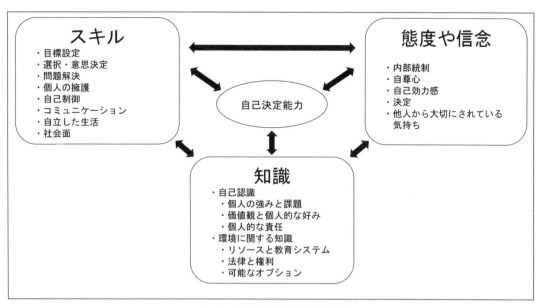

Fig.5 自己決定を構成する要素

※講演資料をもとに作成

る生徒は、自分が一生懸命勉強したから良い点数が取れたと信じている、一方、ある生徒は、それほど勉強しなかったが偶然良い点数が取れたと思っている。この場合には、前者の生徒のように、自分が努力した部分だけ成果が出た、自分でコントロールできたことを信じている人は、内部統制が高いと考えられるのである。

（2）三つの要素を支える環境

　自己決定の経験は、環境と常に関連している。環境とは、最も小さな単位では家庭、学生の場合は学校、働いている人の場合は職場、住んでいる地域、自分が属している社会などであり、時代とともに変化していくものである。つまり、環境と常に関連している自己決定の経験も時を経るとともに変化していくといえる。

　また、自己決定の経験は、他の人との関係で起こるものである。他の人からどれだけサポートされているか、どういう支援を受けているかによって、自己決定の経験は変わってくる。特に教師、教育者は、日常的に生徒が自己決定できるよう、スキルや知識、態度と信念をサポートする必要がある。

　生態学的な観点では、自己決定の経験がなければ、自己決定の能力は衰退していくとされている。自己決定の機会がなければ、自分でコントロールしたいという動機を失ってしまう。自己決定するスキルや知識、態度や信念は、経験を通じてのみ習得することが可能だからである。

6　生徒の自己決定と教師の支援

　ウィスコンシン州で収集されたデータを分析した結果、知的障がいのある高校生の高校卒業時の自己決定の経験が、障がいのない高校生に

比べて著しく低いことがわかった。私は、障がいのある成人の自立をサポートすることも確かに大事であるが、障がいのある中学生・高校生の自己決定を支援していくことが大切であると考えた。

　そこで、私は、ミネソタ大学のICI研究所（Institute Community Integration）の協力のもと、2019年から2年間、連邦政府とウィスコンシン州から研究助成を受けて研究を行った（Shinde, Ticha, & Abery, 2019-2021）。

　まず、特別支援教育を受けている中学生・高校生の自己決定の初期レベルを評価法（MnSDS‐Abery, et al., 2005) を使用して分析した。

　次に、生徒だけではなく、生徒と関わる教師や学校心理学者、管理職にどれだけ生徒の自己決定を支援するキャパシティがあるか、スキルや知識、態度や信念について評価法 (MnSKA-T / S:Abery, et al.,2009)を使用して分析した。

　さらに、2年間の間、毎月、参加した教師や学校関係者に自己決定についてのトレーニングを行った（2020年3月からは、新型コロナウイルス感染症の影響でオンラインとなる）。トレーニングでは、参加した教師が実際に関わっている生徒の例を使用して、自己決定のサポートについて、アクティブなディスカッションを行った。そして、トレーニングが全て終わった時点で再度、生徒の自己決定の経験と生徒の自己決定をサポートする教師のキャパシティを分析した。

　分析の結果、この2年間の間で生徒の自己決定（特に自己の選択する力）及び生徒の自己決定をサポートする教師のキャパシティが統計学的に有意な上昇を見せていたことがわかったのである（Fig. 6）。

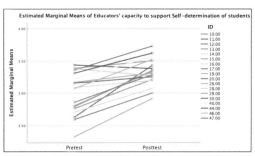

Fig. 6　生徒の自己決定をサポートする教師のキャパシティの変化

　これまでの自己決定に関する研究の多くは、障がいのある人、或いは障がいのある生徒の自己決定を測定し、追跡することで変化を調べる方法であった。しかし、本研究では、生徒の自己決定をサポートする教師や教育従事者のキャパシティを測定した。このことにより、障がいのある生徒の自己決定と生徒の自己決定をサポートする教師のキャパシティに相関関係があることが示唆された。

7　自己決定研究の近年の動向
（1）自己決定の捉え方

　これまで、自己決定に関する研究の多くは、自己決定を評価したり、一定程度数値化したりされてきた。しかし、近年では、スキルに注目するだけではなく、自己決定をマインドセット、考え方として捉える研究がある（Chang-kyu Kwon,2019）。障がいのない人が考え方を変えることによって、これまで障がいのある人には向いてないと考えられていた分野にも、雇用を求めていくことができると考えられている。

　また、他の研究においても、これまでは障が

いのある人が目標を設定し、目標に対してどれだけ到達するかということに注目されてきた。例えば、学生の場合、自分は数学を頑張りたいから数学を 30 分勉強するという目標を設定する。しかし、最初の２週間は頑張ったけれども、２週間目になると続かなくなる。この結果は、本人の自尊心にも影響を与え、目標設定という意味でも低い評価をされてしまう。しかし、「自分は数学というものを大切に考えている、自分も頑張ったら数学ができるようになる」というアイデンティティに注目すると、本人の自尊心や、自己有用、自己決定に対して、ポジティブな影響があるという考えがある。

雇用の場合、自分のアイデンティティと相手からのアイデンティティは、一致することも多いが異なることもある。特に障がいのある人は、自分ではそう思っていなくても、実は他の人から見たら「あなたはすごく人と付き合うのが上手だ」、「口頭でのコミュニケーションが得意だ」と思われている場合がある。

アメリカの各州に Walmart という食料品や雑貨品を販売する店舗がある。Walmart では Greeter といって、お客が店に入ると「いらっしゃい」と挨拶をしてくれる人がいる。障がいのある人を積極的に雇い、入ってくるお客さんに笑顔で挨拶したり、お客さんの手伝いをしたりしている。これまで雇用がなかった職場に様々な人が、様々な職種に就くことができることがわかる。

つまり、障がいのためにとか、障がい者だからという固定観念に注目するのではなく、本人がどのような人生を生きたいか、どのような仕事に意義を感じて仕事を続けたいかに注目する

べきなのである。そして、それをサポートするのは私たちであり、私たち自身の自己決定が重要となるのである。

（2）empower

私たちはどれだけ障がいのある人に力を与えているだろうか。英語では「empowering」というが、例えば、褒められることによって良い気持ちになれる。言葉を掛けられることによってアイデンティティは変わってくるのである。私たちは、そのような言葉、或いは経験をどれだけサポートできているだろうか。

8　最後に

自己決定の要素には、スキル、知識、態度や信念がある。そして、環境との関連性の中で自己決定の経験は起こる。障がいのある人を取り囲む環境にいる教育者や家族・友人、或いは同僚自身の自己決定がとても重要である。

私の好きなのエッセイスト Ralph Waldo Emerson の言葉に「The only person you are destined to become is the person you decide to be.」とある。「あなたという人間の唯一の運命は、あなた自身がなろうと決意した人間である」と訳す。

参考文献

Abery, B.H., & Tichá, R. (2017). Staff Self-Determination Survey: Teacher Edition (MnSKA-T/S). University of Minnesota – Institute on Community Integration.

Abery, B. H., & Stancliffe, R. J., (2003). An ecological theory of self-determination: Theoretical foundations. In M. L. Wehmeyer, B. H. Abery, D. E. Mithaug, & R. J. Stancliffe (Eds.), Theory in self-determination: Foundations for educational practice (pp. 25-42). Springfield,

IL:Thomas.

Abery, B., Stancliffe, R., Smith, J., & Elkin, S., (2005). MN Self-Determination Scales – Skills, Attitudes, and Knowledge Scale, Student Edition. University of Minnesota – Institute on Community Integration.

Houseworth, J., Ticha, R., Abery, B. H. & Shinde, S. K. (2020). Indicators of Self-determination in Wisconsin Using National Core Indicators. University of Minnesota: Institute on Community Integration.

U.S. Department of Labor. (2014). Workforce and Innovation and Opportunity Act. https://www.dol.gov/agencies/eta/wioa/about

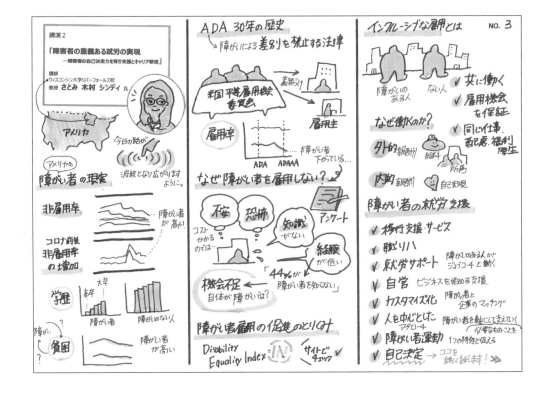

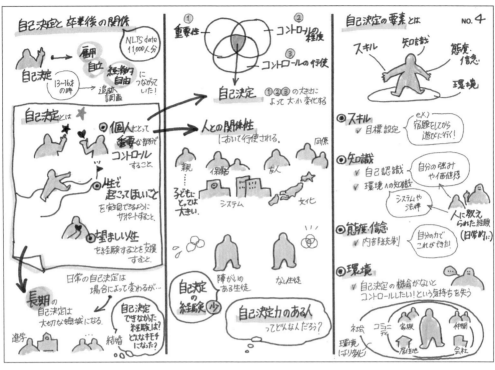

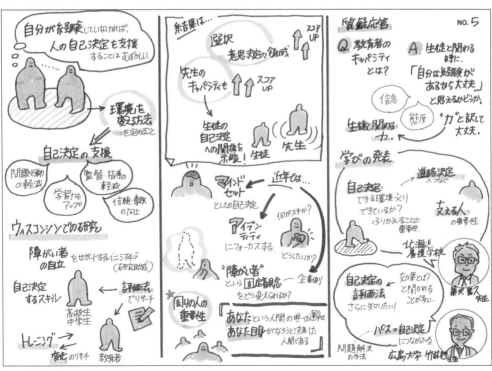

話題提供 1　　地域資源を生かし、地域とともに歩む、地域協働・共創活動

学びの中での関わりを通して学校と地域の心をつなぐ
～高等部 営業日の取組から～

島根県立出雲養護学校教諭（地域連携コーディネーター）　和田　成弘

1　地域で生きる人を育てる

　私の所属する島根県立出雲養護学校では学校経営プランの柱に「地域で生きる人になる」というグラデュエーションポリシーを掲げ、全教育活動において地域の人・もの・ことを取り入れた取組を積極的に行っている。その中でも高等部職業コースを中心に行っている地域に向けた作業学習の公開日「営業日」について取り上げ、学校と地域がどう繋がることで、互いに共創していけるのかを考える機会としたい。

2　コース制と職業コースについて

　本校高等部では1年生を「基礎コース」とし、2・3年生では生徒の学び方のスタイルに合わせて「総合コース」「職業コース」の2コースで学習を行っている。教育課程の大きな違いとしては、作業学習の内容と学び方が挙げられる。
　総合コースではものづくりを中心に、自分のペースでコツコツ集中して作業に取り組む力が重視されているのに対して、職業コースでは生徒同士や教員、お客様等、人との関わりの中で学び、生徒主体で考え、工夫し、周りの人や状況に自分のペースを合わせながら作業に取り組む力が重視されている。学び方は違うがどちらも卒業後の社会参加に向けた力をつけることができると考えて指導に取り組んでいる。
　職業コースはクリーンサービス班、農業加工班、食堂サービス班、地域サービス班の4班に分かれて活動している。それぞれの班が清掃や洗車、調理、来校者案内等の専門的技術を学び、

サービスの質を高めている。外部講師による研修や校外学習等も行い、地域の中で学ぶ経験も大切にしている。地域の専門家の方から学ぶ機会は生徒たちにとって良い刺激となっている。
　全班合同で行う研修も取り入れ、コース全体としてのサービスの質向上も目指している。その中の接客・接遇研修では、お客様と関わる際の心構えや接遇の基礎を学んでいる。図1のような接遇の3層構造について学び、それぞれの層が自分たちの班では具体的にお客様との関わりにおいてどんなことを指すのかを、同じ作業班の生徒同士で話し合う時間をもった。

図1　接遇の3層構造

　このように接遇への意識を高め、共に取り組む作業班の生徒同士で目標を共通理解して営業日の学習に向かうようにしている。

3　地域とつながる「営業日」

　営業日は、1学期のプレオープンを経て、2学期からは月に平均2～3回のペースで行っている。校内の実習室をお店として開放し、受付

を経て地域の方なら誰でも入れるが、現在は感染症対策の関係で、保護者限定や学校の所在地区の住民限定等、状況に合わせた実施をしている。ここからは学校と地域が Win-Win の関係になるという面から、営業日を考えてみたい。

（1）学校にとっての３つの Win

　１つ目は、生徒たちが作業学習で一生懸命準備した商品や練習したサービスを「本物」のお客様である地域の方に提供するという貴重な経験ができることである。生徒アンケートでも、好きな活動に営業日を挙げる生徒は多く、振り返りシートでも地域の方への接客で自信をつけた様子を伺うことができる。お客様から直接「上手だね。」「美味しいよ。」と言われることはやりがいを感じる上でとても大きいことのように思う。こうした地域の方とのポジティブな交流は、卒業後の生徒たちが地域社会に参加していく気持ちを高めるために重要だと考える。

　２つ目は、営業日に繰り返し取り組むことで生徒たちが主体となって PDCA のサイクルが回せるということである。営業日の実践ではフィードバックを大切にした取組を行っている。生徒たちは営業日が終わると個人で反省を行い、定期的に合同集会という形で反省を全体共有している。そこでは自分たちの感じたことや、お客様アンケートの意見から課題を発見し、より良いサービス提供ができるよう、課題の整理と改善、今後に向けての確認が生徒たちの話

図２　生徒の振り返り(話し合い)の様子

し合いで行われている。

　先述の通り、地域のお客様に良いサービスを提供したいという生徒たちのモチベーションは非常に高く、毎回熱心な話し合いが行われる。この様子を見て、地域と関わりながら学ぶことが生徒たちにとってどれほどエネルギーになるのかを感じている。

　３つ目は、開かれた学校としてのアピールの場となることである。営業日は地域の方が学校に入って来やすく、学校を知る機会として最適である。買い物や食事等のサービスを利用するために来校した地域の方が直接生徒と関わったり、校舎内の様子や掲示、展示作品を見たりする中で、どんな子どもたちがどのように学んでいるのか知ってもらうことは非常に大きいメリットである。実際、お客様アンケートでも「初めて来てイメージが変わった。」という意見があった。直接学校に入って見てもらうことで、学校の応援団を増やすことの大切さを感じている。

図３　営業日のだんだん食堂の様子

（2）地域にとっての３つの Win

　では、地域にとっては学校が営業日を行うことにどのような Win があるのだろうか。

　１つ目は、地域の QOL を上げるという点である。出雲養護学校は工業団地の中にあり周囲には店舗が非常に少ない現状がある。また、公共交通機関の利便性も良いとは言えない。その状況の中で、学校が提供する食堂や商品販売等のサービスが地域資源の１つになれば地域のWin となるのではないかと考える。

　2つ目は、地域の方にとって営業日の学校が安心して過ごせる場、コミュニティスペースとして機能することである。実際、昨年の営業日に地域の方の中で乳幼児連れのお客様が来校したことがあった。そのお客様は「ショッピングモールの利用は感染症リスクが怖いが、学校は入校時の健康観察もしっかりされていて安心できると思ったので子どもを連れて遊びに来た。」と話していた。こうした地域のニーズに営業日が応えることで「来て良かった。」と思ってもらえる機会が増えれば、それは地域にとってWinとなる。

　3つ目は、学校が地域をつなぐ場所になるということである。学校に興味をもった団体同士が営業日の学校に見学に来た際に出会って互いに関係を深めたようなケースや、作業製品の開発やサービスの指導等から派生して、近隣の大学や保育園の活動に学校が協力することになったケースもあった。こうした、学校の活動を軸として他の地域団体の人・もの・ことがつながっていくことも、地域の大きなWinとなると考える。

　このように「営業日」の取り組みは学校と地域、双方にとって喜びがあり、Win-Winとなるものになりつつある。このことはまさに本校が目指す「地域の中で生きる人」を育むことにつながっている。これからも営業日が学校（生徒）と地域をつなぐ架け橋として機能していくことを願い、実践を続けていきたい。

話題提供2　教員のキャリア発達・組織づくり

授業づくりを通して、学び合い高め合う教師のキャリア発達
〜生活単元学習「とくしんピック2020を成功させよう」の授業づくりから〜

松山市立城西中学校教諭（前愛媛大学教育学部附属特別支援学校教諭）　土居　克好

1　はじめに

　本校は、平成20年度よりキャリア教育の視点に立った教育活動を進め、キャリア発達を支援する授業づくりに継続して取り組んでいる。授業づくりを通して、教師が対話を繰り返しながらよりよい授業を模索し、その授業で現れた子どもの姿から学び、それをさらに次の授業づくりに生かしていく過程を積み重ねる中で、関わった教師がキャリア発達を遂げていく姿に、これまで幾度となく接することがあった。今回は、中学部の取組から授業づくりと教師のキャリア発達の関係について紹介する。

2　「とくしんピック2020」の概要

　「とくしんピック」とは、大学院生と共同で行った保健体育科の授業が始まりである。「ボッチャ」などの3種目で競う競技会で、「する・みる・支える」の視点で、競技や運営、応援に取り組むことで、役割を果たして活動に貢献したという達成感や成就感を得ることができた。その活動の発展として、令和元年度は、「いろいろな人たちと一緒に『ボッチャ』をしたい」と望む生徒たちの声を大切に、同世代の附属中学校の生徒と年間を通して活動を行い、両校の生徒、さらに附属校園が一体となって取り組んだ実践である。

3　活動計画

　活動の主な流れは、表1のとおりである。

表1　活動の主な流れ

活動計画

実施時期	活動内容 ※必要に応じて、活動前後に教師の話合いを行う。	
1学期	事前学習	活動の呼びかけ、作業学習・ボッチャ体験
	「とくしんピック2019」	プレ大会として開催
2学期	交流会①	本校体育館で開催
	交流会②	中学校体育館で開催（附中生の主催で実施）
	準備活動	大会に向けての準備（本校で開催）
3学期	「とくしんピック2020」	本大会の開催

☆　活動前後の話合いは、両校の教師にとって子どもたちの目指す姿や課題についての主体的な学び合いの場となった。

（1）両校で共有した視点や願いの共有

　両校の教員で次のような視点を共有した。

1　「なぜ・何のため」の活動であるかを十分に意識でき、一人一人の課題に対応できること
2　年齢・段階にふさわしい確かな学びを設定することができること
3　相手と関わりをもつことにより、双方向の学びが得られること

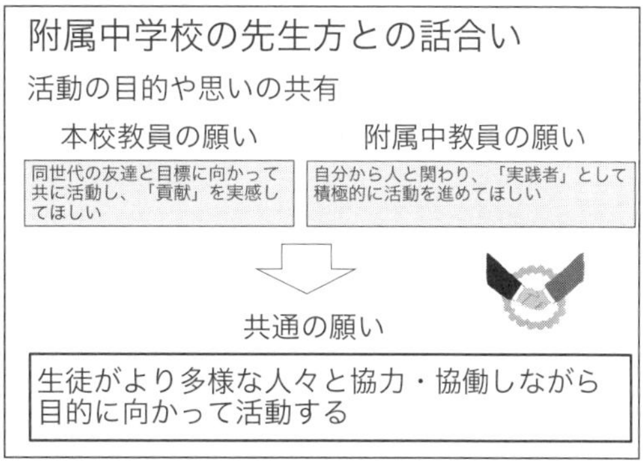

附属中学校の先生方との話合い

活動の目的や思いの共有

本校教員の願い　　　附属中教員の願い

同世代の友達と目標に向かって共に活動し、「貢献」を実感してほしい	自分から人と関わり、「実践者」として積極的に活動を進めてほしい

共通の願い

生徒がより多様な人々と協力・協働しながら目的に向かって活動する

図1　附属中学校の先生方との話し合い

（2）　本校における授業づくりの視点の共有

　授業の実施に向けて、まず中学部の教師で授業づくりについて、これまで大切にしている次の視点を共有した。

授業づくりの3つの柱
A　単元・学習内容設定の工夫
B　学習環境・支援の工夫
C　評価の工夫

内面の働く確かな学びの姿（規準）
①人との関係の中で
②思考を働かせて
③見通しをもって
④正しい（通用する）方法で
⑤自分の役割を意識して

　これらの視点は、授業の際の役割や適切な課題設定や支援に生かすことができた。さらに、本校だけでなく、附属中学校の教員が授業を考えるうえでの視点にもなった。

4　活動の実際

（1）「とくしんピック2019」プレ大会

　プレ大会では、本校の生徒・附中生共に、「とくしんピックを開く」という共通の目的を理解し、それぞれの活動に主体的に取り組み、自然に関わる姿が見られた。教師も授業づくりの話合いに関わることで、互いに学び合い、よりよい授業づくりに向けて、見通しをもって取り組んだ。

　活動後に、附属中学校の教師も交えて、生徒のアンケートも参考に、活動の振り返りを行った。この話合いにより、これまでの授業づくりにおける成果と課題が明確になり、次の授業への展望が見えてきた。

（2）「とくしんピック2020」交流会

　互いに理解を深めながら、大会に向けて継続して活動していけるよう、2学期には2回の交流会と準備の活動を行った。交流会では、本校の生徒が見通しをもちやすい活動内容を設定したり、附属中学校の生徒が計画を立てたりした。また、大会の準備では小グループに分かれ、本校の生徒が自信をもっている活動を中心に行うことで、お互いに教えたり、教えられたりという関わりが見られるようになった。活動後の附中生のアンケートからは、1学期よりも手応えを感じている様子がうかがえ、生徒の変容は、教師にとっても授業への大きな手応えとなり、生徒と共に、教師もわくわくした気持ちで「とくしんピック2020」本大会を待ち望むようになってきた。

（3）「とくしんピック2020」本大会

　大会当日、両校の生徒は、最初から最後まで一生懸命競技し、応援し、運営を行った。そこで見られたのは、「自然にハイタッチをする」「互いの名前を呼び合う」「笑顔でアイコンタクトを交わす」など、当初には見られなかった様子であった。両校の生徒一人一人が活躍し輝き、協力し、互いを称え合い、生き生きとした表情を見せていた。競技会が終わり、互いの健闘を称え合ったあと、記念撮影をした。予定時刻を過ぎても別れを惜しむ生徒たちの姿がそこにあった。

　私たち教師にとっても、生徒たちの輝いている姿を間近で見ることができ、本当に楽しく充実した時間であった。その光景は、まさに子どもたちがこうありたいと願った姿であり、教師が子どもたちにこうなってほしいと願った姿だったからである。子どもたちの姿からやりがいを感じる教師の姿もそこにあった。

5　おわりに〜教師のキャリア発達〜

　この実践を通して感じたことは、「子どもがキャリア発達する授業は、その授業づくりを通して教師も共にキャリア発達する授業である」ということである。そして、教師のキャリア発達のためには、図2のような対話を通した学び

合いの過程が重要である。

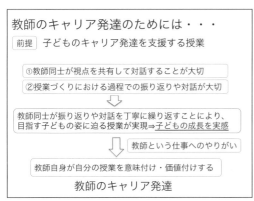

教師のキャリア発達のためには・・・

前提 子どものキャリア発達を支援する授業

①教師同士が視点を共有して対話することが大切

②授業づくりにおける過程での振り返りや対話が大切

教師同士が振り返りや対話を丁寧に繰り返すことにより、
目指す子どもの姿に迫る授業が実現⇒子どもの成長を実感

教師という仕事へのやりがい

教師自身が自分の授業を意味付け・価値付けする

教師のキャリア発達

図2

　また、今回の実践では、生き生きとした子どもの姿を見て、そのような姿を子どもたちが発揮できる授業を実現することができた手応えや教師という仕事へのやりがいを感じることができたという多くの教師の声が聞かれた。その声こそが「教師のキャリア発達」であり、それが実現されるには、「子どもたちの生き生きと充実した姿を見たい」という願いや思いをもった教師が、授業の目的や視点を共有し、子どもに向き合い、工夫・改善していく「授業づくり」の過程が不可欠である。

　今回の授業づくりを通して、子どもの願いや思いを実現させるために、対話を通して学び合い、高め合う教師こそ、今求められる教師像であることを強く感じた。

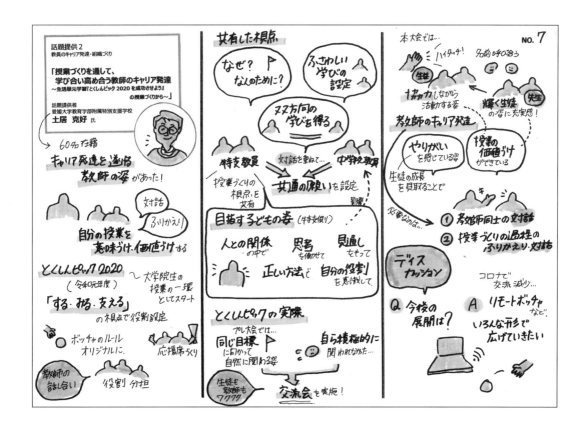

話題提供3　生涯にわたるキャリア発達支援

全校体制で「生涯学習力」を育む

秋田大学教育文化学部附属特別支援学校教諭　後松　慎太郎

1　取組の経緯

本校では、個別の教育支援計画を作成してきたものの十分に活用されてないということから、平成28年度から個別の教育支援計画について研究を行った。本人・保護者が主体となる個別の教育支援計画の作成・活用を目指して研究を実践し、「本人・保護者主体」という意味を込め、「私の応援計画」という名称に変更した。

本人と教師の対話を通して夢や思いを描き、実現に向けて目標を可視化する取組を通して児童生徒は自分の夢や思いを語ることができるようになり、自分が学びの主体であるという自覚が見られた。

また、児童生徒は、なりたい自分を目指し、今何をするべきかなど行動を主体的に選択・実行する力を身に付けながら生涯にわたり学んでいくこと、教師は、夢や思いを引き出す工夫を継続的に行っていくことの重要性を確認した。

2　「生涯学習力」を育む

上述した研究成果を基に、平成31年度から児童生徒の「生涯学習力」を高める教育課程の編成を目指し、研究に取り組んだ。

本研究では、「生涯学習力」を「主体的にヒト・モノ・コトに関わり、生涯にわたって学びに向かい、成長しようとする力」と定義付けた。生涯学習という観点から、教育課程の編成では、学校全体を通して「学びを積み重ねていくこと」、「地域と持続可能なネットワークを築いていくこと」、「児童生徒が継続して将来の夢や学びたいことを表出していけるようにすること」を大切にすべき事柄と考察した。

3　令和3年度の取組

生涯にわたり学び続けていくための要素は多岐にわたる。過年度研究で得られた要素として、「出会いや関わりがあること」、「夢や希望を描く機会があること」、「自分の周りの人・物・事への興味・関心があったり、目の前の物事をよりよくしようとしたりすること」、「自分の身近に学ぶ場があると知っていること」、「地域社会が生涯学習の価値を理解していること」などが挙げられた。

これらの事柄を踏まえ、令和3年度は研究主題を「新しい時代で学び続ける児童生徒を育てる～学びの積み重ねの実践とゆるやかなネットワークの構築～」とした。研究を全校体制で推進していくため、学部の枠を超えた3つのワーキンググループ（以下、WG）、「オリジナルマップ活用推進」、「地域とつながる」、「授業づくり」を組織し、実践した。また、授業づくりから情報を集めたり、WGでの検討結果を授業づくりに生かしたりと、WG相互が往還的な関係になるよう、組織した。

4　WGの取組

（1）オリジナルマップ活用推進WG

　オリジナルマップの活用とは、地図アプリを用いて、高等部は生徒の個人マップ、中学部は学年ごとのマップを作成し、学びに生かす活動である。使用用途としては大きく2つ想定した。

　1つ目は自分の学びを地図上に落とし込み、学習で活用した地域の施設や学習内容を記録していくものである。使用する中で、自分のお気に入りの場所を見付け、自分にとって地域を価値付けていくことにつなげることができる。

　2つ目は、「私の応援計画」での活用である。生徒の夢や思いは、自分が見聞きした経験の中から語られることが大半であり、そのような時も、自分の夢に近接している情報を地図から視覚的に得ることで夢の広がりにつなげられる。将来働きたい仕事や学びたいことを考える際に、先輩が実習した場所や仕事内容、利用している施設の活動の様子について視覚的な情報を得ることで、思いをさらに膨らませることができる。また、作成したマップは個人の学びではなく、友達同士で紹介し合ったり、先輩から後輩へ伝えたりする機会など、学び合う機会としても設定している。

（2）地域とつながるWG

　在学中に地域と関わる学習の中で、楽しさや満足感、自己有用感を味わうことは生涯学習の観点からも意義深い。そのために、地域と持続可能な関係（以下、ゆるやかなネットワーク）を築いておくことが大切だと考え、地域の方の意識調査をすることにした。本校と関わりのある地域の方を対象にアンケート調査を行い、アンケート結果を基に意見交換会を開催した。

　これまでは学校から一方的に依頼することが多かったが、双方にメリットのある関わりを築いていくことが大切であり、さらには意見交換会などを通して地域の方同士が結び付いていくことが、ゆるやかなネットワーク構築の糸口になると感じている。

（3）授業づくりWG

　「生涯学習力」は定義付けたものの、具体的に育てる姿や大切にすることが明確になっていなかった。そこで、各学部から「生涯学習力」を高めるために大切にすることを上げ、5つ程度に整理した。各学部から出された大切にすることを並べて概観すると、大半が学習指導要領で示された学びに向かう力・人間性等の涵養に関わる内容だった（図1）。変化の激しい新しい時代であるからこそ、習得した事柄を働かせていく力、学びに向かう意欲や態度を全校体制で育てようとしていることが明らかになった。

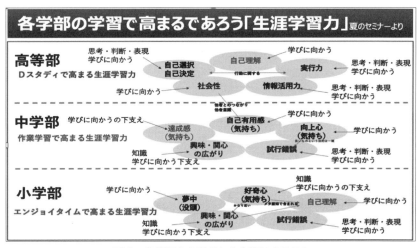

図1　各学部から出された大切にすること

5　授業づくりの実際

　「働く」「暮らす」「楽しむ」に焦点を当て、「生涯学習力」を高める授業実践を行った。小学部では、児童の興味・関心の幅を広げることをねらい、染め物・ニュースポーツ・カメラなど様々な題材を授業に取り入れている。また、地域の生涯学習奨励員の方や高等部の先輩から教わるなど、学習で扱う題材や学習で関わる人を工夫しながら、授業づくりを行なっている。

　中学部では、作業学習において主体的に行動したり、集団の中で役割を果たしたり、協働する喜びを感じたりできるように、目標を意識しやすい掲示物や自分で判断できるための支援、タブレット端末を用いた自己評価などの工夫をしている。また、地域の直売所での販売も学習に取り入れ、「地域の中で求められている、必要とされている」といった自己有用感の醸成も目指している。

　高等部では、自分の生活をよりよくしようとする意欲、うまくいかないときの対応など、問題発見・問題解決の方法を身に付けることを主眼として授業づくりを行っている。学習内容は自分の身を守る着衣泳や日本の文化に触れる、エクササイズなど多岐にわたる。それらの活動の中では、仮説・実践・改善などの問題解決の過程を学んでいる。また、自分の学びを伝えることにも重点を置き、単元ごとに学習を紹介し、その掲示物なども生徒主体で作っている。このように、生涯にわたり学び続けられるように、全校体制で発達の段階に応じて学びに向かう意欲や態度の育成を目指して、日々教育活動にあたっている。

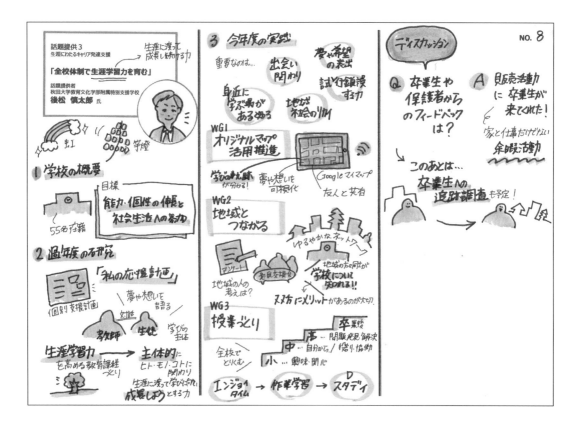

グループレポーターによるコメント総括

島根県立松江緑が丘養護学校教頭　渡部　英治

1　グループセッションについて

　3本の話題提供を受けて、グループセッションを行った。

　本大会のテーマを深めるため以下の3つの論点を設定し、これまでの各地での多くの優れた教育実践の蓄積を踏まえ、参加者によるキャリア教育の未来を展望した討議を期待して企画を行った。

〇論点1 地域資源を生かし、地域と共に歩む、地域協働・共創活動　【グループA】

　地域との協働的な学びはどのように深化したのか、互恵性の関係はどのように変化したのかを探る。

〇論点2　教員のキャリア発達・組織づくり【グループB】

　幼児児童生徒のキャリア発達・教師のキャリア発達と貢献意欲（目的・目標の実現のために自分の役割を果たそうとする意欲）の関係（往還）はどのようにあるのかを探る。

〇論点3　生涯にわたるキャリア発達支援【グループC】

　卒業後の人生における生涯学習でのキャリア発達を考える。実践研究から浮かび上がる課題（めざすべき姿と現状との差）の解決のための協働の具体・工夫はどのようなものかを探る。

　グループごとの討議では、グループセッションの枠組み（図1）に沿って協議を行い、後半は参加者の所属校でどんな「共創」が考えられるか自由に意見を出し合った。

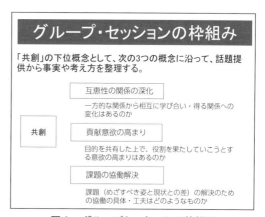

図1　グループセッションの枠組み

2　グループレポーターのコメントから

（1）Aグループ　坂本氏のコメントより

　地域協働活動というと、全国的にさまざまな取組が広がっていることを実感しています。協働から共創への変化を考えたときには、持続可能な取組として、どのように地域に溶け込んでいくのかということが一つキーワードだと感じています。したがって、学校としてその活動をなぜやるのかという目的を明確にしておくこと、また、子どもたちも含めて共有化すること、そして地域の課題、または要望を協働的に解決していくこと、それらのためには Win-Win の

関係性である相互性ということがこれから大切になっていくように思いました。

また、地域共創活動という形につなげていくには、学校の所在する地域を今までよりもより深く知って、そこから目的をはっきりさせて活動を組み立てていくことが、求められてくるのではないかと感じたところです。

（2）Bグループ　菊地氏のコメントより

依然コロナ禍ですが、どのような状況でも子供達と私たち自身の学びを止めないという趣旨のもと、各地で取組が進められています。そこには「他人事ではなく」「自分ごと」「自分たちごと」として向き合うようになる姿が見られます。その結果として「誰かのために何かをしよう」という姿勢も見られます。コロナ禍という制約や状況が私たちの有り様の問い直しをさせたと捉えています。

できない理由を見つけて「しない」というのではなく、どうしたら「できる」のかを志向することが大事であり、それが次のアクションにつながります。デメリットや問題に着目することも大事ですが、できていることに目を向け、それを生かすということや、メリットや成果に目を向け、前に進めていくこと、進めていこうとすることが大事ではないかと思っています。

また、組織の中でのそれぞれの立ち位置から、異なる他者との対話、組織を越えた異なる他者との対話が鍵となるように思います。

（3）Cグループ　松見氏のコメントより

生涯学習が大きなテーマでした。聞かせていただいた中で、一つ一つ掘り下げたくなるよう

なキーワードがありました。「対話」、「振り返り」、「地域協働」、「情報共有」、「移行・移行支援」などです。

中でもあるグループの討議の中で、ある先生が、「『働く、プラス、楽しむ』の『楽しむ』の部分を、しっかり生徒たちが認識できるようにしているのだろうか」と発言された点に私も同感しました。例えば、高等部の現場実習の振り返りのなかで、反省と課題を見つけて次に生かすことによく取り組みますが、「課題や反省よりも、できたことやうまくいったことをもっと発表させ、それを次につなげたほうが良いのではないか」と言われた先生がおられたことを思い出しました。生涯学習という観点から学校では何が大切かと考えた時、私たちは、意識を変えていく必要性と私たち自身が変わってくことも大事なのではないか、それを学校の教育の中に反映させていくということが求められているのではないかと改めてこの協議の中で感じました。

3　まとめ

今回のグループセッションは、3つのすばらしい発表に触発され、未来志向の意見が各グループから多く出ていたように思う。

グループレポーターのコメントにあるように、「共創」を進めていくには、地域の課題やニーズをきめ細かくとらえ、目的と役割を明確にして、児童生徒が「自分ごと」として貢献意欲を高める中で諸活動に「楽しみながら」取り組んでいけるように仕組んでいくことが大切ではないかと感じたところである。

弘前大学大学院教育学研究科教授　菊地　一文

話題提供とセッションのまとめ

「共創」というキーワードからキャリア発達を再考する

　まずは、このような素晴らしい学びの場を企画し、提供いただいた広島大会実行委員の皆様、そして素晴らしい話題提供をいただいた3名の先生方、さらには本大会に参加し活発に協議いただいた皆様に感謝申し上げたい。

　また、本セッションをはじめとするプログラム全体を通して、各地・各者がつながることで、まさにテーマに掲げた「共創」と3つの概念の大切さを実感している。

1　「共創」と「Win-Win」

　テーマである「共創」に関連したキーワードとして「Win-Win」が挙げられる。キャリア教育の推進の一環として地域協働活動を進めるにあたり、よく用いられていた言葉である。

　文字通り言えば「Win-Lose」「勝つ・負ける」の結果として、双方のメリットを生かした「Win-Win」であり、今思うと相互の利益の落とし所の結果としての「Win-Win」であるとも言え、実はどうもしっくりこない部分が残るような気もする。なお、このことについては、本研究会の立ち上げからご指導・ご支援をいただいてきた、渡辺三枝子先生が、かつて「Win-Win」について指摘されていたことが思い出される。

　一方で、日本人しての文化的背景があるのかもしれないが、日本語としての「共創」は、文字通り「共に創る」ことであり、「なぜ・なんのため」といった目的を共有した上で、新たなものを生み出す協働というイメージがある。中には目的の違いが生じることもあるかもしれないが、綱引きではない、利害を超えて共に目指す目的があるように思う。

　また、「互恵性」は、その語感から同様に相互にもたらす損得ではなく、お互いを尊重し、敬う、道徳の「徳」のようなニュアンスが感じ取れる。ここでは「違い」があることを前提として、「支援する側」「できる側」の目線から「支援される側」として対象を捉えるのではなく、「本人の身に立って考える」ことや、「支援される側」が周囲に与える影響・役割にも目を向けていく必要があると考える。

　このように相互発達の視点を踏まえた「Win-Win」の発展形が「共創」であり、共生社会の形成を目指す上では、まさに「Win-Win」から「共創」へと発展させていくことが求められているのではないだろうか。

2　「共創」と3つの下位概念

　グループセッションでは「共創」の下位概念として「互恵性の関係の深化」「貢献意欲の高まり」「課題の協働解決」の3点が挙げられたが、逆に「互恵性」は、「共創」の結果としてもたらされる、相互のキャリア発達によるアウトカム的な関係性と言えるかもしれない。

　コロナ禍において「学びを止めない」という思いのもと、各地で取組が進められてきている。

ここには「他人事ではなく」「自分ごと」「自分たちごと」として向き合う姿が見られ、その結果として「誰かのために何かをしよう」という姿勢も見受けられる。コロナ禍という制約や状況が問い直しをさせたと捉えている。

　できない理由を見つけて「しない」という思考停止ではなく、どうしたら「できる」のかを志向することが大事であり、それが次のアクションにつながる。できていることを生かすことや、メリットや成果に目を向け、前に進めていくことが大事である。

　そのように捉えると、まさにコロナ禍における対応は、「課題の協働解決」から始まる「共創」と言える。ここでは、「課題と向き合う」という前方志向の目的意識が鍵になる。また、ここでは「できそうなことから始め」、結果としてその先の「もっとできそうなことを目指す」ことに変化していると捉えられる。このことは、コロナ禍における対応に限らず、その土台には、安心感や期待感、将来展望のような見通しや、その基盤となる関係性があるのかもしれない。あるいは結果として自身が「判断」し「自己決定」することによって、それぞれの変化や関係性の変化が生じているようにも捉えられる。

　以上のことから、個人的には「省察」の重要性を再確認し、キャリア発達でいう「キャリアにはアップもダウンもない」ということともつながったと捉えている。

　「共創」を含む各キーワードについては、「たまご」が先か「にわとり」が先かといったトートロジー的な話題になってしまうかもしれないが、参加者がそれぞれの具体的な体験・エピソードをもとに、キーワードの関係性を解釈し、対話を通して考察したり、議論したりし、捉え直

すことが大事であり、ぜひそのような実践研究を進めていただきたい。

　また、午前中のご講演からも、たくさんのご示唆をいただいた。その一つとして、我々自身が、子供たちに対して、同僚に対して、そして組織に対して「できる・できない」という表出された部分だけでなく、一人一人のこれまでを踏まえた「いま」や「いま」より先の将来への思いに対して意味付け、価値付けする環境の重要性を再認識できた。

　それぞれの自己認識は、具体的な経験と他者との関係性が影響することから、セッションにおける対話にもつながっている。まさに私たち自身の有り様が問われている。

　いずれにしても振り返りによる将来展望、すなわち「省察」がもたらす意味付けや価値付けは、単独・単発で行うよりも、他者との関係性と時間軸を踏まえた「対話」によって効果が得られると考える。また、省察による自身の変化、あるいは失敗や非変化であったとしても、その認識は「体験」の「経験」化につながるものと捉えられる。言い換えると、このようなセッション（対話的省察）を継続的に行うことで、自身の意識化が図られ、見落としがちな小さな価値ある気づきにより接近できると考える。ぜひ、ここで止まらず、この後の大会終了後の単独での振り返り、そして他者への伝達、対話を通して、そのサイクルを回していただきたい。

　具体的には、明日それぞれの職場の仲間に「こんなことを学んだ」という言語化と対話、サイトへの書き込みという文字化と対話を通して、新たな学びと気づきを得ていただきたい。学びのサイクルを続けていくことで、さらに効果が得られるはずである。

第9回年次大会広島大会

第 **4** 章

広島大会の振り返り

キャリア発達支援研究会第9回年次大会（広島大会）を終えて

広島大会実行委員会

1 はじめに

　キャリア発達支援研究会第9回年次大会（広島大会）は、広島大学大学院人間社会科学研究科設立記念セミナーとの併催で2021年12月5日（日）にWeb（Zoom）と対面を併用し、1日開催で行った。昨年度、東京大会で初のWeb開催により得た知見を基に、新型コロナウイルス感染症の感染状況を踏まえながら、参加者の学びを最大限に考えた方法について協議する中で、Web・対面併用（対面の会場は広島大学学士会館）で行うことを決定した。

　これからの社会を生き抜くために、互恵性を基盤とした協働的な学びを目指し、共に支え合い、学び合うキャリア教育の創造が重要であると考え、大会テーマを「共創～多様な人が協働し、新たな価値を創造するキャリア教育～」とした。

2 広島大会の運営について

（1） Webによる実行委員会

　Web・対面併用という開催方法は、初めての試みであったが、コロナ禍における新たな研修会の在り方を提案できるものになればという思いで、実行委員会をスタートさせた。広島を中心に島根、岡山からの参加も得て、計19名の実行委員による実行委員会体制を立ち上げた。2021年6月に第1回実行委員会を開き、月1回計6回のWeb会議を開催した。

（2） 資料の保管について

　会議資料及び各役割担当間の検討資料などは、すべてGoogle共有ドライブに保管し、活用した。それまでは、メールに添付しやりとりを行うことが多かったが、最新のデータがわからなくなったり、メールの宛先が複雑になったりして送信漏れが生じることがあった。共有ドライブを活用することによって、このような問題が解消され、作業の効率性が向上した。

（3） プレ大会の開催

　年次大会の開催に先がけて、大会テーマである「共創」について対話によって得られた新たな気づきを年次大会につなげていくために、運営上のシミュレーションも兼ねて11月14日にプレ大会を開催した。

　広島大学学術・社会連携室産学連携推進部スタートアップ推進部門　准教授　牧野恵美先生を講師として、「不確実な世界を生き抜くためのキャリア発達支援─アントレプレナーシップの可能性─」の演題でご講演いただいた。経営学の視点から、予想できない不確実な社会において有効なALB（ACTION・LEARN・BUILD）の行動様式やエフェクチュエーションの概念について学びを深めることができた。

　また、「地域とつながるキャリア教育の取組」と題して高知県立山田特別支援学校高等部主事の橋田喜代美先生及び「障害のある人の生涯学習─本人からの提言」と題して本人活動「フレンドの会」会長　右手義則様、副会長　上山新様、社会福祉法人　広島市手をつなぐ育成会理事　安森博幸様（支援者）に話題提供をいただいた。

　講師の牧野先生及び話題提供者のフレンドの会の方々には、本部である広島大学学士会館に

お越しいただいたため、Web・対面併用の運営のノウハウを得ることができた。

（4） グラフィック・レコーディングを取り入れた Web 運営に係る工夫

秋田ファシリテーション事務所の平元美沙緒様に依頼し、講演と話題提供の内容をグラフィックや文字を用いて、リアルタイムで記録し参加者で共有するグラフィック・レコーディングを導入した。記録の様子をリアルタイムで視聴できるようにするため、Web 画面上を話者・グラフィック・レコーディング・資料の画面共有・タイトルをスイッチャー等の機材を用いて4画面に分割して映し出すことによって、必要な情報を1画面で把握できるようにした。

また、ポスターセッションでは学士会館2階に会場を4つ設営し、Web 参加者はブレイクアウトルーム、対面参加者は会場を手ぶらで自由に行き来し参加できるよう工夫した。それぞれの会場に PC、プロジェクター、集音マイク、タブレット端末を配置し、Web 参加者と対面参加者が共にポスターを視聴し協議できるようにした。グループセッションは、対面の良さを最大限引き出すため、Web 参加者と対面参加者は別々のグループに割り当てた。

（5） ポスターセッション及びグループセッションの工夫

ポスターセッションでは、計16本のポスターが発表された。東京大会での実践を参考にしながら、当日の質疑応答に時間を多くとり、発表者と参加者との対話による学びを大切にしたいという考えから、発表者に10分の発表動画の作成を依頼し、事前にジアース教育新社のホームページ内に作成していただいた広島大会参加者専用の特設ページに保存し閲覧可能にした。参加者は事前に動画を視聴し、発表内容を事前に把握しておき当日の質疑応答に備えることができるため、当日の発表時間を5分とし、質疑応答10分と設定した。

グループセッションでは、話題提供3本の発表後にそれぞれ広島大学准教授 竹林地毅先生（現在、広島都市学園大学教授）との対話の時間を設けてその後のグループセッションにつなげるとともに、「共創ワークシート」の作成を通してセッションでの対話の深化を促した。「共創ワークシート」とは、大会テーマの「共創」について、「互恵性の関係の深化」「貢献意欲の高まり」「課題の協働解決」の3つの下位概念を設け、3本の話題提供から関連することを個人が書き出し、それを踏まえてグループではそれぞれ書き出した内容からキーワードを抜き出し協議に活用することができるツールである。多様な気づきや意見交換から、自校での取組につなげることができる有意義なセッションとすることができた。

3 おわりに

広島大会の開催に当たっては、ジアース教育新社に参加申込み、広報、特設ページの設置等、多大なるご支援をいただきました。また、東京大会で得た知見や、各支部の情報・資料等を大いに活用させていただきました。コロナ禍における研修会の在り方について、広島大会の知見を役立てていただけるのではないかと思っております。参加者の皆様、関係者の皆様に深く感謝申し上げます。

広島大会実行委員会
事務局長 広兼 千代子

第III部

第二特集

対話を大切にした実践・取組

　第III部ではタイトルにある通り「対話」を大切にした各種の実践や取組を特集した。学校教育分野においては、学習指導要領の改訂に係る一連の動きの中で「主体的・対話的で深い学び」というキーワードがクローズアップされた。この中に出てくる「対話」には、様々な対象間の相互作用と特徴的な変化や変容のプロセスを生じさせることが期待されている。

　本特集に掲載した5本の実践には、「対話」がもたらした多様な効果やそこで繰り広げられた人間模様が収められている。読者がこれらの実践にふれてみられることも、まさに実践者や執筆者との「対話」になるが、その「対話」を通して何を感じ・考えられたのかについて、誰かにまた語り掛け、連続的に「対話」が発展していくことを期待したい。

実践報告

1 生徒と教員の対話を通して進めるカリキュラム・マネジメント（生徒の願いをかなえる生徒アンケート）

横浜市立若葉台特別支援学校主幹教諭　岡本　洋

横浜わかば学園（横浜市立若葉台特別支援学校）は開校10周年を迎えた横浜市立唯一の肢知併置の特別支援学校である。今回紹介する知的障害者教育部門（以下B部門）は高等部のみで、3年間で障害者手帳を使った就労を目指す、いわゆる高等特別支援学校普通科の教育課程を編成している。

本校は開校当初よりキャリア教育を中心にすえ、「キャリアデザイン相談会」などを通して生徒の「コミュニケーション力」や「相談する力」「自己選択・自己決定」「ライフスキル」などを育成してきた。

令和元年度よりわかば学園らしいカリキュラム・マネジメントが何かを研究する中で、教員の教えたいことと生徒の学びたいことをマッチさせカリキュラム・マネジメントを実施するためには生徒に直接聞いてみることが必要と考え、今回の研究を実施した。ここまでの経緯を含め現在の進捗状況について報告する。

◆キーワード◆　対話、カリキュラム・マネジメント、教育課程

1　本校の特徴

本校の学校教育目標は「ひとり一人を大切にする教育」「自立と社会参加」「地域とともに歩む」であり、これは開校宣言からとられている。また、肢知併置という特色を生かし「肢体不自由教育部門（以下、A部門）との交流」にも力を入れている。

令和元年度に、「特別活動と各教科・領域と

の関連から進めるカリキュラム・マネジメント～B部門　高等部2年　修学旅行に向けて～」というテーマで研究に取り組んだ。その過程で、「3年間で育成を目指す資質・能力の明確化」が必要なことがわかり、令和2年度は学習指導要領改訂に合わせて、教育課程の見直しや学校教育目標の再確認などを研究として行った。その結果、これまで掲げてきた学校教育目標と、

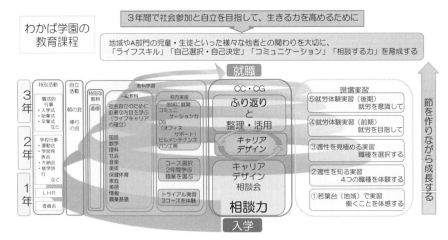

図1　わかば学園の教育課程

図2　自立と社会参加を目指す生徒像

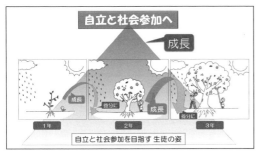

図3　3年間で自立と社会参加を目指す生徒の姿

　3年間で自立と社会参加を目指す生徒像について再確認を行うことができた。

　わかば学園の教員が考える「3年間で育成を目指す資質・能力」は、「生徒が3年間で自立と社会参加を目指すために地域やA部門の児童生徒といった様々な他者とのかかわりのなかで、ライフスキルの育成を基盤として自己選択・自己決定、コミュニケーション、相談する力を育て、生きる力へと導いていく」と整理することができた。これを図式化したものが図1〜3となる。

2　本校の教育課程

　本校の教育課程は前ページ（図1）の通りであるが、この教育課程をもとに各教科内で年間の指導計画を立てシラバスという形で各教科の指導内容を明文化している。

　開校当初から教職員及び生徒にシラバスを配付し、双方が「何を」「どのように」学んでいるのかを理解しているという前提で授業を進めてきた。一定の成果はあったと考えるが、全学年の全教科を載せているため、すべてを読んで授業に臨むのは生徒にとってハードルが高い面があった。そこで、新たに年間指導計画について、生徒が「①何ができるようになるか」「②何を学びたいか」「③どのように学ぶか」を教員側から整理し作成した。年間指導計画の配付と掲示を行い、大まかに自分が何を学んでいるのかがわかるようにした。従前どおりシラバスは教員側で作成しホームページに公開し、いつでも見ることができるようにした。

3　令和3年度の研究

　教員側が、3年間で自立と社会参加を目指す生徒像について確認ができたのちに、実際に教育課程を踏まえたカリキュラム・マネジメントを実施していくにあたり本校が開校当初から助言いただいている弘前大学大学院　菊地一文教授に今回の研究成果の報告と今後について相談し、様々なご助言をいただいた。その中で、本校の生徒の強みは何かを考えていくとこれまで取り組んで生きたキャリアデザイン相談会などを通して「生徒自身が自分の言葉で自分自身のことをよく表現できていることがわかば学園の強みと感じる。」という話をいただいた。また、教員目線から離れて生徒自身に様々なことを聞き、生徒目線を取り入れていくことがよいのではないかとご助言いただいた。また、キャリアデザインについてはこのままの方がいいというアドバイスも併せていただいた。このことを踏まえ、生徒自身に各教科で学びたいことを、直接聞き各教科のシラバスづくりに取り入れていくこととした。

　そこで、令和3年度は生徒に対して「①何ができるようになりたいか」「②何を学びたいか」「③どのように学びたいか」の3つの柱をたて、生徒側から教科等横断的カリキュラム・マネジメントを進めていくことで、わかば学園らしい社会に開かれた教育課程の編成を目指すこととした。

4　生徒と一緒に進めるカリキュラム・マネジメント（生徒アンケート）

　まずは「わかば学園の授業に関するアンケート」を作成し、各授業でアンケートを記入してもらった（図4）。

　各授業で①〜③までを1年から3年まですべての生徒に記入してもらった。

　実際の内容としては①何ができるようになりたいという設問では図4は一例だが、「自分から進んで行動ができるようになりたい」「指示を1回で聞けるようになりたい」「積極的に発言できるようにしたい」「国語や数学の難しいプリントなどをできるようになりたい」といった実際の授業内でのできるようになりたいことが多く挙がった。そのほかにも「ONとOFFの切り替えができるようになりたい」「相手が嫌がることを言わないようにしたい」「やさしい心をもちたい、みんなにやさしくしたい」といった自分自身の気持ちや態度に関するものや「洋菓子職人になりたい」「介護の仕事をしたい」「パソコンを使う仕事ができるようになりたい」といった将来の仕事に関する記述なども多く出てきた。

　また、1年から3年に学年が上がるにつれて、普段の生活場面で生かしたいことから、就労や卒業後の生活を意識したものにかわってくることがわかった。また、3年生の中には「①何ができるようになりたい？」を各教科で学びたいことと繋げて書くことができている生徒がいた。このアンケートを通して改めて生徒の成長を感じる結果となった。

5　生徒と教員に対する意識化

　1年から3年のアンケート結果をもとに教科会で生徒からのアンケートを共有し、①生徒が何ができるようになりたいのか（図5）、②各教科の授業で何を学びたいのか（図6）を一覧化した。

　また、生徒も教員も常に意識できるように廊下に掲示した。

　掲示することで、教員・生徒共に他の生徒が、①生徒が何ができるようになりたいのか、②各教科の授業で何を学びたいのか、他の生徒の意見や考えがわかるようになることで、自身の考え方に影響を及ぼしたと思われる。また、教員にとってもこのアンケート結果をまとめる過程で他の教科では何を学びたいのかがわかり、自身の教科についてふり返ったり共通項を見つけ

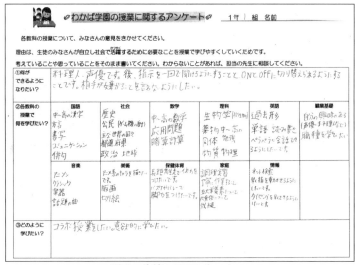

図4　生徒へのアンケート

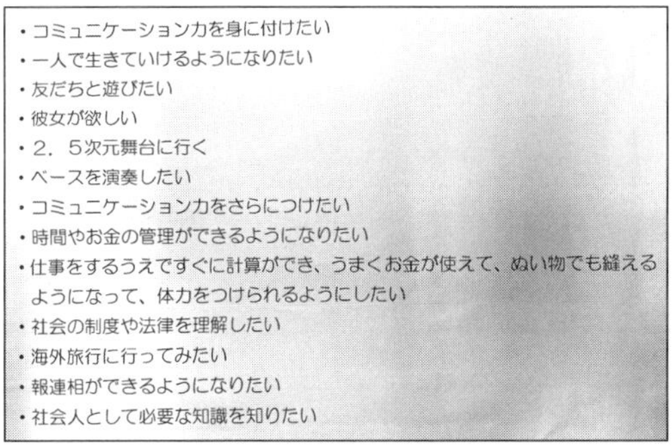

- コミュニケーション力を身に付けたい
- 一人で生きていけるようになりたい
- 友だちと遊びたい
- 彼女が欲しい
- ２，５次元舞台に行く
- ベースを演奏したい
- コミュニケーション力をさらにつけたい
- 時間やお金の管理ができるようになりたい
- 仕事をするうえですぐに計算ができ、うまくお金が使えて、ぬい物でも縫える
  ようになって、体力をつけられるようにしたい
- 社会の制度や法律を理解したい
- 海外旅行に行ってみたい
- 報連相ができるようになりたい
- 社会人として必要な知識を知りたい

図5　何ができるようになりたいのか

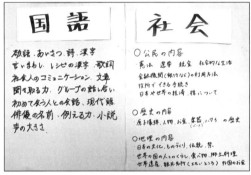

図6　何を学びたいのか

たりすることに役立ったと思われる。併せて、このアンケートを機に教科等横断的な視点で単元設定した取組として数学と音楽で模擬授業を行い、教員側の意識を高める取組も併せて行った。教員側が実際に模擬授業に生徒役として参加し、授業を受けることで教科等横断的な取組についての意欲を高めることができた。その上で、それぞれの教員が他教科とのコラボレーションを考えるワークを行った（図7）。

このワークではカードを色分けし、水色（太線囲み部分）はすでに取り組んでいるもの、黄色（破線囲み部分）は生徒からのアンケートで記入されたもの、そして今後コラボレーションをしてみたいものをピンク（二重線囲み部分）で表すことで、生徒からの意見を意識的に反映できるようにした。

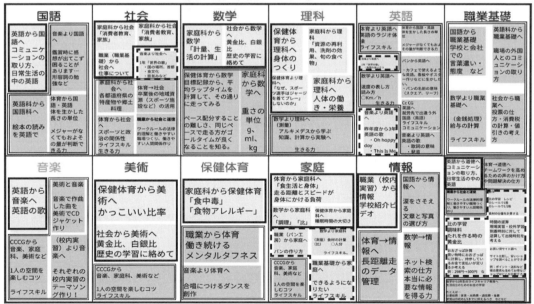

図7　教科からのラブレター

6　生徒と一緒に進めるカリキュラム・マネジメント（生徒ふり返り）

　生徒には令和３年度のふり返りとして、「わかば学園の授業をふり返って」と題し、再度ふり返りのアンケートを行った。このアンケートでは特に「②何を学んだか」と「③どのように学んだか」の２点を中心に記入してもらった。このアンケート結果を教員間で共有することで、生徒たちが各教科で学んだことがどのように生かされたのか、どのような学び方が効果的であったのかが、一端ではあるが知ることができた。その上で、教員側は令和３年度のシラバスを評価し、「①育成を目指す資質・能力の見直し」「②教科等横断的な視点で学習内容の評価」「③主体的で対話的な深い学びの実現に向けた授業展開」を意識して次年度のシラバス作成に役立てることができた。

　実際の生徒のふり返りアンケートについては図８をご覧いただきたい。

　令和３年度研究の成果としては以下のものが挙げられる。生徒側からの成果として今回初めて授業に関するアンケートやふり返りを実施し、その中で「①何ができるようになりたいか」「②何を学びたいか（学んだか）」「③どのように学びたいか（学んだか）」について、おおむね一人ひとりが率直に表現することができたと考えられる。こちらが想定していた以上に、「なぜ、何のためにその授業でその内容を学びたいのか」を書き、ふり返りでは「学んだことをどう活かしたか、今後どう活かしていきたいのか」といったことを自然と記述していた生徒が多く、効果的な取組であったと評価した。次に教員側からの成果として、生徒のアンケートやふり返りの結果を受けて、「①育成を目指す資質・能力、②各教科等を横断した学習内容　③主体的で対話的な深い学び」について、各教科担当者の中で見直しを進めることができた。その結果、生徒側からの各教科等を横断したカリキュラム・マネジメントを通して、「わかば学園らしい　社会に開かれた教育課程の編成」を進めることができたと考える。

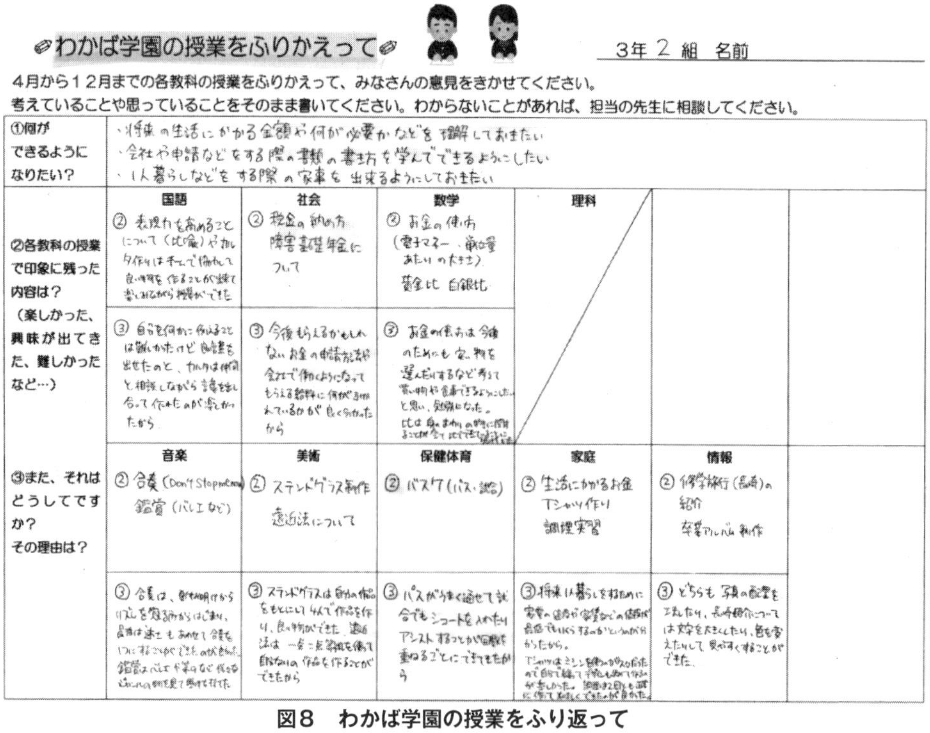

図8　わかば学園の授業をふり返って

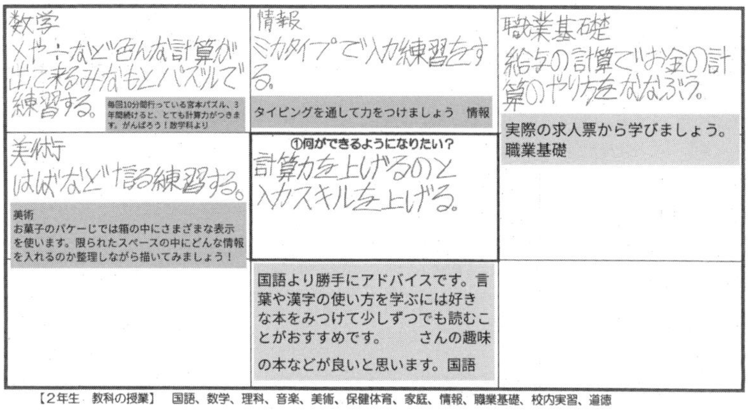

【2年生　教科の授業】 国語、数学、理科、音楽、美術、保健体育、家庭、情報、職業基礎、校内実習、道徳

図9　目標達成シート

7　令和4年度の研究

令和3年度の研究成果を弘前大学大学院菊地一文教授に報告し、協議する中で、キャリアデザインシート等との連携を意識して、「アクションプラン」のような、自分のキャリアデザインのために、何を学びたいのか考え、その中から選択する方法を検討していくとよいと助言を得た。そこで、令和4年度は生徒自身が何を学びたいのかを考えていける形式を検討することから始めることとした。

8　「生徒のキャリアデザインを生かした　主体的で対話的な深い学びを目指した授業づくり」〜わかば学園らしい　社会に開かれた教育課程の編成へ〜

令和4年度は、生徒のキャリアデザインをより生かして、継続して教科等を横断したカリキュラム・マネジメントを進める。特に、主体的で対話的な深い学びを生徒が実現できる授業を教員が探求していく。また、生徒と一緒にわかば学園らしい社会に開かれた教育課程の編成をさらに一歩進めることを研究の目的と定め、図9のアンケートを実施した。

生徒にはある程度自由に記入して良い旨を話し、以下の様な設問をして記入してもらうこととした。

その際に、「①自分のキャリアデザイン（夢や目標）を達成するために」わかば学園のどの授業で「②何を学びたいですか」「③どのように学びたいですか」を考えていることや思って

いることをそのまま記入してもらった。

実施してみるとそれぞれの生徒が自分の夢や目標に向かって各教科で何を学びたいかを記入することができた。すべての生徒が記入できた上で、教員側でロイロノートの共同編集機能を使い、各教科からのアドバイスを記入した。この際に共同編集機能を使い一斉に行うことで他の教員のアドバイスを同時に確認したり、自分の教科ではなくでもアドバイスを入れたりすることができた。

9　まとめ

まだ研究途上ではあるが、令和4年度も前年度と同じく生徒自身が直接確認できるように廊下に掲示し、他の生徒の考えた事や教員からのアドバイスをすぐに共有できるようにしていくことで生徒も教員も意識が高まり、わかば学園らしい「社会に開かれた教育課程の編成」ができると考えている。また、令和4年度の目標である「生徒のキャリアデザインを生かした主体的で対話的な深い学びを目指した授業づくり」を本校のキャリアデザインのように当たり前のこととして根付かせていくことで生徒と教員が対話を通してカリキュラム・マネジメントができるようになると考える。

付記

本稿は、下記文献を再構成し加筆修正したものである。
岡本洋・菊地一文（2022）生徒と一緒に進める教科等横断的なカリキュラム・マネジメント．特別教育支援研究 No.783．東洋館出版社．

実践報告

2

ホームルーム活動 「なりたい自分を考えよう」 の授業実践
―生徒が自ら設定する目標と対話的な振り返り―

弘前大学大学院教育学研究科　野村　直樹

本研究は、「キャリア発達」を促す授業実践の在り方について、ホームルーム活動（以下、HR）を中心に検討することを目的とした。具体的には、HRにおいて、生徒がなりたい姿を踏まえて目標を設定し、そこに対する「必要なこと」と具体的に「取り組むこと」についてワークシートを用いて検討した。目標達成に向けてすべき行動を選択・決定して実際に取り組み、生徒同士で協働的に振り返りを行った。本実践の成果として、シートを用いて目標の可視化・具体化・共有化ができたこと、実際的な活動を通して生徒が新たな気付きを得て、目標に近づいていることを実感できたこと、ペアワーク・グループワークでの振り返りを通して生徒同士で価値付け合うことができたことなど、生徒が自己選択・自己決定し、目標に向けて主体的に取り組む姿が見られた。一方で、指導計画の工夫や生徒同士の集団思考の活用などが課題として挙げられた。

◆キーワード◆　キャリア発達、目標設定、対話

1　はじめに

知的障害特別支援学校では、従前から教育活動全体をとおして生徒の社会的・職業的自立に向けた指導が行われてきている。特に特別支援学校高等部学習指導要領（2009）に「キャリア教育の推進」の文言が明示されて以降、地域協働活動をはじめ、「育てたい力」の明確化や「キャリア発達」としての内面の育ちや対話を重視した取組を進めている（菊地、2021）。

本研究の中心となる、キャリア教育の定義は、「一人一人の社会的・職業的自立に向け、必要な基盤となる能力や態度を育てることを通して、キャリア発達を促す教育」（中央教育審議会、2011）と示されている。また、キャリア発達の定義は、「社会の中で自分の役割を果たしながら、自分らしい生き方を実現していく過程」（中央教育審議会、2011）と示されている。そ

して、「キャリア発達」を促すためには、生徒の思いや願いを踏まえた目標を設定し、対話と振り返りによって内面の育ちを重視していくことが求められている（菊地、2021）。上記のことを踏まえ、多くの知的障害特別支援学校では、「キャリア発達」や「主体的・対話的で深い学び」の視点を踏まえた実践の充実に努めている。

2　研究の目的と仮説

本研究では、生徒がホームルーム活動を中心に目標設定・実践・振り返りのサイクルの中で、自己選択・自己決定を繰り返し、なりたい・ありたい姿に向けて粘り強く取り組む「キャリア発達」を促す授業実践の在り方について検討することを目的とした。

研究仮説は、①ホームルーム活動において「可視化・具体化・共有化」（菊地・石羽根、

2021）の視点を踏まえ、生徒が自らのなりたい姿から目標を設定し、必要なことについて学級で対話的に検討する。②目標達成に向けて行動を選択・決定して実践を行い、生活単元学習やショートホームルームでの対話を通して協働的に振り返ることを積み重ねる。これらのサイクルにより生徒のキャリア発達を促すことができるのではないかと考えた。

3 対象学級及び生徒の実態

対象学級であるA特別支援学校高等部第2学年は、知的障害のある男子4名、女子3名が在籍している。コミュニケーション面では、日常的に使われる言葉の意味を理解し、会話をする生徒や、自身の生活の中でのことを言語化することのできる生徒、2語文でやり取りをする生徒など様々な実態の生徒が在籍している。また、中には精神的に不安定であるため、自己や他者と向き合うことが難しい生徒もいる。本学級では、生徒同士や生徒と教員間でよくコミュニケーションがなされており、人間関係は良好である。

4 ホームルーム活動「なりたい自分を考えよう」
(1) 本単元について

本単元では、「自ら目標を設定し、行動を選択・決定していくことで、キャリア発達を促す」こ

とを目標とした。本単元の流れを表1に示す。本単元は前半5回を「目標設定」、後半4回を「目標の実践と振り返り」で構成した。「目標設定」では、step 1として「なりたい自分」、step 2として「必要なこと」、step 3として「取り組むこと」について考えた。step 毎にマンダラート（今泉、1987）の手法を活用し、生徒の思考を可視化した。「目標の実践と振り返り」では、単元前半で立てた目標を授業内で実践し、その様子や成果物をタブレット端末で記録した。振り返りでは、記録を基に生徒が自身の取組を振り返り、小グループで生徒同士の対話を行った。

(2) マンダラートについて

マンダラートとは、紙などに3×3の9マスを用意し、目標等を中心のマスに書き込み、周りの8マスに関連する事柄を書き出す思考法の一種である。書き出したものの中から1つを選び、新たな3×3のマスの中心に書き込み、そのことに関する事柄を周りの8マスに書き出す作業を繰り返すことでアイデアを整理し、思考を深めていくものである。本単元では、3年

表1 本単元の流れ

時	活動	内容
1・2	目標設定① step1	先輩の生活・教員の話を参考に「なりたい自分」を考える マンダラート① 拡散→収束（焦点化）
3・4	目標設定② step2	「なりたい自分」からできそうなことを選択し、「必要なこと」を考える マンダラート② 拡散→収束（具体化）
5	目標設定③ step3	「必要なこと」からできそうなことを選択し、「取り組むこと」を考える マンダラート③ 拡散→収束（具体化・焦点化）
6・7	アクションプランの作成 実践①	「いつ・どこで・なにをするか」明確化 取り組み表の作成する アクションプランを基に実践する／実践を学級全体で共有する
8・9	実践② 振り返り	アクションプランを基に実践する 実践を小グループで共有し意見交換をする

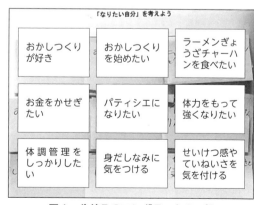

図1 生徒Bのマンダラートの一部

後の「なりたい自分」という抽象的な将来について考えるための手立てが必要と考え、マンダラートの手法を用いることとした。生徒自身の中で思いや身近なこと、憧れ等が、ツールによる可視化によってつながりのあるものになると考え、導入した。

（3）授業実践①「なりたい自分を考えよう」1・2時

①本実践の概要

本実践の目標は「将来の社会的・職業的な自立と現在の学習のつながりを理解し、自己の生活をより良くするために、なりたい自分を設定することができる」とした。

本時の流れ
① 卒業生の生活の例示
② 教員の３年後の「なりたい自分」の例示
③「なりたい自分」の書き出し
④ 書き出したものの整理
⑤「なりたい自分」の発表と共有

本実践の展開は、まず卒業生の現在の生活の様子と目標をスライドで示して説明した。次に、筆者の３年後の「なりたい自分」の例をマンダラート(以下、シート)で示した。これを踏まえ、生徒自身がなりたい姿やしたいこと・好きなことを付箋に書き出して拡散的に思考し、シートの周りの８マスに書き出し、次に焦点化を図り、最後に「なりたい自分」を中心に書き込むようにした。書き出しと整理の活動は、個人で思考し、教員と相談しながら取り組んだ。最後に、生徒は焦点化した「なりたい自分」について発表した。

②本実践の生徒の様子

卒業生の生活の例示では、「○○さんだ」や「家の手伝いをしていてすごい」などの発言があり、関心を寄せる生徒が多く見られた。シートの周りの８マスの書き出しでは、日誌の振り返りの記述やキャリア・パスポートの記述を参照しながら、生徒全員が９つ以上のなりたい姿やしたいこと・好きなことを考えることができた。書き出した付箋の整理では、多くの生徒が付箋を自由に動かしながら、シートの周りの８マスに入れたいものを検討していた。中心に「なりたい自分」を書き込む活動では、生徒Ｄが「まだ真ん中は決められない」と意思を示していた。「なりたい自分」の発表では、生徒Ａ・Ｂ・Ｃ・Ｄ・Ｅ・Ｆが口頭で、生徒ＧがＴ３の代読で発表することができた。

③本実践の考察

生徒が卒業生の生活の例示に関心を寄せていたことから、知っている身近な先輩の話であることが効果的であったと考えられた。また、生徒が「なりたい自分」について多くの考えを書き出したことから、授業のねらいを踏まえて自分事として捉えることができたと考えられた。これらのことから、身近な例やプレゼンテーション等による視覚化した支援が有効であると捉えられた。加えて、授業の実施時期が後期現場実習の１ヶ月後であったことから、生徒自身が自己の進路について考えやすく、本実践に大きく作用していることが推察された。付箋の整理については、付箋を自由に動かすことができる点が生徒の思考を促したと推察した。最初からシートに記入した場合には、書き出した項目の関係性は思いついた順番に固定され、書き終えた後に再度思考することは難しい。そのため、付箋の自由度の高さは生徒の思考を促す上

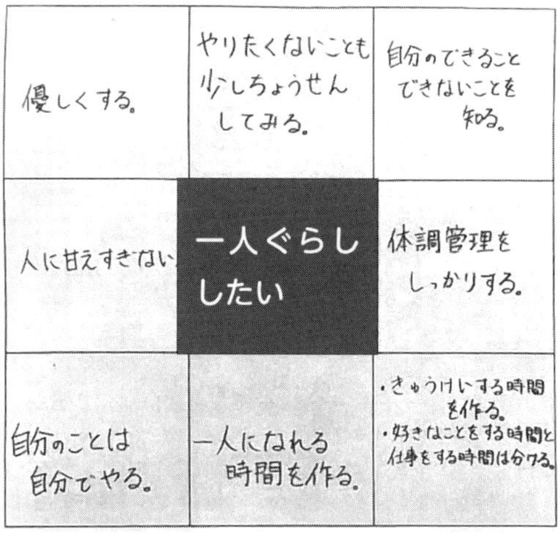

図2　生徒Gの step 2のシート

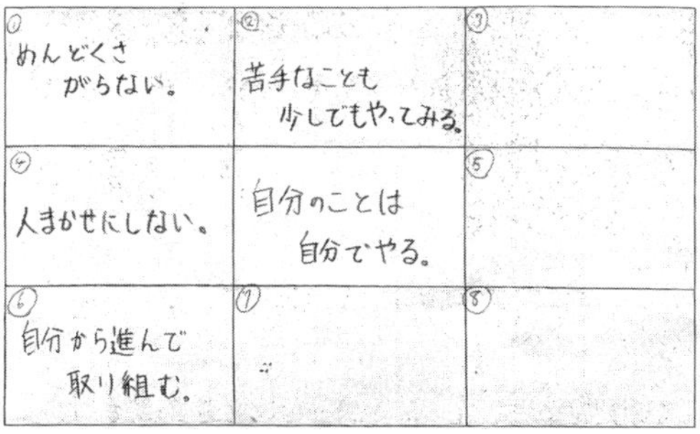

図3　生徒Gの step 3のシートの一部

で重要であると考えた。「まだ真ん中は決められない」と意思を示した生徒Dの姿から、3年後の「なりたい自分」と真剣に向き合い、思考を深めていたと推察した。また、本単元の次時の授業にはシート中央に「パティシエになりたい」と記入していたことから、授業内で目標に到達しなかった場合においても、生徒が必要性を感じて十分な時間思考することで考えを整理することができると考えた。なお、生徒の書き出した考えを教師が価値付けたり、質問したりするなどの支援は、生徒の思考を広げる上で有効であったと捉えられた。「なりたい自分」の発表で生徒GがT3に代読を依頼したことについては、普段から生徒Gは人前で発表することが苦手であるが、本授業の取組を人に見せたいという思いが背景にあったと推察した。生徒Gがstep 2「必要なこと」、step 3「取り組むこと」で作成したシートを図2・図3に示す。これらのシートの内容から生徒Gがこの取組を自分事として捉え、具体化することができていると捉えた。

（4）授業実践②「取組を振り返ろう」　8・9時

本時の流れ
①取り組み表を踏まえて取り組むことを決定
②30分間の具体的活動「やってみよう」
③小グループでの取組の紹介
④他の生徒のコメントを参考に「これから取り組むこと」についてワークシートに記入
⑤「これから取り組むこと」の発表と共有

①本実践の概要

　生徒が「なりたい自分」「必要なこと」「取り組むこと」を記入したシートを教室に掲示しているが、学校生活の中での主体的な取組や意識的な振り返りには至っていなかった。

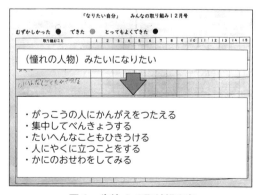

図4　生徒Aの取り組み表

そのため、6・7時の授業で「取り組み表」（図4）を作成し、その日の目標設定に基づいて、実践し、振り返りを行い、具体的な取り組み方を理解することで定着をねらった。

本時では、目標を「活動の振り返りで自己の取組を意味付け、次に向けた改善策を考える」とした。

本実践の展開は、「取り組み表」を踏まえて生徒それぞれが実践を行い、小グループで発表し合う活動を行った。発表場面では、ワークシートに「今日の取組」と「がんばったところ」を記入し、実際に取り組んだ映像や成果物を示しながら取組の紹介を行い、同じグループの生徒は付箋にコメントを記入して発表者に渡した。最後に、もらった付箋のコメントを踏まえて「これから取り組むこと」について記入して全体で共有した。

②本実践の生徒の様子

目標達成に向けて30分間具体的な活動に取り組む「やってみよう」では、生徒それぞれが興味・関心のあることを活動として選択していた。その中で、生徒Aはクラスで飼育しているカエルの食事に必要な生きた虫の採集をした。12月の雪が薄く積もったグラウンドで虫がなかなか見つからず、Ｔ２からの助言で雪の下を探すと落ち葉の陰にいる虫を捕まえることができた。その後、生徒AとＴ２が、冷えた手をお湯で温めたときに表2のような対話が行われた。

表2　生徒ＡとＴ２の対話

Ｔ２　：「こうしてお湯で温まると、カエルのために寒い中頑張って良かったと感じる。」 生徒Ａ：「これが愛か！」

図5　生徒Ａが集めたカエルの餌

小グループでの取組の紹介場面では、運動に取り組んだ生徒Ｆと生徒Ｂの間で以下のようなやり取りが行われた。

表3　生徒Ｆと生徒Ｂのやり取り

○取組の紹介場面 生徒Ｂ：「サッカーもバレーもとっても上手ですね。さすがＦさん！Ｆさんと一緒にサッカーをやりたいと思いました。」 ○これから取り組むことの記入場面 生徒Ｆ：「友達と一緒にスポーツをやってみたいと思いました。」

③本実践の考察

生徒Ａは、憧れの人物に近づくための「必要なこと」として「生き物のお世話をして愛を知る」を挙げており、Ｔ２との対話の中で実際に生徒Ａにとっての愛を知ることにつながったと捉えた。このことについて、設定した目標に対する実際的な活動と対話が大きく影響したと考えた。愛という抽象的なものを実際の活動に結びつけることによって具体化し、さらに対話による価値付けによって、本人の取組への意味付

けにつながった。このような学びの構造は、一つのモデルとして今後本実践以外でも取り入れていきたい。紹介場面の生徒Fと生徒Bのやり取りから、同年代の仲間から意見をもらうことの重要性を実感した。これまでは、生徒それぞれが取り組んだ活動を教員と一対一で対話的に振り返る方法であったが、友だちからのコメントによる生徒Fのような考えの広がりには至らないことがあった。本実践のようなペアワークやグループワークを通して、他の生徒から認められ自己の取組や課題を見つめ直すことのできる活動を適切なタイミングで行っていくことが有効であると考えた。

5　成果と課題

　本単元の成果として、シートを用いて目標の可視化・具体化・共有化ができたこと、実際的な活動を通して生徒が新たな気付きを得て、目標に近づいていることを実感できたこと、ペアワーク・グループワークでの振り返りを通して生徒同士で価値付け合うことができたことなど、生徒が自己選択・自己決定し、目標に向けて主体的に取り組む姿が見られ、一定の効果があったと捉えられた。その一方で、①指導計画の工夫、②生徒同士による集団思考の活用、③生徒の自主的な取組の定着と一般化の３点が課題として挙げられた。①指導計画の工夫については、本単元は９時間と比較的多くの配当時数で構成したことになる。年間指導計画における本単元の位置付けを考慮したうえで効果的な指導計画やカリキュラム・マネジメントについても検討していく必要がある。②生徒同士による集団思考については、キャリア発達において重要である対話の機会を増やすこと、8・9時で見られたように他者からの評価により生徒の思考が広がっていくこと等の理由から積極的に取り入れていきたいと考えている。③生徒の自主的な取組の定着と一般化については、HRで取り組んだことが生活の中で発揮されたり、認め合ったりすることにより、キャリア発達が促されると捉えていたため、今後、生徒がより「主体的な学び」に向かうことのできるように授業改善を図っていく必要がある。

6　おわりに

　本実践を通して、生徒から「なりたい自分の授業またやりたい」や「またみんなで話し合いたい」などのポジティブな言葉を多く聞くことができた。このことから、生徒が自身の目標の達成に向けて充実した活動が行えていると推察した。これからも、生徒の思いを大切にし、主体的に学びに向かうことができる授業実践を検討していきたい。

謝辞

　最後に、本研究を進めるにあたりご協力いただいたA特別支援学校の皆様、実習を続けられるよう尽力いただいた弘前大学教職大学院の先生方に心より御礼申し上げます。

参考文献
キャリア発達支援研究会（2021）いま、対話でつなぐ願いと学び、キャリア発達支援研究第8巻.
石羽根里美・菊地一文（2021）知的障害のある児童生徒のキャリア発達を促すためのキャリア・パスポートの活用. 日本特殊教育学会第59回大会大会論文集CD-ROM、日本特殊教育学会.
菊地一文（2021）知的障害教育における「学びをつなぐ」キャリアデザイン. ジアース教育新社.

実践報告

3 「本人と教員双方の振り返り」からの対話を通じた学び合い～北陸・東海支部学習会より～

金沢星稜大学人間科学部講師　柳川　公三子

　グローバル化や急速な技術革新など今後の予測困難な時代を目前に、教育において不易であるのは、次世代を担う子供たちに「生きる力」を育む責務を担っているということである。全ての教育活動には意味があり、常に評価を求められる。その教育活動には、教師自身が決して驕りたかぶることなく、真摯に評価を受け止め、常に課題意識をもって取り組む必要がある。またその評価は、主人公である子供の姿そのものであると考える。

　今回は、「キャリア発達支援の在り方」について、学習者である「本人」と「教師」の双方の立場からの振り返りを基に参加者同士が互いの気づきを言語化し、「なぜそのように考えたか」対話を通して学び合う。教師の「願い」と本人にとっての「意味」や「価値」の整合性を捉え、参加者が自身の「キャリア発達支援」を省察することを目指した。

◆キーワード◆　双方の振り返り、フリーダムな対話、自分事に重ねた省察

1　はじめに

　令和4年度、キャリア発達支援研究会は設立10周年を迎えた。この10年という歩みの中で、最近では各支部の活動も随分活発になってきている。そこで、毎年12月に開催している年次大会を10周年記念大会とし、各支部が協働して作り上げていく。その一環の取組として、毎月ある支部が学習会を企画・運営し、次の支部へとバトンをつなぐ「リレー学習会」を開催し、記念大会に向けてさらなる各支部活動の活性化と本研究会の発展、情報発信力の向上を目指すこととなった。

　コロナ禍での学習会は、オンライン開催を余儀なくされ、機器の操作をはじめとする運営面での課題が浮上した。そこで、学習会の企画・運営に関するノウハウを構築すること、併せて、支部のチーム力を向上することを目指して「プ

レリレー学習会」（以下、学習会）を実施することにした。

2　学習会の概要

　「キャリア発達支援を考える　～特別支援学校での学び～」をテーマに掲げ、参加者同士が改めて「キャリア発達支援の在り方」を再考して自らの実践を振り返ったり、新たな目標を見出したりする機会にしたいと願いを込めた。そして、参加者が主体的、協同的に学び合うことが大切であると考え、「対話を通じた学びあい」をコンセプトとした。

　「キャリア発達支援の在り方」について考えるにあたり、肢体不自由特別支援学校におけるキャリア発達支援を目指した取組について、教師と本人（卒業生）の双方の立場からそれぞれ話題を提供した。学習会の参加者は、4～5人

の小グループに分かれて、この二者の「振り返り」を基に、「キャリア発達支援に関して気づいたこと」や「自身が今後の授業実践や教育活動に生かしていきたいと思ったこと」、「今後、取り組んでみたいこと」などについて意見交換した。個人の考えを言語化し、他者と対話を通じて学び合うことで、それぞれの気づきを整理したり、学びを深めたりすることを目指した。

3　教師による「カフェ運営の営みを通じたキャリア発達支援」の振り返り

（1）　事例の背景

　本事例は、肢体不自由特別支援学校高等部Ⅰ・Ⅱ類型（高等学校に準ずる教育および下学年適用の教育課程）における専門教科、学校設定教科「社会参加」科目「ワークトレーニング」の授業である。当時、授業の学習グループには、独歩が可能で身辺処理が自立している生徒や日常的に介助や医療的ケアを必要とする生徒など、身体障害者手帳1種1級から1種3級まで8名の生徒がいて、進路希望先も、進学、一般就労、福祉サービス利用と様々だった。明るく前向きに学習に取り組むが、主体性に欠け、周囲からの言葉がけを待っている様子が多く見られた。前年度までは、Ⅲ類型（知的代替の教育課程）の作業学習と合わせ、布小物の製作に取り組んでおり、生徒たちは、それぞれ教師の支援を受けながら作業の一工程を担い、準備や仕上げを教師にしてもらっている状態であった。

（2）　授業担当者の問題発見

　授業担当者A教諭は、生徒B（当時高等部3年生、筋ジストロフィーを有する、本稿の「本人」）が2年時の担当者に「何でこんなことを

しないといけないのか」とつぶやいていたことを聞き、「これではいけない」と思っていた。

（3）　授業担当者の働きかけと生徒の変容

　ちょうどその頃、授業担当者A教諭は、出前授業でOKIワークウェル（OKIの特例子会社、全国で多くの重度肢体不自由者の在宅雇用を実施）の社長と話す機会があり、「障害が重くてもその方の強みを生かしたアイディアに価値を求めている。重度の肢体不自由があっても、考える力、コミュニケーション力を高めてほしい」ということを聞いた。そこで、「課題を解決しようと考える力」、「意見を伝え合うコミュニケーション力」、「自他共に認め合いながら協働する力」を身に付けさせたいと考え、ワークトレーニングにおける「カフェの企画・運営」を生徒たちに提案した。「カフェ」は、どの生徒にとってもイメージしやすく、生徒一人一人に合った課題を仕組むことができると考えたのである。驚きと期待感を示す生徒たちに、A教諭は、「君たちに任せたい」、「まずは、店の名前を決めるところから始めてほしい」と告げ、「カフェ運営を通して身に付けてほしい力」についても伝えた。さらに、一緒に授業を担当する教師とは、「生徒同士の話し合いを大切にする」ことを含め、支援方法について共通理解を図った。

　取組開始当初、話し合いの経験が少ない生徒たちは、教師からの言葉がけを待っていたり、他の人の話を聞いていなかったりして、スムーズに話し合いが進まなかった。そこで、話し合いのポイントとして、①自分の意見を持つこと、②人の意見は相槌を打ちながら聞くこと、③他者の意見に対する自分の意見を考えることと、

「話す」ポイントとして、④自分の意見を言うときは理由を添えること、以上4点を確認した。併せて、教師が話し合いの流れを視覚的に提示して論点を明らかにする、振り返りに向けてあらかじめ反省点をまとめてくるようにするなどに配慮した。カフェ運営という実体験をすることで、言葉が生きたものとなり、話し合いがより活発になった。また、カフェ運営と並行して話し合いの仕方、言葉遣い、礼儀作法等の知識・技能を身に付ける時間を定期的に設定した。店名や運営コンセプトから必要なもの、席の配置などの細かなことまで生徒同士が話し合って決めていった。8名の生徒が得意なことを生かして、宣伝、給仕、厨房、レジの4つの係を分担した。店の装飾やチラシ、必要な注文票も手分けして作成した。開店時間までに準備が整わない、客が来ない、多くの客に対応できない、準備するものが抜けている、BGMが途中で切れていた、などの失敗もあった。この失敗点から、準備リストや分担表を作るという改善案や、小学部の児童のためにメニューにジュースを追加する、車椅子専用席を設けるなど、客の目線に立った新たな提案が出されるようになった。また、教師の提案で本校の知的障害の生徒たちが作業学習で作っているクッキーを購入してメニューに取り入れたり、他の作業班の商品を店内で販売したりするなどのコラボレーションも実現した。客として来店する小・中学部の児童生徒たちに、身近な社会体験ができる場を提供することにもつながった。毎回、バージョンアップする姿に多くの教師から声をかけてもらい、生徒たちは自信を持つことができた。一人一人が真剣にカフェ運営に取り組んだ日は、いつも充実感が漂っていた。

（4）　カフェ運営を通した生徒のキャリア発達支援

　カフェ運営を通じ生徒たちは、自分の意見を伝えられるようになってきた。また、自分の役割を果たしながら、他の人の働きも意識して協働することができるようになってきた。教師は、依頼されたことには手を貸しつつも、先回りせず、あえて失敗も経験させたことで、生徒自身が自分の行動を振り返り、工夫するようになってきた。客に褒められることで自信を持ち、生き生きと取り組む姿が見られるようになった。

4　本人（B：学び手）自身の振り返り
（1）　Bのプロフィール

　筋ジストロフィーを有する。地域の小・中学校卒業後、肢体不自由特別支援学校高等部を経て、商業実務分野の専門学校に進学。卒業後は、総合病院に勤務し、ホームページの更新作業やコロナ禍における患者と家族のオンライン面会の対応、院内広報誌の記事作成等を担っている。

（2）　ワークトレーニングを通じた学び

　Bは、当時を以下のように振り返った。

　支援学校高等部1～2年生のときは、ミシンを使った布小物作りの作業を行っていた。授業なので取り組んではいたが、「やらされ感」が強く、「これをやって、自分のどんな力になるのだろう？」という思いがあった。3年生になったときに、カフェ運営の提案を聞いて、これまでと違うことをやるという「ワクワク感」や興味があった。自分たちで一から作り上げるために、みんなで話し合うことがたくさんあった。それは、将来、働いてからも必要な力だと思えた。小・中学校時代は、40人ほどの生徒の中

で、積極的に意見を言う方ではなかった。しかし、ワークトレーニングのメンバーは8人だったため、必然的に発言が求められた。また、司会を担当させてもらったことで、積極的に意見を言わないと話し合いにならないことに気づかされた。このときの経験が、オンライン面会を希望する患者の要望を聞いて調整するなどの現在の仕事につながっていると感じている。

（3）　働くために大切なこと

Bは、働くために大切なことについて、以下のように語った。

学生時代は周囲のサポートがあり、自分のことを知ろうとしていなかった。そのため、就職活動をしたときに、自分自身のことについて知らないことが多く、質問されたことに答えることができないという経験をした。この経験から、学生時代には、まず「自分のことを知る」ことが大切だと実感した。自分の場合は、筋ジストロフィーがあることは知っていたが、その病気に関する詳しいことは知らなかった。しかし社会に出たら、誰かがサポートしてくれることが当たり前ではない。働くためには、まず自分の身体のことを知り、自分で何かをするためにはどうしたらよいかを考える必要がある。自分でできる工夫をしていくことで、できることとできないことが分かってくる。そして、どうしてもできないことは人にお願いする必要がある。複数の手段を持っていることは強みになる。

他にも「自分の意見を言う」ことが大切だと思う。自分が働くまでには、ジョブコーチやハローワーク、相談支援員、専門学校の先生、障害者職業支援センター、家族、友人等の多くのサポートがあった。そのサポートのおかげで今

があるが、自分の思いを伝えないと、自分が必要とするサポートを受けることが難しくなる。また、「挑戦する」ことも大切だと感じている。中学校時代の友人は、皆普通に働いている。自分も友人たちと同じように働きたいということが、自分の原動力となっている。友人の存在があるから、できるための工夫を考え、努力し、挑戦することができている。さらに、仕事をスムーズに行うための「ちょっとした工夫」も大切である。何でもすぐに誰かにお願いするのではなく、どうしたらできるか、まず自分で考えてみることで、様々な方法が見つかり、自分の生活がより広がっていくと考える。

5　「本人と教師の振り返り」を基にした参加者の対話を通じた学び

（1）　小グループでの対話を通じた学び合い

学習者本人と支援者双方の視点からの「振り返り」を視聴した参加者は、4～5人の小グループに分かれて「キャリア発達支援に関する気づき」や「今後の授業実践に生かしたいこと」等について、対話を通じて学び合った。その後、各グループで話題になったことを共有し、さらに学びを広げた。各グループの対話による学びを以下のように整理した。

【自己理解について】

・自分のことを知るといった「自己理解」は大切であり、その仕組み作りが重要。

・子供の言動を教師が読み取り、言語化して子供にフィードバックすることで、子供の自己理解が高まっていくのではないか。

・子供に、自分の「強み」をいかに自覚させるかが大切である。

・知的障害を有する子供の自己理解を育てるに

は、自己選択、自己決定の機会を多く持つことが大切ではないか。

【子供の主体的な学びについて】

・授業に興味関心や必然性のある活動を盛り込むことで、「やらされ感」ではなく、キャリア発達の促進につながる。

・学校は「やってもらうのが当たり前」の特殊な環境で、教師はどうしても先回りして失敗させないようにしがちである。それが、子供の自発的な表出や考えることを奪ってしまうことにつながるのではないか。

【キャリア発達支援の進め方について】

・校内カフェの取組は、小学部の児童にとっても安心できる環境で様々な経験ができる。また、高等部の先輩が働く姿を間近で見ることは、小・中学部の児童生徒にとって、憧れや目標をもつ機会にもなる。

・小学部児童のキャリア発達支援としては、手伝いや係の仕事を通して人の役に立つ経験をすること、それに対して相手から喜んでもらい有用感を味わう機会を作っていくことが必要ではないか。

（2） 参加者の学びの振り返り（事後アンケートより一部抜粋）

【本人・教師双方の振り返りによる気づき】

・現在働いている本人の視点での意見を聞くことで、考えることの大切さ、支援をすることが当たり前となり過度な支援をしているのではないかという危機感、「やらされている」と思わせてしまう授業など、心に刺さり考えさせられることが多かった。

・支援学校で学んだことが、実際の現場で生きているのか、本人の話がとても興味深かった。

卒業後の暮らしをイメージして授業を組んでいくことは必須だが、まだまだ意識は低いように思う。やってもらうことが当たり前、待つことに慣れ、受け身なことの多い児童。そういうふうに育ててしまったのかもしれない。

・個人や環境の相互作用の中で「変わっていくこと」の大切さについて知ることができた。本人の話から、自己覚知、思考すること、伝えることに加え、友だちの存在も大切なポイントであるとわかった。

・授業実践と卒業した本人の話を聞いて、日々の授業は、子供の人生の中で大きな意味をもつことを改めて意識できた。また、授業が子供にとって意味のあるものになるように、授業の中で子供達の思いを知り、授業の計画を修正しながら実践を積み重ねたい。子供の行動を見ると共に子供の意見を聞きながら臨機応変にやりたい。

・支援をしないことが支援となることを、Bさんから学んだ。言葉がない生徒にもBさんのように「やらされ感満載」と感じるようなことをしてしまっていないだろうかと常に見直しながら、実態に合う教育をする必要性を感じた。

・A教諭の「強みがその子を支える。題材は彼らがやりたいことにする」という話が印象に残った。教師は子供につけさせたい力を子供がしたい活動で行うにはどうすれば良いのかを考えることが大切であると学んだ。願いをもって活動を子供達と一緒に考えていくことでやりがいが感じられる。

【小グループでの対話による気づき】

・子供の興味関心を大切にし、必然性のある授

業を設定することで、自分から積極的に環境に働きかける力や自己有用感を育てることが求められると感じた。

・認知機能が弱いお子さんの「自己理解」について考えることができた。「好き」が大切であること、選択する場面を作ることで自己決定を促すこと、他者からの言葉が自己理解につながることなどを学んだ。

・「自己理解」は障害に関わらず自立に必要なことである。どのように指導していくか考えたいと思った。

6 「学び」を実感する

本学習会における参加者の振り返りから、「学び」について省察したい。

まず、「教師と本人による双方の視点での振り返り」を話題としたことで、両者の思いの「乖離」に気づき、改めて教師の「(子供に)付けたい力」の具現化に重要な「学びの在り方」について考える機会となった。これには、本人による「当時の実感」が効果的であった。教師は、子供のことを思い、将来の「生きる力」を培うことを目指して授業を実践しているが、果たして真に子供の思いに近づくことができているだろうか、教師の目線での取組になっていないだろうかと「自分事に重ねた省察」につながったと考えられる。

次に、小グループでの「対話を通じた学び合い」による深い学びの実現である。4～5人という少人数で、互いの気づきを言語化し共有する。そして、「なぜ、そのように考えたのか」ということについて、視聴した話題「教師と本人の振り返り」を根拠として聴き合うことで、さらに気づきを広げ、学びを深めていくことが

できたと思われる。少人数での対話は、各自の発言の機会が保証される。また、結果を出すことや答えを一つにまとめるといったことを求めない、互いの気づきを共有することを目的としたフリーダムな対話が個人の「主体的な言語化」を促進した。こうした参加者同士の「主体的・対話的で深い学び合い」の実現が、参加者一人一人の学びの実感、充足感につながったと推察される。

7 おわりに

学習会を終え、話題提供者のA教諭は、「立派に成長したBを見ることができ、一緒に当時を振り返ることができたことに感謝したい。自己理解について、指導が不十分であったと反省している。一つ、誤解のないようにと思うのは、決して『カフェ』だからよかったのではないということ。当時の子供たちには、『カフェ』という手段を用いたら、彼らが主人公になれると判断したからである。果たして教師の『願い』は目の前にいる子供に届いているのかと、常に子供と対話しながら、子供の変容に応じて授業を進めていくことを、これからも大切にしていきたいと改めて実感した」と自身の学びを振り返った。

授業づくりで大切にしたいことは、目の前の子供の姿であり、「何のために」という目的である。本人Bとの対話を通じ、「子供主体」という「当たり前」のことについて、改めて再考する機会となった。

実践報告 4

「合理的配慮・意思決定支援」
〜全ての人が安心して学びを楽しむ〜

福島県立相馬支援学校教諭　富村　和哉

　「合理的配慮」について、教育現場では、2012年7月、「共生社会の形成に向けたインクルーシブ教育システム構築のための特別支援教育の推進（報告）」の中で言及されたことにより注目が高まり、各種研修会等を通じてその趣旨や考え方等が伝達されている。しかし、2022年9月に公表された国連の障害者権利委員会の総括所見では、合理的配慮が本当に実現しているのか、提供が不十分ではなかったのかという懸念が示された。そこで本稿では、わが国では本当に「共生社会」が実現しているか、「合理的配慮」が提供できているか、筆者自身の実践を振り返り、その取組について考える契機としたい。
◆キーワード◆　合理的配慮、共生社会、尊重、本人・保護者

1　問題と目的

　障害者権利条約第34条に基づいて組織されている障害者権利委員会（以下、委員会とする。）には「締約国から得た報告及び情報の検討に基づく提案及び一般的な性格を有する勧告を行うことができる」とされている。

　2022年9月、委員会は、日本の初回報告に関する所見のまとめを発表した。そこには障害者権利条約（以下、条約）の項目に対する日本の取組への懸念が示された。教育に関する条約第24条の項目では、次の事項について懸念するとしている。

　原文は以下の通りである。

(c) Insufficient provision of reasonable accommodation for students with disabilities

(d) Lack of skills of and negative attitudes on inclusive education of regular education teachers

　この原文は、「障害のある学生に対する合理的配慮の不十分な提供」、「通常教育の教員のインクルーシブ教育に対するスキルの欠如と否定的な態度」（翻訳：Microsoft翻訳ツール）について、日本のこれまでの取組について"懸念を抱いている"と示されている。

　日本は条約を実行するため、2012年7月、「共生社会の形成に向けたインクルーシブ教育システム構築のための特別支援教育の推進（報告）」（以下、2012年報告）、2013年6月、「障害を理由とする差別の解消の推進に関する法律」等を整備してきた。これに伴い、各種研修等で「合理的配慮」について学ぶ機会が多くなり、本来ならその取組は進んでいるはずである。しかし、筆者もこれまで小学校での実践、特別支援教育センターでの相談業務や研修業務をしてきたが、委員会の懸念に、少なからず共感できる部分があった。

　だからこそ、相馬支援学校に赴任した時に、自ら合理的配慮について研鑽を深め、一人一人の状況に応じて解決の糸口を見いだすことから

始めた。具体的には、日々の学級経営の中で"共生社会の形成"や"合理的配慮の提供"をより意識した実践を心がけた。仮に、子ども達が障害によって諦めていた思いや願い、苦しみがあれば、それに向き合い、その実現に向けて対話することを意識しながら実践を積み重ねた。そして、そこで得た気付きを自分だけでなく、学校全体で共有し、地域等の取組へとつなげていくことが必要であると考えた。

2　高等部3年生の実践より

（1）"合理的配慮"に対する当事者の意識

合理的配慮は、2012年報告の中で、「可能な限り合意形成を図った上で決定し、提供されることが望ましく、その内容を個別の教育支援計画に明記することが望ましい」と述べられている。

つまり、このことから知的障害の程度が比較的軽度であり中学校まで特別支援学級で学んだ生徒は、個別の教育支援計画を作成しており、"合理的配慮"という言葉を耳にしているか、合意形成を図っているはずである。しかし、筆者が高等部で指導し始めてから3年ほどの間、"合理的配慮"という言葉や権利があることを知っている生徒は、ほとんどいないのが現状である。2012年報告から約10年過ぎて、各種研修会において合理的配慮が説明される中、本当は知るべき当事者等が分からないという現状があった。これは、まさに委員会が指摘している懸念と捉える。

（2）最初の授業は、共生社会に向き合うこと

これから紹介する実践の学級は、単一の知的障害のある生徒で編制する高等部3年生6名の学級である。

普通は高等部3年生の担任・副担任について、前年度から引き継ぐことが通例である中、担任、副担任の双方が交代し、担任は前年度中学部の教諭、副担任は筆者（前年度小学部）という異例の組み合わせで学級経営が始まった。

学級に在籍する生徒の実態としては、指示をされることが嫌だったり、自由に思ったことを口にしたりするタイプの生徒A、逆にルールに厳格であり、人に指摘や指示をしたいタイプの生徒Bがおり、ともに精神的に不安定になる傾向がある生徒が在籍していた。また、他にも緘黙傾向がある生徒や不登校気味の生徒など、様々な生徒がいる学級であった。当時、高等部の別の教諭から「学級をまとめるとか、そういうことを考えない方がいいよ」というアドバイスがあるぐらいの学級編制であった。

実際に始業式の日、最初に出会った生徒たちは、何か不安げで、諦めているような、そんな表情が見えたのが印象的であった。

【最初のホームルームにて語り合う】

4月に始まってすぐのホームルームでは、これまでの自分たちの思いを自由に語ってもらった。その中で、生徒Bから「先生達は、自分達の中で、なじませようとする。そこだけ変な平等」という声が挙がった。また、生徒Aからは「人と人は違っていい、と分かっているけど、思えない時に苦しくなる。できることより、できないことが多くて、悔しい」等、生徒達は、これまでの小学校、中学校、高等部での苦しかった経験を話してくれた。

その苦しかった経験は、ほとんどが、障害による困難さから、様々なことが"できなかった"事実によるものである。また、苦しかったのは、何気ない大人たちの言葉であり、社会の構造そのものがそこにあると感じた。

特に「できないことが多くて、悔しくて」という表現は、特に、筆者の胸に突き刺さった。

そのような気持ちになる社会を作ってきた大人として、生徒達に本当に申し訳ない気持ちになった。

そこで、"共生社会" という言葉について考える場面を作った。生徒達は "共生社会" という言葉そのものを知らなかった。そこで、「日本は、障害の有無に関わらず、お互いの性格や個性を尊重し支え合い、認め合えるような社会を目指している」こと等を伝えた。

しかし、生徒達の気持ちから、現実には、そのような社会になっていないことについて汲み取ることができ、だからこそ、この学級を起点にしながら、"みんなで進めていこう" という約束をした。

生徒Aの学習の振り返りには、「私は私、それでいいんだって。力強い先生の言葉、表現に感動しました。胸を打たれました。とても学びました。」と記述されていた。筆者達が、責任をもって、これから目指す共生社会を伝え、生徒達と一緒に向き合う必要性を感じた。

（3）思いや願いの実現へ

その後、生徒達は学級目標を「自分の個性で明るさと笑顔があふれるクラス」と自主的に決めた。自分のできる、できないを「自分の個性」として認め、互いに認め合う雰囲気が生まれてきた。すると、生徒達は安心したように次々とアイディアや思いを相互にぶつけあうようになってきた。生徒Bは「なんで、この高校には文化祭がないの。私達だって、作業販売だけでなく、普通の高校のような文化祭がやりたい」と話した。続くように生徒Aは、「高校生最後に、みんなの前で、ステージで歌いたい」と話すなど、自分の思いをぶつけてきた。筆者達もどうしたら実現できるのかを考えた。生徒達との対話の中で、まずは、学級で文化祭を実施して成果を上げる。そして、その成果を基に、学校の学習発表会（当時の名称）につなげていくことになった。

筆者ら授業者としては、学習として効果が上がるように、各教科等の年間指導計画から指導内容（職業科、国語科、社会科、自立活動）を選択し、指導の形態を各教科等を合わせた指導として取り扱うことで、生徒達の思いが実現できるように展開した。

生徒たち達が考えた文化祭の名前は、みんなの笑顔が咲いて欲しい、という理由から「咲笑祭」に決まった。実施に至るまでの様々な困難を乗り越え、お互いの個性を認め合い、考えを伝え合いながら取り組んだ。こうした生徒達の意気込みは校内にも伝わり、咲笑祭当日、小学部、中学部、高等部の多くの子ども達が参加し、一緒に楽しむ様子が見られ、まさに咲笑祭のコンセプトに相応しい文化祭になった。

写真1 「咲笑祭」の様子

学習後、生徒から「この咲笑祭を今日、実現することができ本当に嬉しく思います。『働くこと』とは、人を喜ばせることだと思います。」と振り返るなど、一人一人の生徒が職業科1段階A（ア）「勤労の意義」の内容について、深い学びにつながる振り返りを行い、学習としても大いに成果が得られる単元となった。

この咲笑祭の影響もあって、学習発表会の名称変更の募集が行われ、生徒達は「咲笑祭」を応募し、見事に採用され喜んでいた。また、プログラムとして、高等部のステージ発表も認められ、生徒Bが司会する中で、生徒Aは全校生を前にステージで歌を歌うなど、夢を実現していくことができた。生徒Aの夢であった「咲笑祭」で歌い、人々を魅了する光景は、筆者らの心に深く刻み込まれた。

（4）生徒を守るための"合理的配慮"

その後も、生徒Aは、学校のキャラクター募集でも採用されるなど、自主性や創造力を十分に発揮しながら、学校生活を楽しんだ。

そのような時に以下のような指摘を受けた。

生徒Aが、休み時間にiPadを使って音楽を聴いていたことについて、生徒指導担当教員から「それはおかしいのではないか」との指摘である。本人にとって音楽は、学校生活を送るために、心を安定させる大切なツールであった。私たち担任・担当もそれを大事な配慮として考えていた。2学期も終盤であり、このことは当然周知の事実だと考えていた。指摘を受けて、音楽を聴かなくても心理的な安定は十分に図れるようになっているものと考え、生徒Aへの指導が始まることを了承した。

しかし、生徒Aは、音楽があるからこそ、学校生活が送れていたこと、そして「これから、どうしたらいいの」と涙ながらに話した。

筆者は、生徒指導担当教員からの指摘に校則を「守るべき」と優先して判断した結果、生徒Aの状態を自分で都合良く解釈し、その指導について本人の考えも聞かずに了承したことをとても反省した。これでは、まるで生徒Bが言った「先生達は、自分達の中で、なじませようとする。そこだけ変な平等」との訴えそのままの状況である。辛い思いをさせた生徒Aに対して正直に謝った。

そして、生徒Aに「音楽がないと不安で学校生活が送れないことを申し出ることができる。それ（合理的配慮）を申請しよう」と伝えた。すぐに生徒Aと合理的配慮の考え方について学習する機会を作り、次のような申請を行った。「次に待っている授業を頑張る糧となります。気持ちが不安定になる前に、聴くことでおだやかにすごすことができます。音楽に助けられます。〜中略〜音楽（イヤホン）がないと心がおちつかず学校生活ができないです。学校生活を送るために以上の内容を申請します」と校長に対し、休み時間に音楽機器を使用させてほしいことを申請した。

（5）多様性を認める側の捉え方

申請後、生徒指導担当教員から「ずるいのでは」「周りの生徒に何と言えばいいのか」という話が筆者に寄せられた。筆者らは「合理的配慮の意味」や「何より本人が気持ちを安定させて学校生活を送るために、どうしても必要なこと」等を生徒指導担当教員に説明をし、議論した。

一方、学級の生徒にも、生徒Aの合理的配慮について説明した。すると、教員同士とは違う予想外の答えが返ってきた。生徒Aと相性が悪いと言われてきた生徒Bが「私達は、Aさんをずるいと思う人は、このクラスには誰もいないよ」と言ったのである。他の生徒もAさんには必要だと思うと答えるのである。筆者はお互いの困難さを認め合い、尊重する生徒達の成長に感動し、廊下に出て涙をこらえるのが精一杯の状況であった。

このエピソードは、何を意味しているのだろうか。先に触れた委員会の懸念した「通常教育

の教員のインクルーシブ教育に対するスキルの欠如と否定的な態度」というものが、"無意識"の中にあったのではないだろうかという疑念である。むしろ、生徒達の方が、互いを尊重し合い、自己実現していく学習をしてきたからこそ、「ずるい」とも思わなかったのではないだろうか。まさに、サラマンカ宣言（1994年、ユネスコ）で示されている「子ども中心の学校は、さらに、あらゆる人間の違いと尊厳の両方を尊重する、人間中心の社会に向けた訓練の場である」という指摘に関連して、生徒達自身が体現した言葉であり、その実現の可能性を示唆していると思える。その後、学級全体で合理的配慮について学び、一人一人の生徒が考える機会を作った。すると、「前を向くことができなくて下を見てしまうことが癖で出てしまうのが苦手です。声をかけてもらえれば、僕も、気づけて、動くことができます」などと自分の障害による困難さについて、配慮してほしいことを改めて伝えるようになった。これを現場実習等の打合せで企業に伝えたり、授業中に配慮したりして、より安心して学校生活を送り、学びや生活を楽しむことができるようにした。

（6）卒業式の言葉と感覚

　月日が経ち卒業式の日、その日は書く必要のない学習の振り返りの用紙に、生徒Bが「夢のような日々をありがとうございました！」と記した。また、生徒Aは、ツイッターに「『自分の個性で明るさと笑顔があふれるクラス』みんなで考えた最高の学級目標」と呟いた。

　卒業式の日の学級の中で、あの時に抱いた感覚は何だろうか。全員が一つのような、境目がないような、安心感に包まれ、何の涙か分からない涙が流れ、とても心地よい時間を生徒達と共に過ごした。お互いに尊重し合い、認め合う

写真2　卒業式での学級の様子

社会を感じた瞬間となった。

　そして、生徒達と「この学級から進めよう」と誓った約束を守るために、その後の学校の取組へとつなげようと心を新たにした。

3　学校としての取組
（1）安心して過ごすための合理的配慮

　現在、高等部副学部主事を務めており、高等部に入学してくる生徒の教育相談を行う際に、合理的配慮について説明し、「勉強や学校生活を送る時に、これがあれば安心して勉強や生活できることがありますか」等と、合理的配慮の3観点に即して聞くようにしている。そして、入学後の個別の教育支援計画においても、その本人の申し出を合理的配慮に反映させ、保護者や本人に確認して、安心して学校生活を送ることができるようにしている。

（2）合理的配慮共通理解日の設定

　これまで、学校として合理的配慮を提供しているにも関わらず、指導者の指導方針によって「配慮する・しない」となっている現状があったからこそ、様々な問題が起きていることを実践を踏まえて痛感した。そこで、学校として「合

理的配慮共通理解日」を設定し、学習グループである学年単位で、一人一人の生徒の合理的配慮を検討したり、共通理解を図ったりする日を設けている。このことにより、個々人の指導方針ではなく、学校として約束した合理的配慮について徹底することができるようになってきている。

（3）日々の単元案に記載

日々の単元指導で活用している「単元案」の手立ての欄に個別の教育支援計画に記載している合理的配慮をそのまま転記して、普段の授業で意識し、しっかりと提供できるようになった。また、授業者として合理的配慮の記載がない内容であっても、個別に必要な支援がある場合も見えてきて、今後の提案にもつなげることができると考えている。

（4）地域に向けて情報発信

本人や保護者に、特別支援教育に関する十分な情報提供がなされていないことが合理的配慮の理解にも影響を与えていると考えた。そこで、昨年本校では、「本人・保護者に伝えるBook」を作成し、特別支援教育の考え方、多様な学びの場、合理的配慮等を簡潔にまとめ、本人や保護者が分かる資料として教育相談で活用できるようにしている。ホームページにも掲載しており、地域の小中学校だけでなく、他県でも活用している等の例を聞くなど、広がりを見せている。

4　考察

紹介した高等部3年の生徒とともに向き合った実践がその後の取組につながった。私たちが共生社会と向き合うこと、社会的障壁に向き合うことが大切であると感じた。

今回、委員会が懸念した内容について、もう一度、一人一人が自分事として考える必要があると感じている。そのためには、私たちが"相手の立場に立って物事を考える"という当たり前ができているか、そこに立ち返る必要があると考える。

最後に、生徒達と「ここから（共生社会を）進めよう」と語り合っていたその思いが、この報告を通じて全国に発信できたこと、そして、これが全国での取組のヒントになれば、筆者にとってこれ以上の喜びはない。

今後も、わが国が目指す共生社会の実現に向けて、明日、明後日と一つ一つ実践を愚直に積み重ねていきたいと思う。

引用・参考文献

障害者権利委員会（2022）「Concluding observations on the initial report of Japan」.

中央教育審議会初等中等教育分科会（2012）「共生社会の形成に向けたインクルーシブ教育システム構築のための特別支援教育の推進（報告）」.

ユネスコ（1994）「特別ニーズ教育における原則、政策および実践に関するサラマンカ宣言および行動のための枠組み」.

文部科学省（2021）「障害のある子供の教育支援の手引～子供たち一人一人の教育的ニーズを踏まえた学びの充実に向けて～」.

実践報告 5

聴覚障害児・者と「対話」
～ outreach33.jp のコンテンツより

東北文教大学人間科学部子ども教育学科講師　杉中　拓央

聴覚障害研究の成果公開・周知を目的として Web サイト「outreach33.jp」を運用して 8 年になる。研究成果の周知のみならず、聴覚障害の理解に資する読み物や支援に関する情報を併載、対面による成果報告会等も開催したことで、さまざまな「対話」がうまれた。本稿では、まず上記を回顧し、後半部では、聴覚障害児者の「対話」を考察する。

◆キーワード◆　聴覚障害、アウトリーチ、対話

1　outreach33.jp の概要

（1）これまでの経過

　文部科学省学術分科会学術研究推進部会 (2005) は「科学技術が社会全体にとって望ましい方向で発展していくためには、科学技術自体や研究者等の活動が国民に正しく理解され、信頼され、支持されることが不可欠である。このため、研究者等が、自らが社会の一員であるという認識をもって、国民と対話しながら信頼を醸成していくアウトリーチ活動を積極的に推進していく必要がある」とした。アウトリーチ活動とは「国民の研究活動・科学技術への興味や関心を高め、かつ国民との双方向的な対話を通じて国民のニーズを研究者が共有するため、研究者自身が国民一般に対して行う双方向的なコミュニケーション活動」とされている。

　以上の視点を踏まえ、科学研究費補助金「高等教育機関に在籍する聴覚障害学生の支援の在り方に関する研究」を財源として、2014 年より「outreach33.jp (http://outreach33.

図1　outreach33 のトップ画面

jp/)」の運用を開始した（図 1 ）。

　現在に至るまで、すべてを筆者の手作業にて運用しており、更新頻度も低い。しかしながら、その時々に、大学院時代の後輩たちや、聴覚障害当事者の支援を頂きながら、聴覚障害支援に関する情報や、当事者によるコラムの掲載など、中身となるコンテンツを作成してきた。その結果、近年は年間平均 9,000 程度のユニークアクセスがある。また、特に窓口的なものを設定

しているわけではないが、不定期に保護者や学校教員から照会がある等、一定のニーズを感じているところである。加えて、対面では2019年に成果報告会を兼ねたイベントを対面で開催し、翌年以降も開催予定であったが、コロナ禍により頓挫した。しかしながら、今後も、他の聴覚障害関連のすぐれたWebサイトに対する、オルタナティブな存在として運用できればと考えている。

（2）コンテンツの内容

outreach33.jpは当初「聴覚障害学生の支援」のタイトルでスタートしたが、2015年より「聴覚障害児者のキャリア発達支援」とタイトルを変更した。筆者の研究テーマが焦点化されたことによるものだが、このことには、キャリア発達支援研究会の影響も少なくない。

コンテンツ（表1）はアウトリーチ活動の性格を鑑みれば、研究成果の発信が中心となることは言うまでもないが、教材やコラムが充実したことにより、現在研究成果の部分は「食玩のお菓子」程度となっている。しかし、しばしば指摘される研究と実践の往還、また研究者、実践者、当事者間の風通しを思えば、まずは読み手の興味関心の喚起が第一であり、当座は適切なバランスと考えている。

コンテンツの内容を順番にみていくと、まず、「研究成果」は科学研究費の支援を受けた10年間の研究成果を、投稿論文の概要を引用する形で紹介している。「教材」には筆者が開発した指文字辞典や、当事者の自己開示に資するトリセツメーカー（Web上で情報を入力するとPDFを出力し、三つ折りのリーフレットとし

表1　Outreach33のコンテンツ

・研究成果の発信（科学研究費補助金関連）
・教材（指文字辞典、トリセツメーカー等）
・よもやまコラム（当事者の体験談等）
・聴覚障害学生支援に関する情報

図2　対面イベントの模様

て印刷できる）等を掲載している。

「よもやまコラム」には、聴覚障害の当事者が学齢期を振り返るコラムを中心に、支援のアイデアなど、読み物を置いている。「聴覚障害学生支援に関する情報」は、仲間の協力を得て全国の大学における支援部署へのリンクを網羅的に掲載したが、ものぐさが災いし、現在はデッドリンクが増えてしまっている。

（3）対面イベント

2019年には、早稲田大学を会場として「Outreach33.jp 年次報告会 聴覚障害児者のキャリア発達支援」と銘打ったイベントを開催した。就労移行支援事業所所長、社会福祉士、言語聴覚士をゲストスピーカーとして招き、研究成果の紹介と絡めてキャリア発達支援を検討した。当事者、保護者、学校教員、研究者、医療関係者などさまざまな立場から参加があり、最後の質疑は当初の予定を一時間程こえて議論がなされる等、草の根イベントならではの展開があった。この日の模様については冊子を作成

し配布したほか、Web サイト上でも閲覧可能となっているため、ぜひご覧いただきたい。

2 掲載コンテンツから「対話」を考える

先に触れたように、アウトリーチ活動は、研究成果をひろく一般の市民に伝えるという趣旨がある。そこには、彼らから反応を得て、自身の説明が適切であったのかの確認や、それに従い修正を行う「対話」の視点が欠かせない。「対話」という言葉のもつスケールは大きいが、他者との対等性を踏まえ、そこにある異論を敬し、検証と修正を繰り返す反復性がなくしては、本人がいくら熱心に働きかけたところで「対話」には値しないと考える。

このことは教育や研究の活動においても通ずるところがあろう。また、分野横断型の実践や地域連携においても、異なる取り組みの本質が同一であったり、異なる専門用語が内容的には同じ概念を指し示したりしていることもままある。これらを解消することも、ひとつの「対話」の可能性ではないかと考える。そのためには、未知の事柄に対して前向きに関心を持ち、相手を構成する情報を集めておくことも大切と考える。

以上を踏まえ、ここでは outreach33 のコンテンツをひとつ紹介する。コラム「そんなわけでこうなりました」は、聴覚障害当事者が学齢期を回想したものであり、いわば自己との「対話」の過程である。それと同時に、可視性の低い聴覚障害の表象を、読み手に語りかけ「対話」の起点となる役割も有しているように思われる。一部を引いてみたい。

小学校時代、私はいくつかの習い事に通っていた。そして、習い事の先生達には難聴のことを伝えていなかった。音声での受け答えが一通りできていることで、表面上のやりとりはスムーズだったのかもしれないが、今思うと、その裏で、気付けなかった小さなコミュニケーションのズレはいくつも生じていたように感じる。

そんな中、「これは聞こえなかったから分からなかったんだ」と、当時の自分でも自覚できた数少ないエピソードがある。何年生の頃だったか忘れたが、通っていたスイミングスクールで進級テストが行われた。種目を選び、タイムを計測し、基準のタイムをクリアすれば1つ上の級に上がれるというものだ。

プールサイドに集まると、いつもの練習とは流れも雰囲気も違うことを感じ、「テストかな」と気付いた（もっとも、先生はちゃんと説明はしていたと思うが、聞こえていなかったのだろう）。

「いつテストが始まるんだろう…」とおどおどする私の周りで、同じ級の子達が先生の机の前に並び出し、1人1人、先生に何か言い始めた。当然、何を言ってるのか分からないのだが、とりあえず皆にならって列に並ぶ。すると、私の3～4人前の子達が、「クロール」「背泳ぎ」などと先生に伝えているのが分かった。何の泳ぎの名前を言えば良いのか分からないまま、私の番になった。とっさに「平泳ぎ」と言った。そうこうしているうちに、全員がプールサイドの反対側へ行くように指示された。まもなく、先頭の男の子2人が泳ぎ始めた。25m先の先生はストップウォッチを持っ

ている。「あ、テスト始まったんだ」と気付いた。

気持は焦る一方だ。

あっという間に私の番になった。スタートの合図が出るまで、水中で待機する。待機中、先生がいつスタートの合図を出すのか分からず、スタートの合図に気付けるかどうか不安でいっぱいだった。しかも待機の時間が長く、心配になった私は一緒に泳ぐ隣の子に、「先生ってスタートって言った？」と恐る恐る聞いてみた。隣の子は「分かんない…」と返してきた。

気持ちだけが先走って、先生はスタートと言ったものだと思い込み、とうとう私達は泳ぎ始めてしまった。

必死で泳ぎ切り、壁にタッチする。プハッと顔を上げると、少し怖い顔をした先生が「先生まだスタートって言ってないよー。はい戻ってー。」と低い声で言った。隣のコースを見ると、一緒にスタートした子は既にスタート位置に戻りかけている。どうやら、泳いでいる最中に先生はストップの声掛けをしていたようだ。でもそれは私には聞こえるはずもない。シュンとしながらスタート位置に戻った。

すぐに再スタートが始まる。ここでもう1つ、私が不安を抱いていたのは「どの種目を泳げばいいのか」。先に泳いでいた子達を見ても皆、種目はバラバラ。私は何を思ったか背泳ぎでスタートした。もう一度、全力で泳ぐ。

ゴールして先生を見た途端、先生が怒鳴った。

「お前は平泳ぎだろがー！！！」そこでようやく気付いた。テストの前に1人ずつ先生に伝えていたのは、自分がテストで何の種目を泳ぐのかだったということを。

周りの子たちはみんな不思議そうな顔で見ている。恥ずかしくて泣きたくなる気持ちをこらえながらもう一度スタート位置に戻った。

一生懸命泳いだ平泳ぎはタイムをクリアして合格したけれど、ちっとも喜べなかった。

後日、このやりきれない思いを1人で抱え込むのが嫌になり、こっそり妹たちに打ち明けた。「先生の言ってることが分からなくて怒られちゃった…」すると妹たちはすぐに母に報告した。母から「そんなことがあったの？」と聞かれた私は正直に「うん」と答えるしかない。

その次のスイミングの日、母は私たちと一緒にスクールに行き、先生に事情を説明すると言った。受付で先生を待っている間、私はもう、いてもたってもいられずトイレに逃げ込んだ。そして母が先生に事情を説明している間、ずっとトイレに隠れていた。子どもながらに、先生に対して申し訳ない気持ちがいっぱいだった。

すぐに練習が始まる。なんとなく先生と顔を合わせるのは気まずくて先生と顔を合わせるのを避けてしまった。すると先生の方から私のそばに来て、「こんな大事なことはちゃんと言わないとダメだよ」と優しく声をかけてくれた。そして、練習前の説明を終えた後には、「分かった？」と聞いてくれた。私はただただ、先生の申し訳なさそうな顔がとても辛かった。誰も悪くな

いし、誰も責められない。

　誰にも気付かれないまま積もっていくコミュニケーションのズレは、解消されることなくやがて明るみに出てくる。その時、自分は聞こえにくい・聞こえないのだという現実に直面する。聞こえる人たちとの生活の中で、聞こえにくさを補おうと、自然と上手く状況を読み、推測しながら環境に適応していく力もついてくるが、それだけではやはり不完全なのだ。当時、軽・中等度難聴にあたる私だってそうだったのだから、聴力の重い軽いに限らず、その不完全さにぶつかることが当たり前なのだろう。

　今回はあまり楽しい話ではないけれど、難聴をもつ子どもの複雑な心情をありありと伝えたかった。もちろん一概に「こう！」とは言えないけれど、難聴児、特に軽・中等度難聴児に起きやすい状況の１つとして、知っていただければ幸いである

　こうした記述には、学齢期にある聴覚障害の子どもの思考過程が、凝縮されているように思われる。発達障害等も含め、可視性の低い、コミュニケーションの障害といわれる聴覚障害においては、当事者の自己理解と開示が大切と指摘されているが、なかなかそうはうまくいかない時期もある。そうなると、教員や周囲の大人は、外面より子どもを見て取らねばならないが、その心的世界を把握することは至難の業である。ときに「対話」を試みても、真意が返らないこともあるからだ。

　コラムのエピソードにおいては、プールにおいて情報の把握が不確かなままにやり過ごした結果、最後に失敗する様子が描写されているが、

このような「やり過ごし」は、音声言語を主とする聴覚障害児者には、わりとある光景であり、それは決して本人の楽観視のみに限らず、恥ずかしさや、周囲に配慮をうながすことへの抵抗感も包含されている。このコラムの執筆者は医学的な基準としては軽度・中等度に類する聴覚障害であったため、戦略的に場の雰囲気を読み、時にはやり過ごして環境に適応しながらも、それだけではやはり完全ではないことを、一連の出来事から学んだようである。あるいは、このインクルーシブ時代において、他の障害種にあっても、起こりえる状況ではないかと考える。コラムの執筆者は現在、社会人として過ごしているが、同様の状況に接したとき、進学や就労においてつまずいてしまう者もまたあろう。

　このような課題の解消を考えるとき、やはり当事者の自己開示を起点とした対話が必要というところに帰結するのが、ひとつの答えではあるかも知れない。しかし、これに加えて、このコラムのように、知られざる世界を言語化して残すことも、不特定多数の読み手を相手とした、ひとつの「対話」と考える。

3　「対話」には予習が必要？

　優秀な記者は、取材の対象について事前の情報収集を欠かさないというが、教員の日々の「対話」にあっても、このことは大切なのではないかと考える。とりわけ、可視性の低い障害のある子どもに対しては、個別の諸計画やキャリア・パスポート等も、より有効な資料となるであろう。これが教員間の「対話」であるのなら、相手の先生の活動や得意分野であるとか、趣味の感じでもよいと思う。

筆者は聴覚障害当事者であり、医学上の診断は重度であるが、音声コミュニケーションを取っているため、専門の先生方であっても「なんで聞こえるのか」「どうやって聞き取っているのか」さらに口さがない方からは「本当に障害があるのか？」と尋ねられることがある。ひどいなあ、日々苦労していますよというのが率直なところではあるが、自己開示の不足を反省するとともに「しいていえば、他者に関心を持っているからではないか」と答えている。このことは一見、感情論のようだが、相手に関心があれば、会話の展開や語彙のパターンも読めるため「きこえないのにきこえる」こともある。このあたりは科学的な話になるので、別の機会に書いてみたい。

何はともあれ、相手を好きになれとまではいわないまでも、関心をもって、彼らを構成するパーツを集めて「対話」するのと、そうでないのとでは、成否も随分異なるであろう。

蛇足になるが、教員や研究者であっても、障害理解が表面的である者もいる。たとえば、聴覚障害が大きくは感音難聴と伝音難聴に分かれることは知っていても、感音難聴特有の「音の輪郭がにじむ」という様子を理解できない場合がある。つまり、補聴機器を装用すれば、調整された眼鏡のように機能障害が解消すると考えてしまうのである。また、人は誰しも加齢によって感音難聴となっていくが、そこに起きる「補充現象」も、あまり知られていない。内耳に障害があると、脳が必要以上に聴取音を増幅するため、大きな音声が割れてしまい、余計にききづらくなる現象である。聴覚障害の子どもに大声で話したり、高齢者に配慮して TV のボリュームを上げたりしても、さほど解消しないことがあるのは、このためである（杉中、2022）。

以上を踏まえると、多様な心的世界をもつ障害当事者が、それぞれの感じ方を言語化するという行為には、中身のある「対話」を促進するための材料として可能性がある。今後も Web サイトからのアウトリーチ等をとおして「対話」に貢献できたらと考えている。

文献
文部科学省学術分科会学術研究推進部会（2005）アウトリーチの活動の推進について. https://www.mext.go.jp/b_menu/shingi/gijyutu/gijyutu4/008/siryo/attach/1342833.htm（2022 年 9 月 5 日 閲覧）.
杉中拓央（2022）聴覚障害のある子どもの理解と支援. 71-82. 杉中拓央・呉栽喜・松浦孝明（編）教職をめざす人のための特別支援教育－基礎から学べる子どもの理解と支援. 福村出版.

総　括

千葉県教育庁教育振興部特別支援教育課主幹兼室長　松見　和樹

　学習指導要領の実施における重要なキーワードの一つが、「主体的・対話的で深い学び」の実現である。児童生徒一人一人の資質・能力の育成において重要な視点であり、キャリア発達支援とも親和性が高い。なかでも、思考を広げ深めていくことができる「対話」をいかに効果的に実施するかは、大きなポイントである。今回、第Ⅲ部では、「対話を大切にした実践・取組」に焦点を当てて、様々な取組から魅力ある実践を報告していただいた。実践からは、参考になる視点をいくつも発見できたと考える。「対話」を核とした実践から、「対話」の重要性はもちろんのこと、「対話」のために必要な要素や工夫、「対話」によってもたらされた効果などを紹介していただいた。自己の考え方を広げるために、対話的な学びの場をいかに生み出していくかということも大事だが、対話の場面で思考を深めていくには、何らかの目的を達成するために行われる必要があり、何のために対話を行うのかなど、その目的を明確にしておくことが重要である。第Ⅲ部では、それぞれの取組から多くの、参考になる視点をいただいた。ここでは、それぞれの実践において対話による学びを引き出すポイントになったと思われることを挙げていくことで、総括とする。

　実践１の岡本氏からの報告による若葉台特別支援学校では、生徒自身が各教科で学びたいことを表現するなど、「何を学ぶか」ということ

を考え、教師と一緒にカリキュラム・マネジメントを進めている。これはすぐにできることではない。当校が取り組むキャリアデザインにおける対話的な学びを繰り返すことにより、様々な情報を適切に取捨選択・活用しながら、自ら主体的に判断してキャリアを形成していく力を高めてきたことの成果である。ここでの対話のねらいは明確で、生徒の「学び」への向き合い方に焦点を当てている。しっかりとした目的をもって対話をすることが大切であり、そのことにより、対話を引き出す適切な手立ても工夫できる。自分の学びを振り返り、次につなげる力を育む授業づくりの参考にしたい。

　実践２の野村氏からの報告では、内面の育ちを重視し、対話によりいかに思考を促し、広げていくかということをねらっている。知的障害のある生徒も、障害の特性に応じた工夫により思考を深めていくことができることから、このような発想で授業を考えることはとても大切である。本実践の「やってみよう」の取組は、具体的な体験をすぐに取り上げることで、自らの学習を振り返ったり、課題を見付けたりすることができるようにした、可視化・具体化により対話を促す工夫である。また、本実践では、グループダイナミクスの視点から、集団討論・集団思考による対話をとおして自身の取組を振り返り、仲間とともに学習体験を価値付けすることで主体的に学びに向かう力を育んでいくこと

を重視している。主体的に学びに向かう力を育むには、対話と協働による振り返りと、自己の目標設定の活動を繰り返していくことが大切であり、参考にしたい。

　実践3の柳川氏からの報告では、事例による、本人と教師双方の振り返りから、参加者同士が気付きを言語化し、対話をとおして学び合う。ここでの対話の目的は、教師自身の支援の省察である。生徒の学習状況を的確に把握するための見取りだけではなく、学習状況の評価をもとに目標や評価規準の妥当性を判断したり、改善したりするとともに、評価を本人にどう返すかということについての気付きを得ることが、参加者の学びの実感や充実感につながるのだと考える。児童生徒が自らの学びを振り返り、自己理解、自己調整しながら、自己の生き方と結びついた次の課題を見付けていくことができるように、内面の見取りを評価にどう生かすのかといった視点を共有することがポイントになると考える。

　実践4の富村氏からの報告では、生徒との対話に対する教師の基本的な姿勢として、相手の話を聞き、受け入れることの重要性に改めて気付かされた。願いを受け入れ、実現に向けて取り組んでいく当校の実践は、何よりも教師と生徒、生徒同士の信頼関係を育み、そこから安心感も生まれ、このことによりさらにアイディアが次々と生まれるといった好循環を生み出している。合理的配慮に向けた合意形成も対話であり、対話をとおして自己理解を深めたり、人と

の関わりを広げたり、自分なりに自己表現したりすることで、生徒自らが学校生活を安心できる場にしていると考える。生徒と共に向き合い、寄り添いながら対話を深めていく実践であり、参考にしたい。

　実践5の杉中氏からの報告では、対話の場や機会をもつことの重要性、また、対話の持つ意味と役割を理解した上で対話することの重要性を示唆している。ただ話せばいい、反論すればいい、共感すればいいのではない。他者との対話を踏まえ、そこにある異論を敬し、検証と修正を繰り返す反復性がなくしては対話に値しないと指摘している。本報告からは、中身のある対話のためには、対話の目的を共有するとともに、事前の情報収集が大切になること、また、言語化により、自分の思考や感情を客観的に振り返り、自己の気付きを促すことが大切な要素になるということに改めて気付かされた。対話をとおして深い学びを実現していく実践の参考にしたい。

　学習指導要領の総則では、キャリア教育の充実を図ることが明示されており、文部科学省では、キャリ教育推進の基本的な方向性の一つに、「主体的・対話的で深い学び」の実現を掲げている。キャリア発達支援においても、「対話」が重要な視点になることを改めて押さえておくとともに、「対話」の質を高めていくことで、さらに子供たちの「学び」を進化させていってほしい。

第 IV 部

キャリア発達支援を
促す実践

　第IV部では、キャリア発達を促す各種の実践について7報告を取り上げた。このうち投稿論文は2題であり、いずれも教員の専門性の更なる向上を目指した実践報告である。両者には専門性向上に向けた研修内容として「自立活動」を扱っている点が共通しており、特別支援教育の専門性の中核として、自立活動への注目が高まっていると言えよう。

　また、投稿論文以外では、5つの実践事例や研究の取組を取り上げた。ここでも教員の専門性に高い関心が寄せられるとともに、それ以外にも「共創」や「ダイバーシティ」というキーワードに基づいた実践が繰り広げられており、多様な価値の創造と関係性の構築を目指したキャリア教育が展開されている。これらのキーワードは、特別支援教育分野に限らず、教育のあらゆる分野で注目を集めており、また、教育以外の行政等の各分野でも関心が寄せられていることから、政治や経済、文化等の在り方を見つめる視点として注目していくことが必要であろう。

投稿論文１

自立活動の視点からの実態把握を踏まえたスモールステップの支援　－教員一人一人のスキルアップを目指した全校研究－

岐阜県立恵那特別支援学校教諭　近藤　亜由美
岐阜聖徳学園大学教育学部教授　松本　和久

1　はじめに〜恵那特別支援学校について〜

　岐阜県立恵那特別支援学校（以下、当校）は岐阜県の東端に位置している知的障がい、肢体不自由、病弱の児童生徒が通う複数の障害種別に対応した特別支援学校である。1952（昭和27）年に国立療養所に入院中の児童に対し、同じく入院中だった教員が指導を行ったことから始まった病弱教育にルーツをもつ。1974（昭和49）年に病弱者を対象にした県立恵那養護学校として小・中学部が設置され、2008（平成20）年度に高等部開設、2010（平成22）年度に現在の体制となった。

　高等部開設、そして複数障害への対応をきっかけに児童生徒数が増加し、2022（令和4）年度は小学部42名、中学部39名、高等部51名の132名が在籍し、そのうちの96%が知的障がいを有している。そのため、病弱教育としての歴史が長い当校は、病弱教育に加えて知的障がい教育の専門性の向上が求められている。教員は、小学部27名、中学部23名、高等部32名、その他管理職や養護教諭などを含めて計125名で支援にあたっている。

　当校のこの現状を受け、児童生徒一人一人の適切な実態把握と個に応じた学習指導について理解を深め日々の支援に生かすために、2020（令和2）年度・2021（令和3）年度は自立活動の6区分27項目の視点からの実態把握

とそれを生かした実践について研究してきた。2022（令和4）年度からは、「児童生徒の実態を踏まえたスモールステップの支援－児童生徒の将来の姿を見据えて－」を研究テーマとして取り組んでいるところである。

　本研究は授業研究ではないが、研究を通して学校全体の教育の質の向上、教員一人一人の自立活動や実態把握に関してのスキルアップを目指したいと願っている。「教員のスキルアップは児童生徒の困難さの軽減につながる」という思いのもと、教員一人一人の力を付けている段階である。

　本稿では、当校独自の自立活動の個別の指導計画であるABCシート（図1〜3）を活用した全校研究の取組を紹介し、工夫したことや実践事例、現在の取組の経過について報告するとともに、教員自身のスキルアップについて、また、自立活動におけるキャリア発達支援について考察したい。

2　2020（令和2）年度：ABCシートの作成

　2020（令和2）年度は、新型コロナウイルス感染症対策のための臨時休業に始まり、学校再開後も児童生徒の安全・安心を最優先して日々の教育活動に取り組んだ。そのような中で、児童生徒一人一人について的確に実態把握をし、共通理解を図るために、自立活動の視点か

ら児童生徒の実態を把握し、指導していくための「ABC シート」を作成した。これはいわゆる自立活動の「個別の指導計画」であり、作成に当たっては特別支援学校学習指導要領解説自立活動編と山梨県教育委員会の「個別の指導計画（自立活動・各教科用）」を参考にして、当校の現状や課題を踏まえてアレンジを加えた。当校で作成した書式は、「A：実態把握シート」、「B：自立活動の指導計画」、「C：実践記録」の３つのシートから成り、図１〜３に示した。なお、書式については成績の評価の時期と合わせ、短期目標や具体的な指導内容、評価を、元々は年間で１つだったのを、前期・後期に分けるなど、2022（令和４）年度に一部改訂した。今回掲載したシートは改訂済みの最新版で、筆者（近藤）ら研究主任会のメンバーで作成した記入例である。

（1）A：実態把握シート（図１）

実態を整理しそこから目標設定につなげるためのシートである。

自立活動の６区分の視点から「１　自立活動の区分に即した実態の整理」をするとともに、「２　学習上、生活上の困難や、これまでの学習の状況の整理」をして、目標設定や指導に生かすことができるようにした。具体的には、学習上、生活上の困難とその背景要因、子どものよいところ、興味・関心、得意なこと、指導に役立つ情報（配慮事項・有効な手立て）について記入する欄を設けた。

更に、長期目標や短期目標を踏まえ、６区分27 項目の中から指導目標（ねらい）を達成するために必要な項目を選定できるようにした。

（2）B：自立活動の指導計画（図２）

「A：実態把握シート」を基に、具体的な指導計画を立て、指導内容を明確にして取り組み、評価を行うためのシートである。

指導目標（ねらい）を達成するために必要な項目を選定し、その具体的な指導内容を記入する。自立活動は、自立活動の時間だけでなく教育活動全般で指導していく領域であるため、どの場面で取り組むかという指導場面も記入できるようにした。また、前期、後期、次年度と連続性をもって目標を設定し、指導を継続していけるように、指導内容と評価が時系列に沿って並ぶように作成した。

（3）C：実践記録（図３）

当校独自に作成した実際の実践を記録・評価していくためのものである。

自立活動の領域の特徴から日々の小さな実践を積み重ねることが重要と考え、学習指導案よりも簡便に記入できることを意識して作成した。記入するのは「主な活動展開・支援内容」「授業後・支援後に見られた姿」「使用した教材・教具など」である。

３　2021（令和３）年度：ABC シートの活用

2020（令和２）年度は、主に児童生徒の実態把握に焦点をあて、各研究グループで抽出児一人について「Ａ：実態把握シート」の作成を通して、自立活動の６区分 27 項目の視点から実態把握を行い、「Ｂ：自立活動の指導計画」の作成に取り組んだ。

研究グループは、小学部・中学部・高等部の各学部の中で「自立活動を中心とした教育課程」「合わせた指導を中心とした教育課程」「準ずる

学　　部	小学部	グループ	低学年		
氏　名	恵那　太郎	生年月日	平成28年4月2日	学部学級	小学部　　1年　　　1組
担　任 氏　名	岩村　花子	障がい種等	知的障がい　自閉症スペクトラム		

1　自立活動の区分に即した実態の整理

健康の保持	心理的な安定	人間関係の形成	環境の把握	身体の動き	コミュニケーション
	・ザワザワした音や見通しのもてない状況では、大きな声を出して寝そべったり、その場から走って逃げようとしたりする。 ・パニックになったときは、大声を出して暴れる。校内を散歩しているうちに落ち着くことが多いが、時間がかかる。	・慣れた大人の膝に乗ってこようとする。 ・慣れた大人からの関わり遊びを受け入れて、笑顔になる。 ・自分から友達に関わることはないが、落ち着いているときであれば友達からの関わりを拒むことはない。	・場所の写真カードは理解しているようで、好きな場所の写真カードを手に取る。 ・自分のロッカーなどは場所で覚えている。 ・イラストの理解は難しい。	・あまり指先を使わずに、手のひらで押すように物を操作しようとする。 ・模倣して体を動かすことは難しい。 ・広い場所で走りまわったり、散歩したりすることを好む。	・発語はない。嬉しい時や怒ったときに発声がある。 ・自分のやりたいことは棚を開けようとする、具体物を手に取るなどの、行動で示す。 ・自分の思いが叶わないと、諦めてその場から立ち去ったり寝転がって怒ったりする。

2　学習上、生活上の困難や、これまでの学習の状況の視点から整理

学習上、生活上の困難	背景要因
・集団での活動では、離席したり教室から出ようとしたり、それを止められるとパニックになったりして、最後まで参加することが難しい。 ・パニックになったり怒ったりして気持ちを切り替えるのに時間がかかって活動に参加できずに、教室の外を散歩している。 ・周りの人に自分のやりたいことなどを伝えることが少なく、諦めたり怒ったりする。 ・指先を使ってものを操作するのが難しく、食事も手を使って食べようとしたり、おもちゃなどの操作ができなくてすぐに飽きたりする。握力が弱い。	・集団の活動は、注目するところがわかりにくかったり、言葉の指示がわからないので見通しをもちにくい。友達の大きな声も苦手なので離席するのではないか。 ・気持ちを落ち着けるための方法がまだない。好きな活動やわかる活動も少ないため、活動に気持ちを向けて切り替えることも難しい。 ・大人に要求を伝えると叶えてくれるということや、その伝え方が分かっていない。 ・指先や手の使い方、力の込め方が分かっていない。模倣や集団の苦手さから、手を使って活動することの経験が不足しているのではないか。
よいところ　興味・関心　得意なこと	**指導に役立つ情報（配慮事項・有効な手立て）**
・水遊びや砂遊び、くるくる回る物を見るなど感覚系の遊びが好き。 ・走ったり、外を散歩したりすることが好き。 ・大人からの関わりは好きで受け入れる。友達からの関わりも拒まない。 ・簡単なパズルや形合わせなどが得意。	・朝や帰りの支度など、毎日繰り返しの活動は教師と一緒に落ち着いて取り組めることが多い。 ・指差しは分かり、指差された場所に物を置いたり、注目しようとしたりする。 ・音楽系の活動がとても苦手で、パニックの引き金になりやすいので配慮が必要である。 ・イラストの理解は難しいが、場所の写真はなんとなく分かってきている。 ・教師が手を添えて一緒に活動することはあまり嫌がらない。手を添えて一緒に行うことで、次から少し自分でやろうとすることもある。

3　長期目標（小学部卒業時に付けておきたい力）

・自分なりの気持ちの落ち着け方を見付け、クールダウンを挟みながら集団の活動に参加する。

・簡単な言葉や身振り、カードなどを使って自分の思いを身近な人に伝える。

・指先の巧緻性を高め、ボタンや食具の操作など、身の回りの生活に必要な動作を身につける。

4　　短期目標（今年度付けたい力）

・気持ちを落ち着かせる方法として、体を動かして遊ぶ、パズルやシャボン玉をするなど、好きな活動を増やす。

・カードを渡すと自分の要求が伝わることが分かり、カードを使おうとする。

・指先に力をこめたり、ぎゅっと握ったりして、力強く手指を使う。

前 期	ア　トランポリン等の体を動かす遊びを楽しみ、お気に入りの遊びを見付ける。 イ　いくつかの遊びやおもちゃの絵や写真カードが分かる。 ウ　手のひらを握ったり、何かにつかまったりする活動を通して、握力を付ける。	後 期	ア イ ウ

5　指導目標（ねらい）を達成するために必要な項目選定

1　健康の保持	2　心理的な安定	3　人間関係の形成	4　環境の把握	5　身体の動き	6　コミュニケーション
☐(1)生活のリズムや生活習慣の形成に関すること。	☑(1)情緒の安定に関すること。	☑(1)他者とのかかわりの基礎に関すること。	☐(1)保有する感覚の活用に関すること。	☐(1)姿勢と運動・動作の基本的技能に関すること。	☑(1)コミュニケーションの基礎的能力に関すること。
☐(2)病気の状態の理解と生活管理に関すること。	☐(2)状況の理解と変化への対応に関すること。	☐(2)他者の意図や感情の理解に関すること。	☑(2)感覚や認知の特性についての理解と対応に関すること。	☐(2)姿勢保持と運動・動作の補助的手段の活用に関すること。	☐(2)言語の受容と表出に関すること。
☐(3)身体各部の状態の理解と養護に関すること。	☑(3)障害による学習上又は生活上の困難を改善・克服する意欲に関すること。	☐(3)自己の理解と行動の調整に関すること。	☐(3)感覚の補助及び代行手段の活用に関すること。	☑(3)日常生活に必要な基本動作に関すること。	☐(3)言語の形成と活用に関すること。
☑(4)障がいの特性の理解と生活環境の調整に関すること。		☐(4)集団への参加の基礎に関すること。	☐(4)感覚を総合的に活用した周囲の状況についての把握と状況に応じた行動に関すること。	☐(4)身体の移動能力に関すること。	☑(4)コミュニケーション手段の選択と活用に関すること。
☐(5)健康状態の維持・改善に関すること。		☐(5)状況に応じたコミュニケーションに関すること。	☐(5)認知や行動の手掛かりとなる概念の形成に関すること。	☐(5)作業に必要な動作と円滑な遂行に関すること。	☐(5)状況に応じたコミュニケーションに関すること。

記入者	岩村　花子
記入年月日	2022/4/28

参考：山梨県／個別の指導計画（自立活動・各教科用）

図1　A：実態把握シート

学　部	小学部	グループ	低学年		
氏　名	恵那　太郎	生年月日	平成28年4月2日	学部学級	小学部　1年　　1組

5　指導目標（ねらい）を達成するために必要な項目選定

1　健康の保持	2　心理的な安定	3　人間関係の形成	4　環境の把握	5　身体の動き	6　コミュニケーション
(1)生活のリズムや生活習慣の形成に関すること	(1)情緒の安定に関すること	(1)他者とのかかわりの基礎に関すること	(1)保有する感覚の活用に関すること	(1)姿勢と運動・動作の基本的技能に関すること	(1)コミュニケーションの基礎的能力に関すること
(2)病気の状態の理解と生活管理に関すること	(2)状況の理解と変化への対応に関すること	(2)他者の意図や感情の理解に関すること	(2)感覚や認知の特性についての理解と対応に関すること	(2)姿勢保持と運動・動作の補助的手段の活用に関すること	(2)言語の受容と表出に関すること
(3)身体各部の状態の理解と養護に関すること	(3)障害による学習上又は生活上の困難を改善・克服する意欲に関すること	(3)自己の理解と行動の調整に関すること	(3)感覚の補助及び代替手段の活用に関すること	(3)日常生活に必要な基本動作に関すること	(3)言語の形成と活用に関すること
(4)障害の特性の理解と生活環境の調整に関すること		(4)集団への参加の基礎に関すること	(4)感覚を総合的に活用した周囲の状況についての把握と状況に応じた行動に関すること	(4)身体の移動能力に関すること	(4)コミュニケーション手段の選択と活用に関すること
(5)健康状態の維持・改善に関すること			(5)認知や行動の手がかりとなる概念の形成に関すること	(5)作業に必要な動作と円滑な遂行に関すること	(5)状況に応じたコミュニケーションに関すること

項目間の関連

6　具体的な指導内容

		ア	イ	ウ
	選定した区分（項目）	1　(4)　2　(1)	3　(1)　4　(5)　6　(1)	5　(3)　5　(5)
前期	具体的な指導内容方法（指導場面）〔評価：◎○△〕	○遊具遊びや運動遊び等、体を動かす活動を多く取り入れ、はじめは手を添えながら一緒に取り組む。（教・生単） ◎休み時間等に、多目的室の三輪車やスクーター、フリースペースの遊具などで遊ぶ時間をつくる。（全） ◎教室にトランポリンやバランスボールなどを置き、隙間の時間に遊べるようにしたり、朝の会のお楽しみタイムで遊んだりする。（全/教・日生）	◎遊びの場所や使うものの写真、絵カード提示してから活動する。（全） △ボールや絵本等2枚の絵カードを本人や友達が選んだ方を行う活動を繰り返す。（自）	○握りやすい太さの棒を使い、スタンプやステンシル等の制作や活動をする。（教/生単・図工） ○キャスターカーでひもやフラフープを握っていると教師に引っ張ってもらえる遊びや大きなかぶのごっこ遊びなど、引っ張る・握るが自然に行える活動をする。 ◎かごに入れた水筒を運ぶ等、かごやかばんに入った少し重いものを運ぶ係や役割を設定する。（全）
	評価（個別の指導計画に転記）	・体を使った活動を楽しむ姿が多く見られた。フリースペースでは、走り回るだけでなく、滑り台などの遊具で遊ぶようになった。 ・教室のミニトランポリンを気に入り、パニックの際に少し落ち着いてからトランポリンに乗り、気持ちを切り替えて活動に戻れたことがあった。	・繰り返すうちに、カードと活動内容が結びついてきて、トランポリンや運動場の写真カードを見てスムーズにその場所へ移動できるようになった。	・職員室から教室まで教師の水筒を運ぶ係の仕事で、しっかりと取っ手を握って、床に置くことなく教室まで運んでくることができるようになった。
後期	具体的な指導内容方法(指導場面)〔評価：◎○△〕			
	評価（個別の指導計画に転記）			
	次に目指す姿			

図2　B：自立活動の指導計画

実践日（期間）	6月6日（月）〜7月1日（金）		具体的な指導内容	ウ
実践の場	日常生活の指導			
単元・活動名	お手伝いをしよう！			
目標・ねらい	・自分の係の仕事に、教師と一緒に楽しんで取り組む。 ・重たい荷物をしっかりと取っ手を握って運ぶ。			
自立活動の 区分・項目	3　（1）　5　（3）　5　（5）			
・主な活動展開 〇支援内容	・朝の着替え終了後に、職員室に係の仕事に行く。 〇行先と活動内容がわかるように、職員室の写真と水筒を入れるカゴを示す。 ・職員室まで行き、教員の水筒や配布物をかごに入れて、教室まで運ぶ。 〇職員室に入るときに頭を下げて挨拶ができるよう、手本を示したり軽く手を添えて動きを促したりする。 〇本人が諦めずに教室まで運ぶことができて、しっかりと握らないと持てない程度の重さに荷物を調節しておく。 ・教室で待っている教師にかごを手渡す。 〇教室に帰ってきたら教師のところまで来られるようにすかさず声をかける。 〇持ってこられたら、褒めたり感謝の気持ちを伝えたりする。	《使用した教材・教具など》		
授業後・支援後に 見られた姿	・はじめは係の仕事よりも遊びたい様子であったが、繰り返す中でかごを見ると進んで職員室に向かおうとする姿が見られるようになった。 ・水筒2本分（約1ｋｇ）だと途中で嫌になって床に置いてしまうことがあったので、1本分（約500ｇ）に減らし、少し持ち手の太いかごに変えた。しっかりと持ち手を握り、教室まで帰ってこれるようになってきた。 ・その他の活動の際にも、ペンを握って書いたり、袋を握って運んだりする姿が増えてきている。			
		記録者	岐阜　一郎	

実践①

図3　C：実践記録

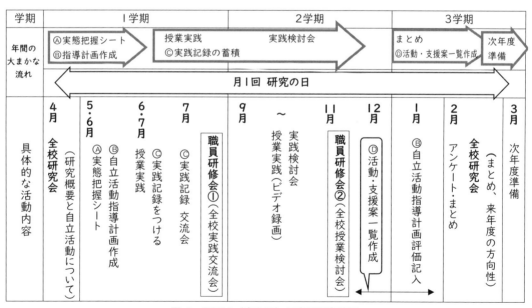

図4　2021（令和3）年度の研究計画

教育課程」という9グループに組織した。各グループの教員数は5〜8名で、一人一人が主体的に臨むことができ小回りの利く組織となった。

図4は、2021（令和3）年度の研究計画である。研究の2年目として、「A：実態把握シート」、「B：自立活動の指導計画」を基に、各研究グループで授業実践を進めた。実践は「C：実践記録」として蓄積するとともに、実践検討会の中でグループ毎に他の活動・支援案を考える活動を行った。

この研究活動を通して、職員一人一人が自立活動の視点から的確に児童生徒を捉える力を付けるとともに、それを踏まえて多様な学習指導を展開できる力を養いたいと考えた。

（1）1学期：実践の蓄積

1学期はそれぞれの研究グループで、「ABCシート」を用いた児童生徒の実態把握と実践に取り組んだ。その際、岡山県総合教育センター（2019）の「自立活動ハンドブック改訂版」を参考にしながら、書類の作成を目的とするのでなく作成のプロセスでの教員同士の学び合いを大切にして活動に取り組んだ。

具体的には、全てのグループが1実践以上に取り組み「ABCシート」を作成した。「ABCシート」が揃ったら、他のグループのシートを3つ見て、自分たちのグループに生かせそうな部分について話し合った。また、研究主任会のメンバーで全校に広めたい好事例を選び、夏季休業中の職員研修会で検討することにした。

（2）夏季休業中：実践の交流

夏季休業中には、1学期の実践を交流して好事例からシートの作成方法を学ぶ職員研修会①（全校実践交流会）を、公開講座として開催した。他の特別支援学校や地域の小学校、こども園からの参加者もあった。研究のアドバイザーを務める筆者（松本）が「ABCシート」作成のポイントと、研究主任会のメンバーが選んだ好事例のよかったところを解説した。表1は、作成のポイントとして特に強調した内容である。

当日は3事例について解説した。（個人が特定されかねないため本稿では具体的な事例は割愛することをご容赦いただきたい。）

研修後のアンケートで出された参加者からの感想の一部を表2で紹介する。

（3）2学期：実践の検討

2学期は、コロナ禍で授業参観や学部をまたいで教員が集まることが難しくても実施できるように、また児童生徒の実態から多様な学習活動を考えるトレーニングになるようにと考え、研究グループ同士ペアを組み、互いの実践を検討する機会を設定した。ペアとなったグループの実践のビデオを視聴して意見交換をし、更に「自分たちだったらこの児童生徒にどんな活動・支援を行うか」を考えて別案を提案する職員研修会を11月に行い、抽出事例2例に対して全校で意見を出し合った。

ここで、一つの事例の概要と教員たちから出された別案を紹介する。

担任団は対象児の実態や困難について「分からないときに言い出せず動きが止まってしまう」「細かい手指の操作が苦手である」「塗り絵では、同じ場所を塗り続ける」と捉え、その背景要因として「困ったときの伝え方が分からない」「手元に視線を向けるのが難しい」「どこま

表1　「ABCシート」作成のポイント

・「2　学習上・生活上の困難とその背景要因」では、「困難」と「背景要因」とが対応するように書くこと。背景要因を探ることで、支援のポイントが見えてくる。
・「選定した項目を関連付けた具体的な指導内容」では、「～できるように…する」という書き方にすると「目標」と「手立て」とがはっきりする。
・「目標・ねらい」は、評価の視点でもある。「授業後・支援後に見られた姿」は、「目標・ねらい」と照らし合わせて、児童生徒の具体的な姿で書きたい。その際、「できた／できなかった」だけでなく、「やろうとした姿」も評価したい。

表2　研修後のアンケートで出された参加者からの感想

・目標やねらいと実践のつながりについての考え方がとても参考になった。また自立や主体的に取り組むという観点からの自立活動やキャリアについての話は、生徒が自分の人生の主体として過ごしていくために授業を見直していこうと感じた。
・困難と背景要因が対応すること、困難→長期目標→短期目標がつながること、具体的に短期目標を設定すること。以上の3点についてしっかり見直そうと思った。どのようなステップで課題がクリアできて目標を達成していくのかを学年団でもう一度考えたい。情報共有や意見交換を活発に行っていきたい。
・「できないことができるようになった」で満足してしまうことがあったが、「自らやりたくなる」「やろうとする姿」を大切にする、育てていくことを今後意識していきたいと思います。教員自身が生徒に対してどのように取り組むかを明確にして2学期をスタートさせたいと思います。
・「できること」よりも「やりたくなること」を増やすことが、心に残った。児童の実態から6区分27項目で整理されている恵那特別支援学校の実践が大変勉強になった。その実態から長期・短期目標を関連付け、意図的・計画的に指導をつないでみえることが勉強になった。児童の実態をきめ細かく捉え、スモールステップの指導を考えることで、日常的に指導を継続できることが理解できた。「支援とは、一人でできるようにするもの」や「知識やスキルだけでなく個の内面の発達に目を向ける」を教えていただき、見方・考え方が広がった。

でできているのかを自分で確認することが難しい」のではないか、と考えた。また、対象児のよいところとして「役割のある活動には意欲的に取り組むことができる」ことを挙げ、「爪楊枝アートをしよう」という実践を考えた。

「爪楊枝アートをしよう」は、役割のある活動には意欲的に取り組むことができるという対象児の実態から、爪楊枝を使って学級全員で大きな作品を作る中で、指先の動きや報告などの教師とのやりとりをねらった活動である。爪楊枝を染色し、爪楊枝の本数を数え、デザインに沿って爪楊枝を発泡スチロール板に刺して作品を作る。対象児はこの中で、爪楊枝をジッパー付き袋に入れ、絵の具で染色する部分を担当し、困ったときやできたときは近くの教員に報告をすることとした。対象児は、絵の具が手についたりジッパー袋がうまく閉められなかったりして苦戦する様子もあったが、指先を使いながら自分の役割に意欲的に取り組むことができた。

この実践の ABC シートと実践ビデオを見たペアのグループからは図5のような別案が提案された。「手紙を書いて友達や先生に渡す」という国語科の活動で、手紙を書くことに加えて、手紙に添えるプレゼントづくりや手紙を渡しに行った先でのやりとりを盛り込んだ学習である。

実践の場	国語
単元活動名	おてがみをかこう
目標・ねらい	・相手に渡すことを楽しみに、手紙やプレゼントを作って渡す。 ・手元をよく見て、貼ったり折ったりする。 ・困ったことを伝えたり、渡す相手と言葉でやりとりしたりする。
自立活動の区分・項目	5(5)　　　6(2)
主な活動 支援内容 ・児童生徒の主な学習活動 ※支援・配慮事項	友達や手紙をあげたい先生に手紙やプレゼントを作って渡す。 ・字を書く。 ・スタンプを押したり切手を貼ったりする。 ・折り紙を作って貼る。 ・アイロンビーズやネックレスを作る。 ・渡しに行き、言葉でやりとりをする。 ※言葉で伝えたこと伝えられるように伝え方カードを用意する。 ※教師が先に作り方の手本を示す。 ※時間内で作ることができるものを設定する。
この活動を提案する理由：今回の実践と同じように、やったことが結果に残ると良いと考えました。また、文字を書く、スタンプを押す等様々な手指を使う活動を取り入れられ、友達や教師とのやりとりも設定できるのではないかと考えました。	

図5　ペアのグループから提案された別案

それ以外のグループからも、「大きな声を出すために、トランポリンをしながら『あいうえお』と言う活動」「シャボン玉などの肺活量が鍛えられる活動」「みんなで体験した思い出を絵に起こして爪楊枝アート」「ジッパー袋を小さくしたり、爪楊枝の出し入れにトングを使ったりしてステップアップさせていく」「日常生活に即した活動として、手元をよく見て掃除を行う」など多くの意見が出された（図6）。

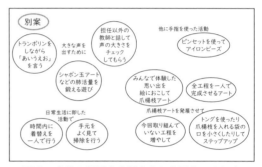

図6　全校の教員から提案された別案のまとめ

（4）3学期：活動・支援案一覧の作成

3学期には、研修主任会メンバーを中心に、1・2学期に行った実践や他グループから提案された別案を「活動・支援案一覧（実践集）」としてまとめた。今後、授業計画や指導に困った際に、多くの実践の中から参考になる事例を参照しやすいよう、実践と別案を自立活動の6区分毎に整理した。

（5）取組の成果と課題

年度末に教員に行ったアンケートでは、「みんなで意見交流をしながら考えることで、勉強になった」「自分の目線以外の見方があり参考になった」など、複数の教員で実態把握シートや指導計画を作成したことが有効であったとの回答が寄せられた。また、自立活動の項目に照

らして実態把握を行うことにより、児童生徒の課題を整理し、どこに弱さや強さがあるのか、その背景要因は何なのかに目を向け、指導計画立案や実践に生かそうとする姿が増えた。「もう少し自立活動で研究を続けたい」「今回は対象児のみにＡ・Ｂを作成したが、児童生徒全員分作ってみたい」という意見も挙げられ、教員の自立活動に関する意欲・意識の高まりも感じた。

一方、背景要因の捉え方や実態から計画立案や実践へつなげていくことに課題があるグループも多く「的確な」という点で課題が残った。また、今の評価を次の計画とつなげたり、将来の目指す姿に向かって目標や指導を立てたりする部分にも弱さを感じた。

そのため、自立活動の視点からの実態把握は引き続き行いながら、そこに将来を見据えた支援という視点を取り入れて研究を継続することとした。

4　2022（令和4）年度からの取組：児童生徒の将来を見据えて

2022（令和4）年度はこれまでの成果と課題を基に、「ABCシート」のうちＡとＢを用いた実態把握は継続し、新たに「段階シート（図7）」を用いた活動を計画し、取り組み始めたところである。

児童生徒の困難の一つを取り上げ、その困難についての現在の状況と目標、そして高等部卒業時の目指す姿を思い浮かべ、そのためにはどんな段階を踏むといいのか、どんな指導が考えられるかを研究グループ毎に考えていくグループワークを行う。

この活動を通して、教員みんなで児童生徒の将来の姿を思い浮かべ、よりよい将来に向かって目標や指導をスモールステップで組んでいく力が付けられるようにと願い、設定した。客観的指標としての段階表づくりでなく、みんなで児童生徒の将来を見据えるためのツールとして使用し、グループワークでの学び合いに取り組んでいる途中である。

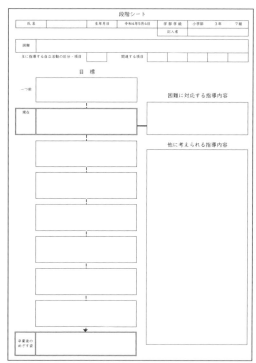

図7　段階シート

5　教員一人一人のスキルアップを目指して

自立活動は、個に応じて目標や活動を設定していくことから、特別支援教育に携わる教員の専門性が特に必要な領域で、その難しさを改めて感じた実践だった。しかし、実際にこのＡ・Ｂの実態把握シートや自立活動の個別の指導計画を書く中で、実態が整理されたり、実態を捉え切れていない部分が浮き彫りになったりする

ことも多くあり、話し合いをするだけでなく実際に文章にして書いてみることの大切さや、共通のツールを使用しながら複数の目で見ていくことの有効性を感じた。

本実践では、教員一人一人のスキルアップを目指して、全校職員が主体的に研究活動に取り組めるように工夫してきた。苦手意識をもたれがちな研究に、教員たちが前向きに取り組めるように研究主任として筆者（近藤）が意識してきたことを2点紹介する。

（1）教員全員参加型の研究

まず一つ目に、研究授業に向けた研究でなく、日常の延長の教員全員参加型の研究にすることである。

研究授業や指導案の作成は教員としてのスキルアップには必要不可欠ではあるが、どうしても腰が重くなりがちである。そこで、研究授業や指導案の作成を必須にせず、なるべく簡便で、日常に根差した取組にすることを意識した。また、その過程では学級担任や研究グループの代表者のみが考えるのでなく、付箋を使いながらグループみんなで意見を出し合ったり、グループを超えて意見交換したりする場を意図的に設け、一人一人が参加意識をもてるようにすると同時に、一部の教員に負担が偏らないように配慮した（図8）。

（2）目的意識のもてる研究

二つ目に目的意識をもてるようにすることで

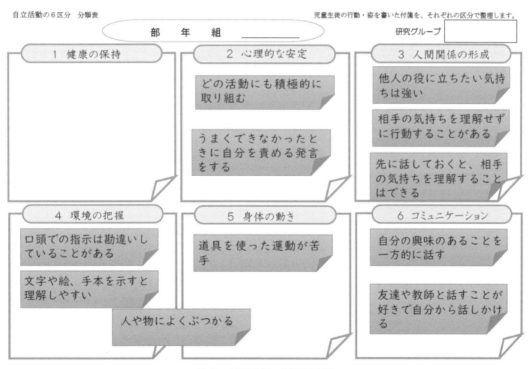

図8　付箋を使った事例検討

ある。取組の当初は「何をしたらいいのか分からない。」という教員や、みんなで話し合いをしながら書類を作ることに意義を見出せず「グループを代表して私が書いておきます。」という教員もいた。そこで、研究の取組の際には、その時その時の取組のねらいやその進め方を書面で各グループに伝えるようにした。

　その結果、年度末のアンケートでは、98%の教員が「研究の取組は普段の実践に役立った」と回答し、研究活動の負担度については20%程度の教員が「やや多い」と回答したものの、72%もの教員が「適正である」、残りの8%は「やや少ない」と回答した。このことから、多くの教員が過度な負担を感じることなく、普段の実践に役立つ研究を実施できたのではないかと考える。

6　自立活動とキャリア発達支援

　ここで自立活動とキャリア発達支援について、本実践を通して考えたい。

　自立活動とは「個々の障害による学習上又は生活上の困難を改善・克服するための指導領域」であるが、キャリア発達支援では「得意なことを生かしながら、集団における役割を通して、自己有用感や自己肯定感を培うこと」を大切にしている。

　こう述べると自立活動とキャリア発達支援とで目指すところと視点が違う感じもするが、「強みを生かして、必要最小限の支援を受けながら困難さを乗り越える、あるいはうまく付き合っていく」と捉え、「困難はあっても、それに対応したり対処したりできる姿を目指す」と考えれば方向性は同じと考えられるのではないだろうか。

　特別支援学校学習指導要領解説（自立活動編）の「第7章　自立活動の個別の指導計画の作成と内容の取扱い」「2　個別の指導計画の作成手順」「（3）具体的な指導内容の設定」に、「具体的な指導内容を設定する際には以下の点を考慮すること。」として6点挙げられている。

> ア　児童又は生徒が，興味をもって主体的に取り組み，成就感を味わうとともに自己を肯定的に捉えることができるような指導内容を取り上げること。
> イ　児童又は生徒が，障害による学習上又は生活上の困難を改善・克服しようとする意欲を高めることができるような指導内容を重点的に取り上げること。
> ウ　個々の児童又は生徒が，発達の遅れている側面を補うために，発達の進んでいる側面を更に伸ばすような指導内容を取り上げること。
> エ　個々の児童又は生徒が，活動しやすいように自ら環境を整えたり，必要に応じて周囲の人に支援を求めたりすることができるような指導内容も計画的に取り上げること。
> オ　個々の児童又は生徒に対し，自己選択・自己決定する機会を設けることによって，思考・判断・表現する力を高めることができるような指導内容を取り上げること。
> カ　個々の児童又は生徒が，自立活動における学習の意味を将来の自立や社会参加に必要な資質・能力との関係において理解し，取り組めるような指導内容を取り上げること。

　自立活動は「困難」「改善・克服」に注目しがちであるが、こうして見ると「主体的に」「自

己を肯定的に捉えることができるような」「意欲を高めることができるような」「発達の進んでいる側面を更に伸ばすような」など、ポジティブな表現で記されていることが分かる。

その中でも、「ア」には、

> 児童生徒においては，自立活動の学習に取り組む自分について振り返る機会を適宜設定して，がんばっている自分を確認したり，過去と比較して成長していることを実感できるようにしたりすることが考えられる。
> また，児童生徒の意見を取り入れながら自立活動の学習課題を設定することも，障害に対する認識や自分の得意な面及び不得意な面などに対する認識を促すことになり，自己を肯定的に捉える感情を高めることにつながる。

と記され、そして「カ」には、

> 自立活動での学習が，将来の自立や社会参加にどのように結び付いていくのか，児童生徒が自らその関係を理解して，学習に取り組むことができるように指導内容を取り上げていくことが必要である。

と記されている。これらはまさにキャリア発達支援で大切にしていることであり、自立活動とキャリア発達支援とは同じ方向性をもっていると考えられる。

本実践のように、困難の克服に着目するのでなく可能性を引き出すことに着目しながら自立活動の6区分の観点で実態を捉え、そこから見えてきた得意なことを生かしていくという考え方で、日々の教育実践に向かっていきたい。なお、目標設定に当たっては、単年度で完結する目標に終始せず「課題に立ち向かう姿勢を育成する」という長期的な視点で捉えることにも留意したい。

7 おわりに

本実践では、教員にとって負担が少なく取り組みやすい研究活動を設定し、ねらいや取り組み方について分かりやすく提示することを心掛けてきた。その中で研究活動に対する抵抗感は減り、大きな負担なく取り組める教員が増えているように感じる。一方で、ある種マニュアルに沿って取り組むような姿も見られる。取り組みやすさを重視することで学校全体としての底上げができつつあるが、今後は教員たちにとっての「対話的で深い学び」を目指していく必要性を感じている。

本実践は、まだ児童生徒の目立った変容や自立活動の授業の改革など大きな成果には結び付いておらず、現在も継続中である。しかし、この研究を通じて教員の意識が少しずつ変わってきていることをアンケート結果や研究活動に取り組む姿勢などから感じる。この取組が教員自身のキャリア発達の一助となり、児童生徒へと還元されていくよう今後も引き続き取り組んでいきたい。

文献
文部科学省（2018）特別支援学校教育要領・学習指導要領解説　自立活動編.
岡山県総合教育センター（2019）自立活動ハンドブック改訂版.
　https://www.pref.okayama.jp/page/683413.html
　（2022年10月21日閲覧）
山梨県教育委員会特別支援教育・児童生徒支援課（2022）個別の指導計画（自立活動・各教科用）.
　https://www.pref.yamanashi.jp/tokushi-jiseishien/tokubetsushienkobetusidoukekakujiritu.html
　（2022年8月31日閲覧）

投稿論文 2

附属特別支援学校と地域の特別支援学校等との協働・共創へ　～体験型教員研修と授業づくり研修会の取組から～

岡山大学教育学部附属特別支援学校副校長　金島　一顯

1　はじめに

（1）附属学校の役割

　岡山大学教育学部附属特別支援学校（以下、本校）は、家庭や地域と連携し、児童生徒の自立と社会参加の実現に必要な力を育成するために、日々の教育実践を改善しながら、より質の高い教育を目指している。それに加えて、附属学校に求められている教員研修の「地域の拠点」としての役割を果たすための取組を進めている。現在、その取組の中核となっているのが、体験型教員研修と授業づくり研修会である。この二つは、本校教員と地域の現職教員との学び合いの場として位置づけている。

（2）これまでの本校の教員研修の取組

　本校は、昭和25年4月、岡山大学教育学部附属小学校に新設された特別支援学級が始まりであり、その後、昭和40年に附属養護学校となり、昭和43年に現在の地に校舎が完成し、平成19年に「岡山大学教育学部附属特別支援学校」に校名変更し、今に至っている。

　昭和40年11月に第1回研究発表会を開催し、以来、毎年研究発表会を開催して授業公開をしたり、研究成果の発表をしたりしている。また、昭和46年から2～3年ごとに研究の成果を研究紀要としてまとめ、公表してきた。

　その他にも、県の総合教育センターや地域の学校等の講師として、授業づくりや自立活動等に関する情報提供や指導助言の役割を担ってきた。

　しかしながら、これらの取組は、情報に関する質疑応答はあるものの、本校からの情報提供の意味合いが強かった。

　そこで、実践を基に地域の現職教員との学び合いをするために、平成15年の研究発表会から、ポスター発表をプログラムの中に取り入れ、本校教員のみならず、県内特別支援学校の教員や小・中学校の特別支援学級や通級による指導の指導者等の取組を体育館のフロアで10数校発表していた。本校の教員も含め地域の特別支援に関わる教員の意見交換の場を設定し、活発なディスカッションによる協働的な学びを実践することができるようになった。コロナ禍で対面による対話ができにくく、一時中断していたが、本年度の研究発表会から再開する予定である。

（3）協働から共創へ

　これまでの本校と地域の学校の関係は、「附属学校から地域の学校へ情報提供する関係」から「附属学校と地域の学校が交互に主体となり、対話を通してお互いの目的の達成を図る関係」へと移行している段階である。今後は、「各学校の目的達成のみならず、附属学校と地域の学

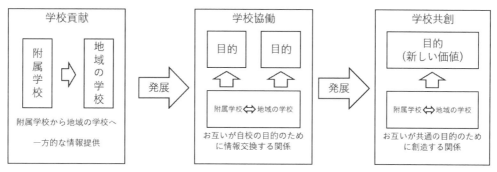

図1　附属学校と地域の学校との関係性

（若松、檜山（2021）地域との協働、そして共創へ、キャリア発達支援研究会（編）、キャリア発達支援研究8、P144を基に作成）

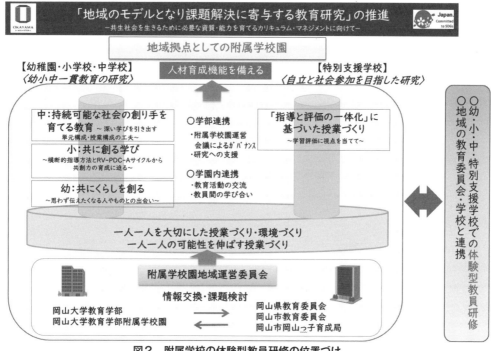

図2　附属学校の体験型教員研修の位置づけ

校が同じ目的に向かって対話し、共通の新しい価値を創造していくことのできる関係」にしていきたいと考えている（図1）。

2　体験型教員研修

（1）目的と実施までの経緯

　本校における体験型教員研修は、平成30年度より、他校の教員が本校の授業等、日常の教育活動等を参観・体験するとともに、授業者との意見交換等を行うことにより、参加する教員並びに本校教員の特別支援教育の専門性向上を図ることを目的に実施されている。昨年度、正式に附属学校園として、岡山県・岡山市教育委員会との連携事業として位置づけられた（図2）。

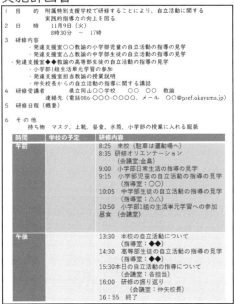

図3　申込書と実施計画書

年度内で１日もしくは連続・不連続の２日〜３日程度の研修とし、受講者が申込書に記入し、所属長を通して附属学校に申し込んだ後に、受講者と附属学校担当者で調整して実施日や実施内容を決定する。さらに、附属学校が実施計画書を作成し、双方の学校長が決定して実施する流れである（図３）。実施内容については、教科等別の指導（国語、算数（数学）、音楽、体育、図工、自立活動等）や、教科等を合わせた指導（日常生活の指導、遊びの指導、生活単元学習、作業学習等）の授業への参加や授業参観、授業者や大学教員（校長）との懇談のみならず、自立活動検討会、研究班会等について対応できるようにしている。

また受講者は、特別支援学校の教員だけでなく、特別支援学級の教員も対象としている。本

校の体験型教員研修の基本的な対応の流れを図４に示す。

（２）ケース１「自立活動」

本校は、県内では唯一の自立活動専任教員４名を配置した発達支援室を設けている。コミュニケーション、人間関係の形成、心理的な安定等に関する個々の課題について、個別の指導が有効であると思われる児童生徒を対象とし、原則として、週２回50分程度の個別指導を行っている。毎年、18名前後の児童生徒に対し、県内の知的障害特別支援学校では唯一、時間における指導を継続的に行っている。

本研修に参加した県内特別支援学校のA教諭は、事前に知的障害教育における自立活動の個別の指導計画の立て方や検討会の持ち方、自

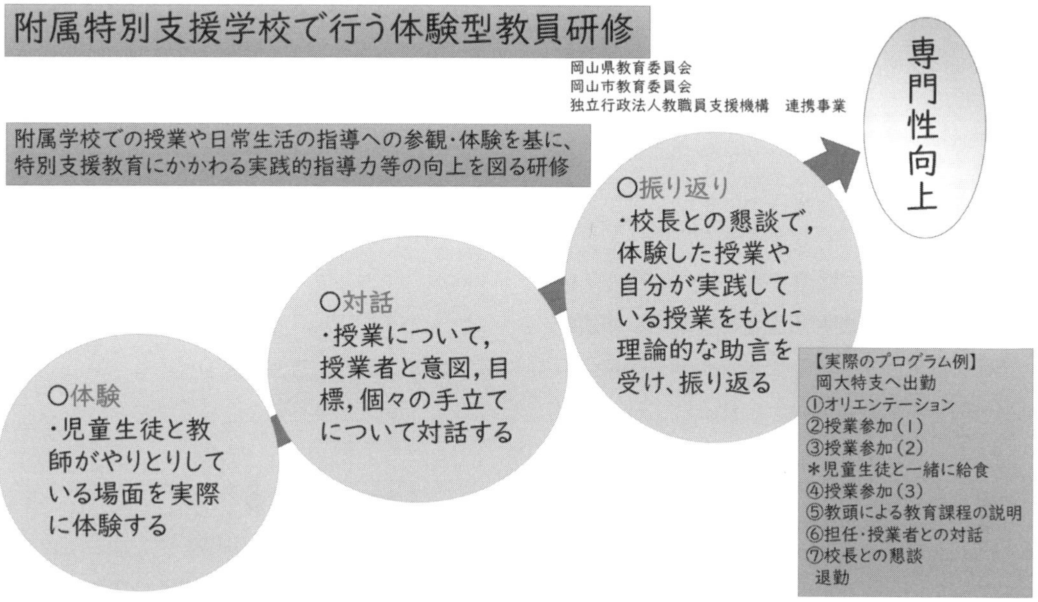

図4　体験型教員研修の当日の流れ

立活動の時間における指導と各教科等の指導との関連等、研修目的を明確に持って参加した。A教諭は、実際に4名の自立活動の時間における個別指導を参観した。対象が小学部の児童については、個別指導後、自立活動担当教員と担任がどのような情報交換をするのか、対象児童は学級の指導場面と自立活動の指導場面とではどのような違いがあるのかを観察することができ、学級担任とも積極的に意見交換をしていた。

　大学教員（校長）との振り返りの中では、現任校の単一障害と知的障害の自立活動の指導や検討会の持ち方等の違いを踏まえ、自立活動の目標や意義、在り方等の本質的な課題に言及し、自らの課題と改善の方向性等を言語化していた。

（3）ケース2「教科等を合わせた指導」

　独立行政法人国立特別支援教育総合研究所資料（2021）によると、観点別学習状況の評価で最も課題と感じていることとして、「教科等を合わせた指導」と「重度知的障害のある児童生徒への客観的な評価」があげられている。重度知的障害のある児童生徒の教科等を合わせた指導をどのように実践し、評価しているのかというニーズを持って、4名の特別支援学校教員が参加した。小学部の生活単元学習と日常生活の指導、中学部の生活単元学習、高等部の作業学習の授業に参加し、児童生徒と同じ学習活動に取り組んだ。生活単元学習や作業学習では、学習課題にどのように取り組むかについて生徒から教えてもらい、共に学び合う姿が見られた。生徒と共に活動する中で、生徒がどのように思考し、判断して学習課題に取り組んでいるのかを体感していた。また、授業の中の振り返り場面では、生徒と対話し、お互いの良かった点を発表し合うとともに、生徒は自己課題を発表し

ていた。授業後には、授業者とどのように課題
解決場面を設定し、生徒の思考・判断・表現す
る姿を読み取っていくのかについて、意見交換
をしていた。

　副校長との振り返りの中では、教科等を合わ
せた指導の評価には、授業の学習活動に関する
「活動系の評価」と関連する「教科の視点での
評価」の2つ評価があることを説明し、重度知
的障害のある児童生徒の思考・判断・表現の評
価について意見交換をした。観点別学習状況の
評価には、主体的・対話的で深い学びに迫る授
業づくりが重要になること等、今後の課題と改
善の方向性等を言語化し、参加者で共有するこ
とができた。

（4）体験型教員研修による教員の学び

　参加した教員からは、「あらかじめ授業構想
を伺ってから、本校の教育活動に実際に参加す
ることで、通常の授業では気付けない子どもの
声や表情、教師の配慮等を体験することができ
た」「授業中に授業者に意図を確かめたり、授
業後に授業者と振り返りをしたりすることによ
り、授業者の意図や考えを直接リアルタイムに
確かめたり、意見交換したりすることができ
た」「大学教員（校長）との放課後の懇談により、
その日の体験を言語化して、意味付けや価値付
けができ、自らの課題を整理し、今後の実践に
具体的にどのように生かすのかという方向性を
言語化することができた」という言葉を聞くこ
とができた。

　体験型教員研修において参加者は、経験と対
話によって、自分が自校で取り組んでいる実
践と附属特別支援学校の実践との違いに気付

き、ミドルリーダーとして学校に貢献する自分
の取組を整理し、課題を明確にしていた。さら
に、本校教員との振り返りによって、日々追わ
れている実践を言語化し、意味付けたり、価値
付けたりすることにより、授業づくりの楽しさ
や学校生活の活力を得ることができたと語って
いた。また、参加者だけでなく、本校の教員に
とっても、自分の実践を言語化し、他校の実践
と対比することで、実践の見直しや新しい取組
のきっかけになる機会を得ていた。

3　授業づくり研修会
（1）目的と実施までの経緯

　平成27年度より「授業づくり研修会」を始
めており、年間10回程度、土曜日の午前中に
実施している。本研修も独立行政法人教職員支
援機構岡山大学センターとの連携事業として位
置づけられている。研修では、教員個々の様々
なニーズに対応するため、毎年、現在話題となっ
ているテーマ（ICT活用等）や特別支援教育で
多く実践されている様々なテーマ、現在課題と
なっているテーマなど、様々な視点から検討し
てテーマを設定し、本校の教員や大学の教員が
テーマに沿って話題を提供し、それをもとに協
議や情報交換を行っている。音楽や美術、体育
などがテーマの時には、実技を含めた研修とな
る場合もある。また、夏期休業中は、岡山大学
教育学部特別支援教育講座と連携し、岡山市内
の学校にも広報し、特別支援教育のセンター的
機能の一つとして、公開講座を兼ねて実施して
いる。

　研修案内は、県内全特別支援学校にメール配
信し、各校の研修担当を通じて全教職員に情報

共有できるようにしている。そして、研修会に意欲的に参加している教員については、独立行政法人教職員支援機構岡山大学センターから修了証を発行することとした。その情報を各校と共有し、次世代の人材育成とリンクできるようにしている。

また、登録制も取り入れており、現在、県内外の約50名が授業づくりメンバーとして登録されている。メンバーに対しては、毎回個別に研修案内を送付している。研修案内や研修の様子については、本校Facebookで毎回配信し、広報をしている。

今年度の第1回は、ミドルリーダーを対象として、「『授業づくり』と『学習評価』について考えよう」をテーマにして、本校の今までの取組を提案し、協議を通して、教員の特別支援教

育の専門性の向上を図ることを目的に実施した（図5）。

（2）ケース1　ミドルリーダーを対象とした研修

県内の県立特別支援学校全14校は、本年度、授業づくりと学習評価をテーマとして研究に取り組み、公開授業を行うこととなった。本校では、平成29年度～令和元年度まで「『主体的・対話的で深い学び』を目指した授業づくり」、令和2年度～本年度までは「知的障害教育における『指導と評価の一体化』に基づいた個が生きる授業づくり‐学習評価に焦点を当てて‐」をテーマとして取り組んでいる。

そこで、本年度の第1回は、例年は実施していない4月に「授業づくりと学習評価に取り組

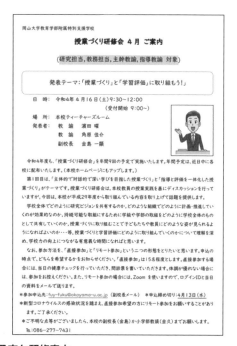

図5　授業づくり研修会の年間予定と研修案内

もう」をテーマとして設定し、研修案内には、「研究担当、教務担当、主幹教諭、指導教諭」と対象者を明記して対象を限定し、当日は、来校参加とZoom参加を併用したハイブリッド研修として実施した（図５）。県内特別支援学校10校から全43名の教員が参加し、本校が取り組んでいる研究の進め方や研究の成果等について情報提供し、それを踏まえて意見交換が行われた。各校のミドルリーダーを中心に、学校全体の研究ビジョンの共有の仕方、研究計画・推進の仕方、持続可能な全校的な取組にするための提案と共有の仕方、学校全体で取り組む実践研究の取組等、各の学校の立場を共有しながら意見交換が行われた。実践研究は、仮説検証ではなく、仮説生成の取組が重要となることや子どもの学びの多い授業づくりに取り組むことが観点別の学習評価につながること等、参加者にとって気づきの多い研修会となった。

（3）ケース２　討論の深まりを求める研修

　昨年度までの授業づくり研修会では、毎回、研修内容によって異なる教員が参加するとともに、発表後の意見交換では、自らの課題と関連付けた質問や意見が出されるなど、教員個々のニーズに対応した研修が行われた。一方で、感想等を聞くだけで、テーマに関わる討論が深まらないという課題も残された。また、コロナ禍のため完全Zoom参加になったり、来校参加とZoom参加を併用したハイブリッド研修として開催したりすることが続いていた。

　キャリア発達支援研究会の中国・四国支部＋九州支部では、定期的に行っている実践交流会において、Googleジャムボードを使ったグループ協議を積み重ねてきた。Googleジャムボードは、対面会議で用いられる普通のホワイトボードのように、参加者全員が同じ画面を共有しながらリアルタイムで書き込めるため、オンラインでありながら対面と同等の環境でディスカッションを進めることができる。

　本校の研修会においても、実践交流会での学びを生かし、①討議の柱となる内容をあらかじめフレームに設定しておく、②事前に配付資料と共にフレームの様式を配布し、当日活用するGoogleジャムボードのURLも知らせておく（事前入力も可能にしておく）、③初めて活用する方のための説明資料も添付し送付しておく、④フレームには参加人数を踏まえて適切なグループ分けをしておくという手順により実施した。

　本校では初めての試みであったため、Googleジャムボードの付箋への書き込みは、発表の休憩時間を利用して記入するようにした。当日は短時間ではあったが、大変多くの付箋への書き込みがあった。その中から気になる付箋を取り上げて、話題提供者が説明したり、解説したりしていく形となったが、参加型の研修となり、参加者には好評であった。付箋に書き出し個々の考え等を視覚化していくことで、参加者がどのような気づきや学びを得ているのか、実践に対してどのような意見を持っているのかを知ることができた。しかし、書き記された付箋を時間内に処理することができなかったため、研修会終了後に文字を大きくして見やすく整理して参加者に送付し、研修会の振り返りとして活用していただいた。Googleジャムボードを活用する利点は、視覚可能な点である。

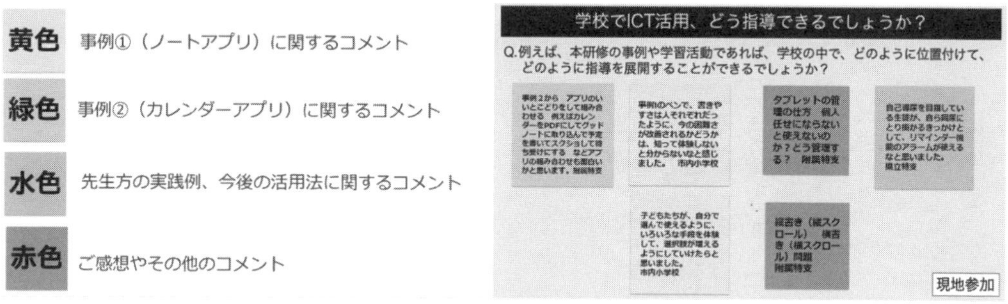

図6　Google ジャムボードの活用

言語化のみならず、視覚化することで、対面していなくてもお互いの思いを知り、対話へと展開することができる。今後、このような形の研修を重ねることにより、発表を聞きながら、各自が Google ジャムボードの付箋に気づきや質問、意見等を入力し、より多くの情報が書き残され、集まるようになると考えられる。フレームに書き記された付箋をもとに、ディスカッションを行うことになるが、討論を深めるためには、発表者と運営者で討議の柱に関する事前の想定が必要になると考えられる。そのためにも、図6のように記載内容が分かりやすいように視覚化したり、図7のようなグラフィック・レコーディングを提示したりして、より深まる

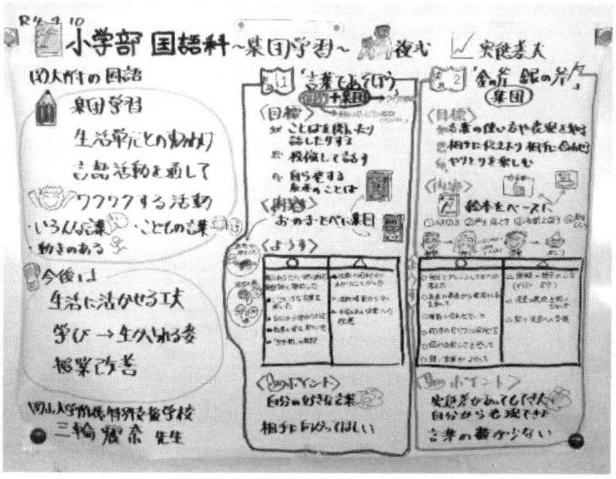

図7　グラフィック・レコーディング

討論に向けて検討を重ねていきたい。

4　今後の展望

体験型教員研修と授業づくり研修会を実施するには、他校の教員が参加可能な教育実践が本校で実践されていること、本校の教員が自らの実践を発表し、開設することが可能となっていることが前提となる。本校の教員一人一人が、自らの実践を基にしながら共に学び合うこと、学び続けることの意味を理解し、学び合う喜びを実感できること、そのような教員組織づくりが不可欠となる。

令和4年7月に文部科学省から「教育職員免許法施行規則の一部を改正する省令の公布及び特別支援学校教諭免許状コアカリキュラムの策定等について（通知）」が示され、特別支援教育の専門性の向上を図るための一つに、「教育職員免許法体系に、特別支援学校学習指導要領等を根拠にした知的障害者である子供に対する教育を行う特別支援学校の各教科等、自立活動、重複障害者等に関する教育課程の取扱いや発達障害を位置付けること」が提言された。

本校は、自立活動専任教員4名を配置した発達支援室を設け、すべての児童生徒の自立活動

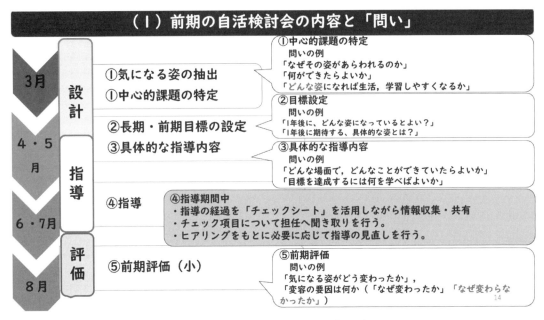

図8　自立活動検討会の内容と「問い」

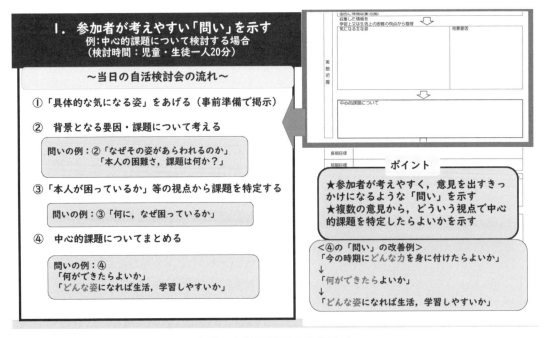

図9　自立活動検討会の「問い」

に対して丁寧に継続的に取り組んできている学校である。今後、「各学校の目的達成のみならず、附属学校と地域の学校が同じ目的に向かって対話し、共通の新しい価値を創造していくことのできる関係」にしていくための一つの柱として、自立活動を位置づけていきたいと考えている。岡山県では、岡山県総合教育センターが作成した自立活動ハンドブック等を参考にして、児童生徒の自立活動シートを作成し、実践を行っている。しかしながら、自立活動の目標設定や指導内容を検討するための自立活動シートは整っているものの、そのシートを効果的に活用するための運用方法が課題となっている。附属学校と地域の学校が自立活動の検討という共通の目的に向かって対話し、共通の新しい価値を創造していくためには、共通の課題を解決するための課題意識の共有や具体的な解決方法・計画の共有、そして対話を深める具体的な「問い」の共有等が必要であると考え、その準備を進めている（図8、図9）。

5　おわりに

　現職教員を対象とした各研修は、参加者全体に同一の内容で実施される場合が多く、受講者によっては本人のニーズに則していない場合もある。また、教育現場の活動に参加して実施される研修は少なく、理論と実践を結びつける作業は参加者に委ねられることが多く、研修が参加者の課題解決につながりにくい課題を有している。現職教員には、一人一人のニーズに即した研修、即ち、自らの課題を把握・整理し、その改善策を検討し、新たな取組へとつながっていく研修が必要と考えられる。このことを踏まえ、①教員個々のニーズに対応する、②自己の実践を振り返り、課題の明確化と今後の検討、改善につながる、③地域の学校の教員と本校の教員が相互に学び合える等、対話を大切にした体験型教員研修と授業づくり研修会を今後とも継続し、発展させていきたい。

引用・参考文献

独立行政法人国立特別支援教育総合研究所　坂本征之（2021）令和3年度情報交換資料全国まとめ（Ⅳ　学習評価・各教科等を合わせた指導について），全国特別支援学校知的障害教育校長会第3回代表者研究協議会資料.

若松亮太, 檜山祥芳（2021）地域との協働, そして共創へ, キャリア発達支援研究8, ジアース教育新社.

文部科学省（2022）教育職員免許法施行規則の一部を改正する省令の公布及び特別支援学校教諭免許状コアカリキュラムの策定等について（通知）

キャリア発達支援研究会の中国・四国支部＋九州支部実践交流会資料（2022）.

岡山県総合教育センター（2019）自立活動ハンドブック - 知的障害のある児童生徒の指導のために -Ver.2

実践報告

1

地域と共に社会の変化を生み出す
～「障害者の仕事図鑑」の取組～

広島県立三原特別支援学校教諭　中塔　大輔

　本校では、令和２年度から「共創」をテーマに教育活動を展開している。「共創」を「地域と協働して、共に新しい価値を生み出すこと」と定義し、目標設定の段階から地域と連携し取組を展開することを重視して、授業づくりを行ってきた。

　本稿では、高等部第３学年「総合的な探究の時間」において、地域と共に地域の課題を解決する「障害者の仕事図鑑」を作成した。地域のステークホルダー（地域の協力関係にある方）を巻き込みながら作成した取組について紹介する。

◆キーワード◆　探究サイクル、自己の生き方、共創

1　はじめに

　学習指導要領改訂に伴い、「総合的な学習の時間」から「総合的な探究の時間」に変わり、教育内容の再編が求められた。本校でも令和元年度に教職員全員が参画し、カリキュラムマネジメントを行い、「総合的な探究の時間」についても系統的な視点で教育内容を検討した。

　本校では、「探究サイクル」（「課題の設定」「情報の収集」「整理・分析」「まとめ・表現」）を通して地域課題に取り組むことで、生徒が①「探究サイクル」により、「学び方」を学ぶことで、より良く課題を発見し、解決していくための資質・能力を身に付けること、②多様な生き方や働き方に触れ、モデルとなる人との出会いにより、職業人・社会人として必要な資質・能力を高めることを目標に設定した。

2　探究における生徒の学習
（1）課題設定

　生徒は、障害者の雇用について学習する中で、障害者の雇用者数や広島県特別支援学校高等部卒業者の就職率は増加しているにもかかわらず、新規で障害者雇用している企業数は増えていないことに気づいた。そこで「地域の人々は障害者のことをどう思っているのか」という疑問をもち、学校運営協議会委員（広島県中小企業家同友会三原支部（以下、同友会）、三原市役所社会福祉課）へのインタビューを通して、「障害者のことについて地域にはよく知られていない」という事実を知った。

　生徒はこの事実を課題として設定し、「障害者の現状がよく理解されていない」という課題を解決するために、「自分たちで冊子を作成し、地域へ広く発信すれば、障害者のことをもっと知ってもらえるのではないだろうか」と仮説を立てた。さらに、障害者の働き方や障害者雇用を行っている企業を取り上げ紹介することで、障害者の「働くこと」に関する理解が広がるだろうと考え、「障害者の仕事図鑑」を作成することにした。

①　インタビュー調査の対象者

三原市内の企業を中心に7社（（株）金光組、イオンリテール（株）イオン三原店、倉橋匠栄堂、スワンベーカリー、（有）モリタ美研、よがんす白竜、（株）チャレンジドパーソン）に協力していただき、情報収集を行った。

また、生徒が、信頼、安心できるという理由から直接インタビューする方法を選択した。

インタビュー調査の対象は、協力企業で働いている当事者で、「働くということ」、「仕事のやりがい」、「困りごとへの対処」等についてインタビューを実施した。

また、協力企業の雇用主や対象者の上司には、「採用の経緯」、「雇用の難しさ」、「雇用したことでの企業の変化」等について同様にインタビュー調査を実施した。

（2）インタビュー調査からの情報の収集
① 質問項目の検討について

生徒が、インタビュー調査の質問内容を考え、どのような質問をすれば良いかを悩み、苦労している様子が見られた。質問内容を検討する際には、付箋を使って意見を出し合い、一人一人が考えた質問内容を付箋に書き出し、グルーピングし、重要だと考えた質問項目を4段階に設定し振り分けた。付箋を活用したフレームワークを活用することで、一人一人の意見を大切にするとともに生徒たちの思考が深まり、全員が参画して質問内容を決めることができた（図1）。

インタビュー後の結果から、生徒は新たに疑問をもつようになり、1回のインタビューですべてを聞き取ることはできないことに気づいた。

そこでウェビングマップの手法を取り入れ、思考を整理しながら、何を明らかにすればよいか、最も重要な問いは何かを考えた（図2）。

図1　付箋を活用したフレームワーク

図2　答えから思考を広げている様子

その結果、1回目のインタビューで当事者に「仕事をして困ったことはないか」という質問に対する回答から、「困ったことをどのように改善したのか」、「その時雇用主や上司は何を思い、どのようにサポートしたのか」と思考を広げていくことができた。さらに疑問をもち、追加インタビューや事前インタビューを実施した。また、質問に対する回答の真意に迫る過程で、生徒が相手の答えた内容からその場で質問を新たに組み立てインタビューしている場面もあった。

上司の方への質問には、「今まで障害者との関わり方で難しかったり、悩んだりしたことは何ですか」という質問の回答から、その後の対応について疑問をもち、その場で「そのことをどのように対応していきましたか」など、さらに質問を繰り返すことで、表面的なことだけでなく、本質的な課題に迫るインタビューとなった。

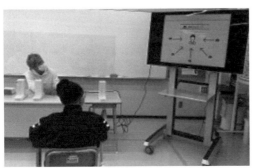

図3　デザイン事務所の方を招いた授業

② インタビューの工夫について

　インタビューは、インタビュアー・記録・撮影係と役割を分担して行い、図鑑に載せる写真も生徒が撮影した。どのように撮影すればよいか学ぶために、デザイン事務所の方を講師として招き、指導していただいた（図3）。ただ写真を撮るのではなく、カメラの角度やメインを何にするかで撮り方が違うことを学習した。今まで正面から複数枚写真を撮り続けていた生徒が、人の位置をずらして背景を考えたり、下からや上からカメラを構え、角度を変えて写真を撮ったりすることで、日毎に写真の撮り方を工夫し上達していく様子がうかがえた。図鑑を見る人に何を伝えたいのか、また、どのような場面を伝えたいのかを考え、撮影する際に目的意識をもつことの大切さを学んだ。

（3）インタビュー調査の結果の整理分析

　生徒が、インタビュー調査の内容について整理した。インタビュー内容について文字を起こ

図4　文字起こしをしている様子

し、写真の選定、図鑑に掲載する内容の精選を生徒自身が行い、内容を比較・分類した。

　生徒が最も苦労したことは、ボイスメモに記録したインタビュー内容を文字に起こす作業であった（図4）。

　正確な情報を伝えるために、聞き逃しや文字の聞き間違い、変換ミス等がないようにすることを意識し、コツコツと辛抱強く取り組んだ。そして、必要になる情報を処理し具体化するために、「自分自身に関すること」、「他者や社会との関わりに関すること」に整理・分類した。また、同じような質問内容や回答については、教師側から共通性について気づきを促しながら整理することで、質問内容と回答を関連付けながらまとめることができた。このような経験から、生徒は物事を多角的に捉え、考えることができるようになったと考える。質問内容を整理した後は、インタビュー内容から感想を書き出

図5　「障害者の仕事図鑑」の内容

し、インタビューした一人一人のキャッチフレーズを考えた（図5）。

（4）図鑑づくりを通した「まとめ・表現」

探究サイクルの習得については、「課題設定」「情報収集」「整理分析」「まとめ・表現」のそれぞれの過程を通して学んだことをまとめた。

「情報収集」ではインターネットとインタビューの手法の違いについて、「インターネットは早くて便利であるが、情報量が多く正確な情報を得るためにはインタビューが有効であった」とまとめた。「まとめ・表現」では、「図鑑を作成し配布するだけでは、すべて解決することはできないが、きっかけをつくることはできた。これで終わりではなく、これから卒業して働く自分自身がどのように取り組んでいくかが大切である」とまとめた。図鑑を作成する過程で、正解のない問題を模索しながら取り組むことで、図鑑を作成するだけに終わらず、さらに主体的に課題と向き合おうとする姿を見とることができた（図6）。

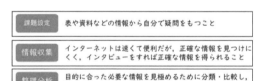

課題設定	表や資料などの情報から自分で疑問をもつこと
情報収集	インターネットは速くて便利だが、正確な情報を見つけにくく、インタビューをすれば正確な情報を得られること
整理分析	目的に合った必要な情報を見極めるために分類・比較し、関連づけること
まとめ・表現	障害者を知ってもらうきっかけをつくることができたが、これで終わりではなく、その後の自分自身の取組が大切

図6　生徒による探究サイクルのまとめ

まとめを発表する際には、三原テレビ放送株式会社の方を講師として招き、プレゼン方法について指導していただいた。プレゼンする際に必要なこととして、「相手の何を変えたいのか」を設定し、「障害者の仕事図鑑」を作成することで「どんな良い未来があるのか」を説明することの大切さを学んだ。生徒は改めて課題設定した内容を振り返り、何のために図鑑を作成しているのか振り返った。そして、この「障害者の仕事図鑑」を発信することで、「障害をもっていない人でも、もっている人でも働きやすい社会、障害のある人も安心して仕事ができる社会になり、誰もがより安心して同じ環境で働ける未来にしたい」とまとめた。

2月中旬には高等部保護者と高等部第1・2学年にオンラインでの会議システムを使用して、成果発表会を行った。発表会に参加していただいた同友会から「このメッセージは今後も記録にも記憶にも残るようにして、『今度は企業側の番です』、という形で地域社会に出していきたいくらいです。このメンバーで見るのが非常にもったいなく感じました。先生方のご苦労もあったかと思いますが、生徒の成長を感じられるとても良い授業を拝見しました」という言葉をいただいた。私自身、取り組んできたことが、企業に対して強いメッセージとなり、生徒の学びを感じていただく機会とするとともに生徒のキャリア発達を促す取組であったと感じることができた。

さらに2月下旬には岡田義弘三原市長に「障害者の仕事図鑑」贈呈式をオンラインでの会議システムを使用して行った（図7）。取組に携わった関係者全員が参加し、それぞれから取組に対する言葉をいただいた（表1）。

図7　「障害者の仕事図鑑」贈呈式の様子

3　共創

「障害者の仕事図鑑」作成は、校内だけでは完結できない取組であり、地域との協働が不可

表1　「障害者の仕事図鑑」贈呈式に出席した関係者の声

【広島県中小企業家同友会三原支部】
　「障害者の仕事図鑑」を発信することで、地域社会に対し、社会人として育っていく歩みを一緒に後押ししていく仲間として賛同し、この取組に参画し、広げていきたいと考えています。

【デザイン事務所ノアカノ】
　授業をさせていただき、生徒の皆さんがしっかり聞き実践してくれたので、とても中身の濃い、見応えのある冊子（図鑑）になったのではないでしょうか。冊子（図鑑）が完成し、障害への理解が深まるものになっているので、たくさんの方に見ていただきたいと思います。
　冊子（図鑑）を作るということも仕事の一つであり、生徒の皆さんには楽しんで仕事を体験してもらったのではないかと思っています。

【三原テレビ放送株式会社】
　プレゼンが素晴らしくて、感動しました。問題提起もしっかりしているし、それを解消するために冊子（図鑑）を作るアプローチや、冊子（図鑑）を作ることで誰もが障害の有無にかかわらず働ける社会を作りたいというところまで、プロセスも素晴らしいし、今までにない取組で、すごくいいなと思いました。携わらせてもらって本当に楽しかったです。ありがとうございました。

【三原市長】
　本当に様々な工夫、様々な努力、様々なチャレンジが伝わってきました。質問の仕方一つとっても奥が深い工夫があるわけで、そういった皆さん工夫がこの「TOMONI」の中にちりばめられているということもよく分かりました。
　地域が一体となって子供たちの教育を支えていけることが三原の底力だと私は思っていますので、これからの三原の未来を作る子どもたちが今後も大きく成長することをお祈りさせていただきます。

欠であった。そこで、学校運営協議会委員である同友会の方に趣旨説明を行い、協力していただくところから、地域との協働が始まった。
　この取組の特徴は、段階ごとにプロジェクトに関わるステークホルダーが変化したことである（図8）。

図8　ステークホルダーの変化

情報収集に向けてインタビュー企業の紹介を

同友会、図鑑作成に向けてデザイン事務所ノアカノ、取組のまとめ・発信する際には三原テレビ放送株式会社に協力していただくことで、次々にプロジェクトのメンバーが変化した。学校のネットワークだけでは創造できない地域とのつながりがあり、そのことによって地域の課題を地域で様々な人と結び付き解決する、新しい価値が生まれたと考える。
　それぞれが立場を超えて、共生社会の実現という共感できる共通目的を達成するため、関係者とは、月に1回程度ミーティングの場を設けた。新型コロナウイルス感染症対策のため、対面での協議が難しく、ほとんどの時間をオンラインでの会議システムを使用して協議を重ねた

図9　オンライン会議の様子

（図9）。「障害者の仕事図鑑」を読む対象を誰にするのか、図鑑のテーマを何にするのか等の議論を重ね、内容や進捗状況、スケジュールの確認をしながら、それぞれが役割を担い、異なる立場の人たちが共に取り組んだ。そうすることで、課題解決を図る過程で新しい価値の創造に地域と共に取り組み、社会の変化を促そうとするインパクトあるアプローチができたのではないかと考える。

4　おわりに

　図鑑の挿絵は、絵が得意な生徒が描いた（図10）。その生徒は図鑑ができたとき、「最初はとても緊張したが、本に載せる絵だから、見やすい絵や色の配色をすることを目標にし、下書

きやデザインの設計図等の下準備をして完成させた。完成すると不思議な思いと同時にとても嬉しかった」と話してくれた。

　本校では、学校運営協議会や広島県特別非常勤講師の活用等において、定期的に地域からの意見を聴きながら取組の検証等を行っている。これからも児童生徒にとって、地域にとって、また社会にとってより良い取組を探究し、教育活動を展開していきたい。

図10　生徒が描いた挿絵

Comments

　本報告では「障害者の仕事図鑑」の取組では、生徒たちが、「障害者の仕事図鑑」の作成過程を通じて、「障害者雇用の現状」、「障害者の理解啓発」等の課題について、どのように向き合い、受け止めてきたのだろうと想像した。「障害者の仕事図鑑」の作成は、これから新しい社会・地域に旅立つ、自分自身とも向き合い、見つめ合う大切な活動になっていたのではないだろうか。そして、真摯に生徒たちのインタビューに応じてくれた協力企業の方や、デザイン事務所の方、三原テレビ放送局の方、三原市長、中塔先生など多くの方との協働が、生徒たちの新しい価値を生み出す共創につながっていると捉えられた。

実践報告

2

特別支援学校に勤務する教員のキャリアと専門性の向上に関する考察
～知的障害特別支援学校小・中学部の教員に求められる専門性の指標の明確化～

東京都立高島特別支援学校校長　深谷　純一

　教育基本法の中では、教員は研究と修養に励むことが求められ、常に専門性の向上が必要である。平成24年の中教審報告の中で、特別支援学校の教員の専門性の向上を図るため、認定講習受講促進等が明記され、第2期教育振興基本計画等においても、専門性向上の取組推進が明記されている。「新しい時代の特別支援教育の在り方に関する有識者会議」（令和元年11月～文部科学省）においても、特別支援教育を担う教員の専門性の在り方が議論されている。

　本稿では、知的障害特別支援学校小・中学部の教員に求められる専門性について、筆者の所属校で指標を作成し自己評価・分析した取組を紹介する。

◆キーワード◆　知的障害、教員の専門性、教員のキャリア

1　目的

　筆者の所属校（以下、本校）の設置者である東京都教育委員会では、平成27年2月に公表した「東京都教員人材育成基本方針【一部改正版】」等において、教員が経験や職層に応じて身に付けるべき力を示しているが、校種等に関わらない大綱的な内容となっている。平成29年3月に公表した「東京都特別支援教育推進計画第二期第一次実施計画」においても、教員の専門性向上が謳われているが、障害種別等に求められる教員の専門性は示されていない。従前から、当該校の学校目標である「専門性の向上を推進する学校」について様々な取組を進めており、これらの背景等に対し、「特別支援教育」「知的障害」「教員」「専門性」に関し文献等を当たってみたものの、根拠となる知的障害特別支援学校小・中学部の専門性（以下「専門性」と表記する。）に関する明確な指標の検討は充分でなく、今後学校として維持・向上を目指していく専門性について、指標を明確に定める必要があると考えた。また、教員のキャリアにおいて、専門性の指標がどの時期に伸長するか、どのような指標と時期にどのような相関関係があるかを明らかにすることで、意図的かつ効果的な教員の専門性の向上を図るための方策を導き出す根拠とすることも目的とした。

2　方法
（1）指標作成

　文献等の調査を経て、知的障害特別支援学校の専門性を整理し示されている、石塚（2012）の「知的障害教育における専門性の向上と実際」内で示された試案を参照し、「知的障害教育における専門性（試案）測定表」（以下「測定表」と表記する。）を作成した。この測定表をもとに表1の大項目（専門度）4、中項目19から成

る測定指標を設定し、さらに中項目には４段階の基準を設けた。

表1　測定表

大項目　専門度	大項目	中項目
障害の理解と基本的な対応力	障害の理解と基本的な対応	障害の特性等の理解
		アセスメントの理解
		健康管理等の理解
	知的障害の特性への対応	知的障害の特性への対応
		職業教育の理解
		特別支援教育に関する制度等の理解
		自閉症等の特性への対応
総合的な指導力	指導目標の設定	指導目標の設定
	指導内容の選択	指導内容の選択
	指導方法の工夫	指導方法の選択
		指導方法の応用
		指導方法の構成
	指導に関する評価	指導に関する評価
	ティームティーチングに関すること	ティームティーチングに関すること
センター的能力	教育相談やセンター的機能に関する	センター的機能の理解
		障害児に関する教育相談の理解
		通常の学級等に対する支援
研究・研修力	研究に関すること	研究に関すること
		研修に関すること

（2）調査対象及び調査方法

　2020 年 7 月 15 日～ 2020 年 8 月 21 日の期間中、当該校全教職員 98 名を対象に、測定表の各項目に対して自己評価を実施する形で回答を収集した。

（3）分析

　分析については神戸親和女子大学発達教育学部児童教育学科武富博文准教授に依頼し、統計解析ソフト IBM SPSS Statistics（Ver. 25.0）を用いて行った。その際、職層、人材育成指針等を参照し、教諭のみを対象として学部、職層、教職年数、経験校数、知的障害特別支援学校経験校数（以下、知的経験校数）の各属性による中項目の基準の数値に基づく測定指標の有意差検定を行った。

（4）倫理的配慮

　当該校教員に対し、学校目標達成のため同校の専門性に関する全体的な特徴の概況の把握、個人を特定せず結果を公表する目的で分析することを説明し了解を得た上で、データを匿名化し、共同研究者により解析を行った。

3　結果及び考察
（1）5つの属性

　測定指標の中項目について「①学部（小学部、中学部の2群）」、「②職層（教諭、主任教諭、主幹教諭の3群）」、「③教職年数（1～3年：基礎形成期、4～9年：伸長期、10～15年：充実期、16年以上：円熟期の4群）」、「④経験校数（1校目、2校目、3校目以上の3群）」、「⑤知的経験校数（1校目、2校目、3校目以上の3群）」の5つの属性について各群間での比較を行った。「①学部」2群間の比較で有意差は認められなかった。各項目の数値は図1のとおり。

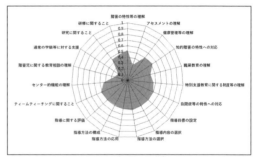

図1　中項目の結果

　「②職層」3群間の比較では、表2－1のとおり、「教諭」は全ての中項目において「主任教諭」や「主幹教諭」より有意に低い値を示した。また、「主任教諭」と「主幹教諭」間の有意差は、項目によって有意差が認められるものと、そうでないものがあった。

表2－1

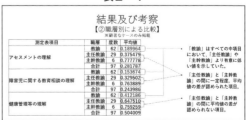

「③教職年数」4群間の比較では、表2－2のとおり、全ての中項目で有意差が認められた。多くの項目では「基礎形成期＜伸長期＜充実期＜円熟期」の関係や、「基礎形成期＜伸長期＜充実期・円熟期」の関係が認められた。

表2－2

	結果及び考察			
	【③教職年数別による比較】 ※顕著なケースのみ掲載			
測定表項目	群	度数	平均値	
知的障害の特性への対応	1～3年（基礎形成期）	13	0.205128	教職年数の4群間の比較で有意差が認められ、多重比較の結果、「基礎形成・伸長期＜充実期＜円熟期」の関係が認められた。
	4～9年（伸長期）	30	0.429630	
	10～15年（充実期）	22	0.616162	
	16年以上（円熟期）	32	0.694444	
	合計	97	0.529210	
職業教育の理解	1～3年（基礎形成期）	13	0.162393	教職年数の4群間の比較で有意差が認められ、多重比較の結果、「基礎形成期＜伸長期＜充実期・円熟期」の関係が認められた。
	4～9年（伸長期）	30	0.381481	
	10～15年（充実期）	22	0.505051	
	16年以上（円熟期）	32	0.618056	
	合計	97	0.162393	

「④経験校数」3群間の比較では、表2－3のとおり、全ての中項目で有意差が認められた。そのうち、多くの項目で「1校目＜2校目＜3校目以上」の関係が認められた。

表2－3

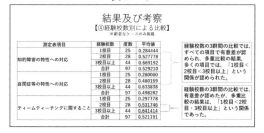

	結果及び考察			
	【④経験校数別による比較】 ※顕著なケースのみ掲載			
測定表項目	経験校数	度数	平均値	
知的障害の特性への対応	1校目	25	0.284444	経験校数の3群間の比較では、すべての項目で有意差が認められ、多重比較の結果、多くの項目では、「1校目＜2校目＜3校目以上」という関係が認められた。
	2校目	28	0.527778	
	3校目以上	44	0.669192	
	合計	97	0.529210	
自閉症等の特性への対応	1校目	25	0.280000	
	2校目	28	0.480159	
	3校目以上	44	0.633838	
	合計	97	0.498282	
ティームティーチングに関すること	1校目	25	0.297778	経験校数の3群間の比較では、有意差が認められたが、多重比較の結果は、「1校目＜2校目・3校目以上」という関係であった。
	2校目	28	0.531746	
	3校目以上	44	0.641414	
	合計	97	0.521191	

「⑤知的経験校数」3群間の比較では、表2－4のとおり、全ての中項目で有意差が認められた。多くの項目では「知的1校目＜知的2校目＜知的3校目以上」の関係が認められたが、「健康管理の理解」、「指導内容の選択」、「指導方法の選択」、「指導方法の構成」、「ティームティーチングに関すること」に関する項目では「知的2校目」と「知的3校目以上」の間に有意差が認められなかった。

学校全体では「アセスメントの理解」や「障害児に関する教育相談の理解」、「通常の学級等

に対する支援」の項目の評価が低かった。また、学部所属による比較以外の分析では、主に経験年数の差が関与していることが推察され、一般に、経験年数の増加とともに専門性が身に付いてきていると自己評価する状況が認められた。

表2－4

	結果及び考察			
	【⑤知的経験校数別による比較】 ※顕著なケースのみ掲載			
測定表項目	知的経験校数	度数	平均値	
健康管理等の理解	知的1校目	43	0.374677	知的経験校数3群間の比較では、すべての項目において有意差が認められた。「健康管理等の理解」や「指導内容の選択」等の多くの項目で「知的1校目＜知的2校目＝知的3校目以上」という関係が認められた。
	知的2校目	29	0.555556	
	知的3校目以上	25	0.666667	
	合計	97	0.504009	
指導内容の選択	知的1校目	43	0.374677	
	知的2校目	29	0.563218	
	知的3校目以上	25	0.662222	
	合計	97	0.505155	
自閉症等の特性への対応	知的1校目	43	0.348837	「自閉症等の特性への対応」と「研修に関すること」の2項目において、「知的1校目＜知的2校目＜知的3校目以上」という関係が認められた。
	知的2校目	29	0.532567	
	知的3校目以上	25	0.715556	
	合計	97	0.498282	

（2）教職年数のノンパラメトリック検定結果と、その後の多重比較の結果

教員のキャリアとの関係を明らかにするために行った、4つの大項目に関する教職年数の分析では、「9年目終わり、10年目以降を境に差が出ている項目」「3年目終わり、4年目以降を境に差が出ている項目、4年目から15年目まで重なって伸びる項目」「3年目終わり、4年目以降の境、9年目終わり、10年目以降を境に差が出ている項目」「1年目から9年目、4年目から15年目まで、重なって伸びる項目」の4つのパターンが認められた。

なお、全ての項目で、図2－1のとおり、10年から15年の充実期と、16年以上の円熟期では、有意な差が認められなかった。

充実期と円熟期に有意差がない理由として、「充実期から円熟期の教員は謙虚に自己評価している（適正な自己評価になっていない）」「充実期から円熟期の教員の自己評価は曖昧になっている」「充実期以降、教員は伸長していない」「10年経験者研修以降の教員に具体的な専門性

向上の機会が少ない」ことが考えられる。このことから、充実期から円熟期の教員が自らの専門性を適正に把握できる機会や方法を構築し、自らの専門性向上の課題を明確化していくこと、実習生や若手を充実期から円熟期の教員が指導する機会や、若手指導、研修や研究、校務分掌において意図的な小集団のＯＪＴの機会を設けること、高度な専門性の発揮を可視化、共有する取り組みを実施すること等の取組が必要と考えられる。

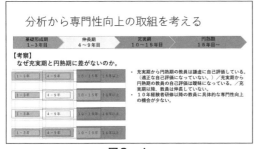

図２－１

障害理解・基本的対応では、図２－２のとおり、職業教育の理解以外は、９年目までと10年目以降を境に、２校経験ないし知的障害１校ないし２校の経験で、徐々に専門性が向上し、10年目以降は凡そ知的障害２校以上での経験がある割合が上がり、一定程度の専門性を獲得したと自己評価がなされている。充実期から円熟期の教員が、より具体的な障害や制度に関する知識等の専門性を獲得し、基礎形成期から伸長期の教員を育成する役割を担うことが期待される他、保護者や地域に向けて情報提供や理解啓発を行う機会を設けていくこと、とくに診断基準やアセスメントの解釈、医療や福祉の情報は常に更新が必要だと考えられる。職業教育の理解は、そもそも職業教育の定義や具体的な指導内容等の共通理解が充分ではなく、職業教育

を狭義で捉え、義務教育段階との具体的な関連を構築できていないことが考えられる。

高等部経験のある教員の自己評価が高く、伸長期と充実期で２校以上経験している中に高等部経験があることが連続している部分に反映していると推察される。このことから、キャリア教育、職業教育、進路指導の定義を明確化し共通理解を図ること、また項目の職業教育をキャリア教育に変更し、レベルの内容を修正する必要がある。現在も実施している、キャリア教育全般や高等部卒業後に関する情報提供や研修、福祉施設の体験等の機会を拡大していく必要性も考えられる。

図２－２

総合的な指導力では、図２－３のとおり、指導方法の工夫のうち、指導方法の選択について、経験年数と比例して積み重なり、身に付いていくこと、自ら能動的な行動で取得が必要な力より、先輩を真似る等の受動的な基礎形成期から伸長期で徐々に身に付いていきやすいことが考えられる。

このことから、指導方法を類型化するなど、形式化する、複数の指導方法を自らの中で比較する、他者と対話を通じて比較、検討する機会を設ける、教材・教具を含む指導方法に、配慮（人、時間、場所、介助や支援、施設設備等）の視点を加えていく等の方策が専門性向上には

有効だと考えられる。

　指導方法の選択とティームティーチング以外は、基礎形成期に基礎的な知識や方法論を身に付け、伸長期以降に複合的、総合的に組み合わせながら指導を行っていると考えられる。伸長期には法令研修がない一方、臨床経験が積み重なっていく過程で、指導力も向上していると自己評価している。このことから、伸長期＜充実期とするために、とくに10年経験者研修において、明確な指標のもと自らの専門性が高まったと可視化できる取組を行うことや、研究授業等の協議において、項目ごとに授業に関する評価を行うことが必要と考えられる。

　ティームティーチングについては、知的障害の特別支援学校は日常的にティームティーチング（TT）を行っていることから、基礎形成期から伸長期には、TTの主たる授業者（MT）としての力量形成の期間となっていること、伸長期と充実期の境で、MTと従たる授業者（ST）の役割分担や、望ましいSTの在り方を身に付けられたと自己評価していると考えられる。このことから、基礎形成期と伸長期との間に有意差が生まれるよう、基礎形成期から意図的に、MTがSTを活用する授業計画の作成や、実際の授業を行い、具体的なSTの役割、必要な指導や支援の能力を明らかにしていくこと、学習評価において、STが授業記録や授業毎の簡易な評価を行う体制を構築し、STの役割に短期間の学習評価を位置付けていくことが必要と考えられる。

図2－3

　センター的機能では、関連する業務は分掌された校務によることが大きいと考えられる。東京都の副籍制度は、センター的機能の理解を向上させることに非常に良い影響があると考えられるが、図2－4のとおり、教育相談や通常の学級への支援が、全体の数値も低く、専門性が向上する時期が明確でないことが顕著で、意図的に学ぶ機会も少ないと考えられる。このことから、積極的に通常の学級や特別支援教室、特別支援学級を見学に行く機会を設けること、現在実施している高等部との交流研修に加え、特別支援学級との交流研修を行うこと、保護者対応に関するケース交換等、グループワークなどを取り入れた研修を行うこと等が必要だと考えられる。

　研修・研究力では、基礎形成期は3年間悉皆研修があり、伸長期に入る時には一定の研修や研究の力が身に付くと考えられる。一方、個人なり業務外で研究に取り組む人材はごく少なく、学校が研究に取り組み、関連した研修を展開することが多いことや、研修は専門性以外にも分野が多岐に渡り、時間や回数が限られることが影響していると考えられる。このことから、研究活動を専門性向上の中核に位置付け、3年を1サイクルとし、法令研修や悉皆研修の他に、学校独自の全校研修及び経験年数毎等のシラバ

スを作成、実施することや、学校独自の研修と専門性の関連を明確に示し、事後アンケートや一定期間後の自己評価等により専門性向上を定量的に評価することが必要だと考えられる。

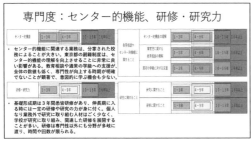

図2−4

4　今後に向けて

（1）関連する国の動向

　令和3年1月、中央教育審議会は、「『令和の日本型学校教育』の構築を目指して〜全ての子供たちの可能性を引き出す、個別最適な学びと、協働的な学びの実現〜」を答申した。この中で、知的障害に関する教師に求められる専門性について言及があり、同月、「新しい時代の特別支援教育の在り方に関する有識者会議」による「新しい時代の特別支援教育の在り方に関する有識者会議報告」が公表され、特別支援教育を担う教師に求める資質・能力や、養成・採用・研修等に関する今後の方向性が示された。同年7月には「特別支援学校教諭免許状コアカリキュラム」が公表され、特別支援学校の教員に求められる専門性への注目が高まっている。こうした

動向も踏まえ、引き続き教員のキャリアに対し、意図的かつ効果的に専門性の向上を図る取組を推進していく。

（2）専門性向上の要素検討

　職層、教職年数、経験校数、知的経験校数の属性毎に、専門性向上に資する研修やOJT等の要素を明らかにし、より具体的な専門性向上の取組に繋げていく。

（3）校内研修への反映

　例えば就学支援で活用されるアセスメントに係る研修を積み重ね、認知の特性に関する研修を深めながら、地域の小・中学校の教員を交えた指導・支援の具体的事例検討等を行うなど、「通常の学級等に対する支援」や「障害児に対する教育相談の理解」に関する専門性向上の課題に対応していくことが必要である。

付記

　本稿は、日本特殊教育学会第59回大会及び、キャリア発達支援研究会広島大会での発表内容を再構成したものである。

文献

石塚謙二監修、全国特別支援学校知的障害教育校長会編著「知的障害教育における専門性の向上と実際〜知的障害教育指導の充実と人材育成を目指して〜」（平成24年3月）.

Comments

　自校教員のキャリアと専門性の向上に向け、必要と考える指標を設定し、教員の自己評価を踏まえて学校全体の取組に生かそうとする、意欲的で、時機を捉えた実践である。今後は、知的障害特別支援学校や小・中学部設置校としての指標の特色をより明確にすることで、教員一人一人のキャリアと専門性の向上に資することが期待される。

実践報告

3

地域との共創活動を通して　～高等部の作業学習で多様な立場の人と協働する力を身に付けるために～

広島県立三原特別支援学校教諭　檜山　祥芳

　広島県立三原特別支援学校（以下、本校）は、三原市小泉町に昭和53年に開校した知的障害のある児童生徒が通う特別支援学校である。令和4年度は、小学部44名、中学部33名、高等部60名、計137名の児童生徒が在籍している。本稿では、令和3年度に行った高等部第2・3学年の地域との共創活動（以下、共創活動という）の実践について報告する。

◆キーワード◆　高等部の作業学習、地域との共創活動、資質・能力の評価と分析

1　はじめに

　本校では、学習指導要領の改訂に合わせて、「社会に開かれた教育課程」の実現に向けて地域を巻き込んだ教育活動を展開してきた。地域と関わる取組を推し進めるために、年度ごとにキーワードを定め、平成30年度は「地域貢献」、令和元年度は「地域協働」、令和2・3年度は「地域共創」、今年度は「地域共成」というキーワードで、生徒の主体的・対話的で深い学びを実現するための活動内容を発展させてきた。

　令和3年度の「地域共創」では、小学部は隣接する小学校と特別活動での交流及び共同学習、中学部は総合的な学習の時間で地域の特産品（だるま）をオリジナルで制作する活動を行った。高等部は作業学習で第1学年は近隣のぶどう園と圃場整備や収穫等、共にできる活動について協議し、第2・3学年は12月3日から9日の障害者週間に合わせて12月8日を「共創の日」と定め、本校主催で地域の福祉事業所と共に三原市内の道の駅を会場として、製品販売やポスター発表（以下、イベント）を行った。

　本校高等部の作業学習は、週2日間授業を行い、令和3年度は第1学年が3グループの学年課題別、第2・3学年は7グループの縦割り課題別で授業を展開した。第2・3学年の作業種目は木工、クラフト、布工、農業、メンテナンス、食品、接客サービスで、作業種目ごとに製品づくりや清掃活動をしたり、定期的にカフェを出店し、販売活動を行ったりしている。授業で製作した製品は年に2回程度、地域のイベントに参加し、販売を行っている。また、全ての作業種目が外部講師（学校外の方が講師として指導を行う）を招聘し、専門的な内容の指導を行うことができる体制を整えている。

　本稿では高等部第2・3学年の共創活動を取り上げ、イベントに向けて生徒の提案で実行委員会を立ち上げ、イベントを企画、準備、実施した取組について紹介する。また、本実践を通して、生徒の変容や身に付いた資質・能力についても考察する。

2　月1MTG（つきいちミーティング）

月1MTGは、平成30年度から始まり、各作業種目のリーダー1名と月1MTG担当教員1名が月に1回、作業学習の時間に集まり、特定のテーマについて協議を重ねることで、主体的・対話的で深い学びの実現を目指している。リーダーはミーティングの内容を各作業種目に持ち帰り、説明、協議を行い次のミーティングに持ち寄ることで、生徒全員が協議に参加できるようにしている。

令和3年度は5月から7名のリーダーでミーティングを開始し、テーマを「共創〜地域と共に新しい価値を生み出す〜」とした。6・7・9月のミーティングはテーマを達成するために各作業種目が行う活動について協議した。10月に三原市で障害者週間の啓発事業を担当されている「有限会社わくわく　NPO法人ちゃんくす」代表　西上忠臣氏を招いてミーティングを行った（図1）。西上氏から、啓発事業が目指すことは「地域の方々が交流しながら障害者のことについて理解してもらう」こと、生徒が共創活動をする中で「誰に何を伝えたいのか明確にしながら取組を進める必要性」について助言していただいた。

図1　月1MTG　西上氏を招いて

3　共創活動実行委員会
（1）発足

10月のミーティング直後にリーダーたちは月1回のミーティングだけでは共創活動の準備ができないことに気づき、月1MTGを休止し、新たに作った共創活動実行委員会を週2日開催しながら協議を重ねることにした。イベント当日まで16回、イベント後に4回の計20回委員会を開催した。

（2）共創の日イベントは何のために

委員会の第1回から4回までは西上氏からの助言を受け、「イベントで誰に何を伝えたいのか、製品を作る時の気持ち、どんな思いで作っているか、誰に買ってもらいたいか」について協議を行い、イベントを行う目的や自分たちのメッセージが伝わる言葉をテーマとしてまとめた。最終的には生徒全員による投票の結果、「地域と共に明るく輪を創る」に決定した。

（3）生徒が主体

第5回から16回まではイベントの準備を行った。第5回の協議で、リーダーの1人から「視覚に障害がある方も分かるように点字の説明があればいい」という意見が出た。その生徒は前年度、販売活動を行った際に商品に点字シールを貼り付けて販売した経験があり、それが今回の提案につながった。各作業種目のリーダーが集まり協議することで、活動内容の深化が起こるよい事例であった。

（4）地域の方を巻き込んで

点字の提案を受け、販売する製品を点字で紹介するメニュー表を作成することにした。西上

氏に相談したところ、市内の点字ボランティアグループ「てんゆう会」の方を紹介していただいた。その方とWeb会議を経て、12月にリーダー4名がてんゆう会の方3名の指導のもと、点字シールを作成した（図2）。てんゆう会の方からは「機械の使い方を生徒がすぐに覚えることにびっくりした」、生徒からは「最初は難しかったけど、できてよかった。楽しかった」等の感想があった。点字準備により、普段関わることができない地域の方と関わることができ、双方にとってよい機会となった。

図2　点字準備

（5）販売するだけが共創活動ではない

作業種目の中には製品や商品を販売しないものもある。本校ではメンテナンスグループは清掃活動を行い、販売活動をしない。イベントでは「キレイな街づくり」をテーマに学校周辺地域の方とバス停清掃を行った。

バス停清掃を行うことになった経緯は、生徒と民生委員の方が話し合いを行い、意見を出し合う中でバス停を清掃する人がいないことを知り、バス停清掃をすることで地域の活性化ができるのではないかとの考えに至った（図3）。当日は地域の方6名と本校生徒で小泉町内にある2つのバス停の清掃を行った（図4）。販売をしている会場とWebでつなぎ、清掃活動を中継し、ポスター発表も行った。

清掃後、地域の方から「新型コロナウイルス感染症で地域の方が集まる機会が少なくなりました。今回このような活動をしていただくことで、久しぶりに地域の方の顔を見て、話をすることができました。ついつい話がはずんでしまいました」という声をいただいた。地域貢献としてバス停清掃をする活動は多くあるが、今回のバス停清掃はキレイにすることだけではなく、地域にコミュニケーションの機会を設けるという新たな価値を創り出せたと考えられる。また、生徒からも「地域の方同士で話をしている場面があり、清掃を通して地域の方が交流する場を創ることができて良かった」「清掃活動を通して明るくきれいな街づくりの1歩を踏み

図3　民生委員の方との話し合い

図4　地域清掃活動

出すことができた」など地域に焦点を当てた感想が見られた。

（6）イベントを終えて

　第17回から20回まではイベントの振り返りを行った。リーダーからの感想は、「横断幕を作る時、いろいろ先生と話し合って考えることがあり、難しいことがあったけど先生と協力しながら無事にのぼりを作ることができました。のぼりが完成して実物を見た時は、必死に考えて、各作業種の人に聞きながら作ってよかったと達成感を感じることができました」「メニュー表に載せる内容をどのように配置するかを決めるところが難しかった。今回のイベントでは点字を読むお客様は来なかったけど、来年使われたらよいと思った」などが出た。

　また、各作業種目がまとめた感想は以下のようであった。リーダーの発言をそのまま記載する。「商品はほぼほぼ完売したし、新商品の椅子も予約が4つきたし、ローテーブルも2つ売れて、1つは予約してくれる人がいたし、有機農家（以前参加したイベント）で来てくれたお客さんも来てくれて嬉しかったです。ポスター発表は、最後まで自分一人で作れて達成感もあったし、すらすら言えたのでよかったです」「販売する時に、みんなに来てもらえるように『いらっしゃいませ』と言ったり、商品が『これありますよ』と大きな声が出せたのでよかったです」「ポスター発表の時に製品を見せながらしました。さをり織とミシンの実演もしました。うまくできてそれで製品が売り切れてよかったです」「今回は、大根と小泉町のさといもを販売して全て売り切れなかったんですけど、いろ

んなお客さんに買ってもらえて、ポスターの発表の時もいろんな方が聞いてくれたのでよかったと思いました」「地域の人とバス停清掃をして、できるかどうか不安があったけど、やってみてできたのでよかったと思いました」「食品では、クッキーとケーキを販売して全部売ることができました。ポスター発表は、一人で作るのも発表するのも全部自分でやって達成感がありました。一回も練習できてなかったんですけど、すらすらと読めたのがよかったです」「お客様に喜んでもらえるように、大きな声で笑顔でアピールできたのでよかったです」「コーヒー教室を開いたんですけど、最終的には1人のお客さんしか来なくて、多くのお客さんにコーヒーのいれかたを知ってほしかったけど実現はできなかったので、今度につなげていきたいと思いました」。

4　共創活動による生徒の変容と身に付いた資質・能力

（1）作業学習で身に付けたい力

　本校では、学年や作業種目により活動内容に違いがあるのは当然であるが、身に付く力に違いがあってはいけないという認識から、令和2年度に作業学習で身に付けたい力の整理を行った。身に付けたい力は日常生活、対人関係、作業能力、作業への態度の4領域から38項目の内容を設定し、ルーブリック評価表を作成した。その評価表を用いて、生徒本人による自己評価（可能な生徒のみ）と教師による評価を定期的に行っている。その評価表を用いて共創活動による生徒の変容と身に付いた資質・能力について考察する。

（2）内容と評価段階

考察は、共創活動のテーマが「共創～地域と共に新しい価値を生み出す～」であることから、38項目ある内容の中から協働作業、計画性、共創力の3項目を抽出して行うこととする。内容と評価段階は「三原版　作業学習で身に付けたい力（令和3年度）抜粋」（表1）の通りである。

（3）生徒の変容と身に付いた資質・能力

「三原版　作業学習で身に付けたい力（令和3年度）リーダー評価一覧」（表2）によると、協働作業の項目は自己評価、教員評価ともに第1回から比較的高い評価となっている。これはリーダーをしている立場上、グループをまとめたり校外の人と交わったりする機会が多いためだと思われる。第3回の自己評価において5名

表1　三原版　作業学習で身に付けたい力（令和3年度）抜粋

領域	チェック項目	内容	1 (できない・ない)	2 (あまりできない・あまりない)	3 (だいたいできる・だいたいある)	4 (できる・ある)
対人関係	協働作業	初対面や学校外の人と共通の目的に向かって協力して作業できる。	協力して作業することが難しい。	知り合いや校内の人と協力して作業ができる。	知り合いや校内の人と共通の目的に向かって協力して作業ができる。	初対面や学校外の人と共通の目的に向かって協力して作業ができる。
作業能力	計画性	作業のスケジュールを管理して計画的に作業している。	計画的に作業することが難しい。	促されれば計画的に作業できる。	計画的に作業している。	作業のスケジュールを管理して計画的に作業している。
作業への態度	共創力	多様な立場の人たちと対話しながら、新しい価値を共に創り上げていくことができる。	多様な立場の人と一緒に活動できる。	多様な立場の人と対話できる。	多様な立場の人と対話して、意見や考えをまとめることができる。	多様な立場の人と対話し、新しい製品や考えを創り出すことができる。

参考文献　独立行政法人高齢・障害雇用支援機構障害者職業総合センター（2009）「就労支援のためのチェックリスト活用の手引き」広島県教育委員会（2011）「特別支援教育　作業学習ハンドブック」

表2　三原版　作業学習で身に付けたい力（令和3年度）リーダー評価一覧

協働作業

	生徒A		生徒B		生徒C		生徒D		生徒E		生徒F		生徒G	
	自己評価	教員評価	自己評価	教員評価	自己評価	教員評価	自己評価	教員評価	自己評価	教員評価	自己評価	教員評価	自己評価	教員評価
第1回〈7月〉	3	4	2	3	4	4	3	3	4	3	-	3	3	3
第2回〈12月〉	4	4	-	3	3	3	3	3	4	3	-	4	3	3
第3回〈3月〉	4	4			3	3	4	4	-		-	4	4	4

計画性

	生徒A		生徒B		生徒C		生徒D		生徒E		生徒F		生徒G	
	自己評価	教員評価	自己評価	教員評価	自己評価	教員評価	自己評価	教員評価	自己評価	教員評価	自己評価	教員評価	自己評価	教員評価
第1回〈7月〉	2	-	3	3	2	3	3	2	4	2	-	3	3	2
第2回〈12月〉	2	2	-	3	4	2	3	2	4	3	-	3	2	2
第3回〈3月〉	2	2			3	3	3	4	4	-	-	3	4	3

共創力

	生徒A		生徒B		生徒C		生徒D		生徒E		生徒F		生徒G	
	自己評価	教員評価	自己評価	教員評価	自己評価	教員評価	自己評価	教員評価	自己評価	教員評価	自己評価	教員評価	自己評価	教員評価
第1回〈7月〉	3	-	-	3	-	2	3	1	3	3	-	-	3	2
第2回〈12月〉	3	3	-	3	2	2	3	-	3	3	-	3	4	2
第3回〈3月〉	2	2	-	3	2	2	2	2	3	-	-	3	3	3

※　- は未実施または未記入

中4名が最高評価をしているところから、共創活動が効果的だったと考えることができる。計画性の項目はあまり変容が見られない。これは役割分担をして準備を進める際に締切に間に合わないことがあったり、予定した通りに準備を進めることができなかったことがあったりしたためではないかと推察する。共創力については、D、E、Gの生徒が自己評価を高く付けている。この3名は点字シールを作成したメンバーであることから、共創活動が効果的だったと考えることができる。

ここで注意しないといけないことは、この評価は作業学習の活動全体を通してのものであり、必ずしも共創活動だけが生徒の変容を促したりや資質・能力を身に付けさせたりしたとは言えないことである。しかし、共創活動はその一助となったことは事実であると考えることができる。

5　おわりに

共創活動実行委員会は10月に発足し、わずか2か月でイベントの日を迎えた。リーダー7名に途中から第2学年の1名が加わり、8名が中心となり相当な量の準備を行い、イベントを実施した（図5）。全てのリーダーが任された役割や仕事に責任感をもち、全力で取り組んだ。特に印象的だったことは、会議が始まる3分前には全員が会議資料を持って会議室に集まり、楽しそうに話をしている声が部屋の外まで聞こえていたことである。そんなメンバーが企画、準備、運営したからこそたくさんの生徒が動きイベントを成功に導いたのだと考える。

この実践を通して、多様な立場の人と協働することで生徒の変容や資質・能力を伸ばすことができるということが明らかになったが、そうするためにはまず、生徒自身が自分の役割を果たし、周りの人との良好な関係を築き、信頼関係を構築することが必要となる。その土台の上に多様な立場の人と協働する力を身に付けることができることに気付くことができた。

図5　共創活動実行委員会メンバー

付記
本実践は、本校HPにもまとめられている。
　http://www.mihara-sh.hiroshima-c.ed.jp/
R.03.12.13　『メンテナンス通信第41号』
R.04.01.18　『高等部作業学習新聞第6号「ともにつくる」』
R.04.01.28　『高等部作業学習新聞第7号「ともにつくる」』

Comments

地域をキーワードとする取組を学校全体で進める中で、特に高等部作業学習種目のリーダーが主体となり、約8か月にわたって課題解決を図りながら、地域の方々と共に取り組んだ実践である。今後は、作業学習の中心である作業活動と併せて実践を整理し、さらに取組を進めることで、実践の価値がより高まるものと期待される。

実践報告

4

キャリア発達における役割自覚の重要性
－情報共有グループウェアを活用した実態把握と授業改善方法の視点から－

青森県立森田養護学校教諭　原　文子
（前青森県立むつ養護学校）

　コミュニケーション面に課題がある生徒の「思い」の読み取りの不確実性を実感した経験から、相手を尊重し慎重に取り組んできた前任校での実践について報告する。情報共有グループウェアの回覧板機能を活用して授業を見合う方法を取り入れ、生徒の表出について多様な視点で考えるために、同僚の協力を得た。また、生徒から読み取った「思い」を中心に据えて計画した授業では、生徒の役割自覚と行動変容の関連について考察した。教師に助けを求めがちな生徒が、設定した役割に取り組み、活動を繰り返すことや、活動の様子を記録しながら、指導を進めた結果、生徒の主体性の高まりや、教師側の生徒理解の見方の広がりにつながった。

◆キーワード◆　役割自覚、特別活動、授業改善

1　はじめに

（1）「思い」とコミュニケーション

　「思い」は人それぞれの価値観によって起こる当事者のみが実感できる主観的なものと考えられる。したがって、相手に話す際、断定できることなのか判然としない事柄については、相手の気持ちや考えなど心理的な部分が読み取れるように、敬意を払うことが大切であると考える。特に感情の機微を捉えるときは「〜かな？」の終助詞が欠かせなくなるのは、そのような理由によるものと考えられる。このような考え方は、筆者が特別支援学校での勤務することによってさらに強まることになり、特に生徒との関係性の中で、重要なことと確信するようになった。

　本稿では、このような日頃から意識していることを踏まえ、昨年度実施した研究授業実践について報告する。

（2）「思い」の読み取り方に関する疑問

　授業では、生徒が表出した反応から気持ちを読み取ること、読み取った事象から、生徒が充実感を得られるような題材設定につなげることが肝要である。

　その過程で課題となるのが、主観的になりがちな「気持ちの読み取り方」である。例えば、生徒が食事の終盤に発する声をどのように捉えるか。「もっと食べたい」、「お腹いっぱい」、その他の気持ち、感覚的な行動など、指導者がそれぞれの異なる解釈によって対応が変わる。生徒の気持ちに反する関わりをしていないかと不安が募る。こうした経験から、第三者の視点から実態把握について助言を受けたいと考えるようになった。

（3）特別活動とキャリア教育との関連

　特別活動とキャリア教育との関連について、宮田（2018）は、特別活動にはキャリア形成を促進する重要な作用があるとして報告している。また、中央教育審議会教育課程企画特別部会（2017）「論点整理」では、「特別活動は、

学校で生活する子供たちにとって最も身近な社会である学級や学校における生活改善のための話合い活動や実践活動を通じて、主体的に社会の形成に参画しようとする態度や自己実現を図るために必要な力を養ったり、各教科等におけるグループ学習等の協働的な学びの基礎を形成したりする役割を果たしている」と示している。

そこで、特別活動とキャリア教育についての関連性を確認しつつ、ホームルーム活動において「役割を考えよう～プレゼントをしよう～」という単元を設定した。高等学校学習指導要領解説〔特別活動編〕（文部科学省、2018）を参考に、「自他の個性の理解と尊重、より良い人間関係の形成」「社会参画意識の醸成や勤労観・職業観の形成」「主体的な進路の選択と将来設計」を踏まえて計画した。授業は主に生徒オリジナルのブックマーカーやカレンダーを制作する、生徒や職員にプレゼントする、感想カードを受け取るという流れで構成した。

図1　HR活動「プレゼントをしよう」場面

2　本実践で明らかにしたいこと
（1）役割自覚と行動変容との関連

まず、活動の中での役割を通して人とつながることによる、様々な気づきを得てほしいと考えた。そのために、集団活動における学習形態を工夫して、友達や職員とふれあう機会を積極的に取り入れる単元計画とした。

感動体験には、仕事や役割への動機づけを高める働きのある（戸梶、2014）とされている。そこで、生徒が得意な方法で気持ちを表出し、期待した結果を得ることや、より明確に伝えたいと感じることに主眼を置き、「伝わった」と実感できることをねらった。また、周りの人との人間関係を構築するために、相手の存在を意識したり、気遣ったりする行動を促したいと考えた。

（2）本単元の目的

対象生徒は、コミュニケーションに限らず、日常生活全般においても介助を必要としている。そこで、高等部卒業後の地域社会での生活に向けて、必要な力を身につけることを念頭に置いて授業づくりをしている。生徒が自分の気持ちを伝え相手に理解してもらうことや、相手の意図を感じ取れること、いろいろな立場にある人と柔軟に関わり温かい人間関係を構築していけることが、生徒の望ましい将来の姿と捉え、本単元のねらいとした。

（3）実践仮説

役割とする活動は、あくまで教師からの現時点での提案に過ぎない。最初は誰かに指示されてやっていたことでも、自分なりに意味づけできるようになり、そして徐々に興味を持つようになると言われている（吉川、2016）。担任としては、生徒が今後も他者の助言をもとに自分ならではの役割を探し続けたり、その時々の興味関心に応じて変化させたり、周りの人に理解や感謝される経験を積み重ねたりしてほしいと願っている。このことから、他者と関わる不安感から教師に助けを求めがちになる生徒が、設定した役割に取り組み、活動を重ねることで、行動の仕方がわかり、主体的にコミュニケー

ションをとろうとしたりするのではないかと考えた。加えて、その習得過程で副次的に教師の読み取りも確かになるのではないかと考えた。

3　研究の方法

（1）生徒の実態

　高等部に在籍する肢体不自由と知的障害のある本生徒は、日常的に人や物の動きをよく追視している。また、好きなものは動く玩具、動画鑑賞、タブレット端末やPCの操作、ゲーム機器で遊ぶことなどであり、提示すると強い興味を示す。作業遂行能力については、目的や興味次第では、腕を上下左右に動かしたり、指でつまんだり、寝転がって移動したり、ボタンを押したり、簡単な機器を操作したりなど多様な動きができる。コミュニケーション面では、慣れない人には顔を背けることが多く、他者と協同して活動するためには徐々に相手への認識を広げることが課題と感じている。親しくなると、相手の顔や体を手で手繰り寄せたり、大きな身振りをしたり、話しかけられて笑顔になったり、声色を変えたりなど、豊かな感情表出で、積極的に関わろうとする様子がみられる。

（2）評価方法と観察対象場面

　教師の観察による動作や表出の読み取りを基本とし、以下の場面において役割に取り組んだ回数、反応速度などを確認した。
・タブレット端末を使用して画面に指で触れたり、画材を使用したりして、プレゼントする物の模様を描く。
・音声出力会話補助装置のスイッチを押して、音楽やメッセージを再生する。
・プレゼントに掛けられた布を剥がす。
・やりとりをしている相手に顔や視線を向けたり、表情や発声、ハイタッチで応じたりする。

・相手のいる方向にプレゼントを差し出す。

（3）学習方法と配慮点（学習期間を含む）

　2ヵ月に一度の隔月で2～3時間、202X年7月から202X年3月までの約8ヵ月間で実施した。

　生徒の心情や動作の機微を捉えることで、安心して学習を進められるよう、表出行動が見られた際は、教師による即時の言語化によるフィードバックを大切にした。

　また、役割に対して興味・関心を持つことで能動的に考え工夫し、気付きが起きる可能性が高まる（戸梶、2014）と言われている。さらに、役割に対して自律性が与えられることで責任感を生み出すため、動機づけを高める（戸梶、2014）とも言われている。そこで、取り扱う題材や道具、音楽、演出方法などに関しては、本人が選択したものや、好きだと思われるものを使用することとした。

（4）授業改善の方法について

　学級担任以外の教師が、授業を参観することは難しく、授業について話し合う時間設定にも配慮が必要であった。そこで、情報共有グループウェア「GROUP SESSION」（以下「GS」と記述）の回覧板機能を活用して、授業改善を行った。方法は以下の通りである。回覧板機能は図2に示す。

●職員への周知の仕方
①学部会議での諸連絡コーナーにて、資料とともに近日中に研究授業の一環としての試みを実施することを周知する。
②GSに回覧板をアップロードして、メモ記入欄にて意見を募る。　無理のない範囲で協力を依頼する。
③寄せられた意見をまとめ、GSにて報告とお

礼をする。職員のアイディアを授業に取り入れる。

図2　回覧板機能の概要（イメージ図）

回覧板の内容としては、活動場面の動画を視聴していただき、生徒の表出から、それぞれどのようなことを読み取れるかを尋ねるものとした。質問は一つに絞って焦点化することで、気軽に回答できるよう留意した。

4　結果
（1）学習場面における行動の変容

図3は、役割への反応速度の変化をグラフ化したものである。

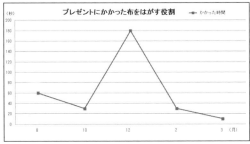

図3　役割への反応速度の変化

本単元の活動を2ヵ月に1度（2～3時間）の隔月で実施していたこともあり、学習開始前半は活動前に前回の振り返りをしたり、シミュレーションを行ったりすることが必要だったが、繰り返すことによって、役割に取り組むまでに要する時間が減少した。また、プレゼントを渡す場面（写真）では、始めは渡す相手に顔を向けず、担任に向けることもあったが、役割に何度も取り組む過程で慣れた相手には、自然

と顔を向けることが増えた。その後、同学年他学級の生徒にプレゼントを渡しに行った場面では、両者の何とも言えない距離感が印象的だったが、生徒同士が相手の反応を伺い、配慮しているような様子が感じられた。

写真　プレゼントを渡す役割
（相手の手の平上に差し出そうとしている）

（2）授業改善への教員の反応

7～8人の教員の協力を得て、多様な意見が寄せられた。

表1　回覧板への意見まとめ

- 郵便配達係として、高等部の友達の教室に配布物などを持って行く。
- iPadやスイッチ操作などで音源再生の操作（学級以外でも役割としてできるのではないか。）
- 各学級のごみ収集係など、他の人のためになるような活動。
- 登場曲（入場曲）のような、生徒のイメージソングのようなものを決める。
- 家庭で作ったお菓子を持ってくることがあるので、自分で職員室などに届けてはどうか。
- 生徒同士がコミュニケーションをとれるような工夫があるとよいのでは。
  （スイッチに台詞を入れておく。iPadでスライドを作成し、AppleTVで各教室に映す。など。）
- →クラスでやることだけじゃなくて、小集団でも同じ役割をやってみる。できることがいろいろあるということを、他の生徒だけでなく教師にも伝えていきたい。

回覧板には「学級でやることだけじゃなくて、小集団でも同じ役割をやってみる。」「コミュニケーションアプリを活用する。」「他の学級とのコラボ制作をする。」などの意見を得ることができた。それぞれの経験や専門分野を踏まえた先生方の意見が参考になり、視野が広がった。新しい試みに取り組むときには、やる側の勇気

も必要だが、周りも少なからず抵抗感がある。それでも、貴重な時間を割いて共に考えていただいたことを大変ありがたく感じた。より多くの協力を得るためには、回答方法を GS に限定せず立ち話などを含め、検討していくことが必要である。添付した資料の改善など、反省点は色々あるが、授業改善についてのアドバイスを得る中で自分と同じ他者からの意見を聞くと自信となった。「より多くの時間、身近で接している担任だから自信をもって…」との激励もいただき、より一層、積極的に生徒の表出をフィードバックしたいと前向きになれた。

5　考察

（1）生徒の内面

本実践には保護者の「同年齢の生徒とたくさん関わってほしい」という願いが加味されている。対象生徒は日常生活全般の介助を受ける都合上、どうしても大人との関わりが多く、生徒同士でのコミュニケーションをとる場面を意識的に設定する必要があった。日頃、生徒同士がふれあっている様子を見ると、やはり生徒同士ならではの空気感があり、大人とは分かち合えないさまざまな感覚を共有しあっているように感じる。そうした仲間との特別な感覚を、知的障害や肢体不自由障害の有無、通常の学級や重複学級の区別なく、誰もが享受できる学校生活を送ることができたら、生徒がどのように変容するのかと期待に胸を膨らませている。生徒にはこの活動をきっかけに、これまでの学習履歴も含めて、いろいろな立場の人とふれあう機会を大事にしてほしいと願っている。

また、そうしたコミュニケーションの基礎的な部分が「自分らしさ」の成長に関係しているのではないかと感じている。やりとりの中で、その生徒らしさをどのように伝えることができ

るかが、相手に好意的な感情を芽生えさせると考える。そのためには、「自分づくり」や「生徒の気持ち」を中心に据えた授業づくりや学級経営を今後も大切にしたい。

表2　4つの「つなぐ」

①自信があり、得意なことを活動につなぐ。
②興味や関心のあることとつなぐ。
③自分と他者、地域社会をつなぐ。
④現在と将来をつなぐ。

教師の役割として、今後表2の4つの「つなぐ」を意識していきたいと考える。いずれにおいても、生徒が充実感や楽しさを味わえるかが前提条件として重要である。また、生徒が自分ならではの役割に気付けるよう、今後も授業のあらゆる場面にヒントを散りばめていきたい。そして、生徒が役割を「自分自身のこと」として捉え、「私がこの活動をすると周りの人が笑顔になる、嬉しい言葉をかけてくれる」といった自己効力感につなげていきたい。

今後の課題は、前述した事柄に加え、教師の読み取りが挙げられる。感覚的なものとしてではなく、より妥当性を高めていきたいと考える。

（2）「共創」ということ

本実践の省察にあたって「共創」というキーワードを念頭に置いた。2021年のキャリア発達支援研究会第9回広島大会で「共創とは、多様な人が協働し、新たな価値を創造すること」と定義された。授業実践を通じて、同僚や各種研修会講師、各地の教育に携わる方々と情報交換することができ、自分にない意見を聞くことで、自身の考え方が広がっていくような感覚になった。このような感覚も「共創」に近いのではないかと考えている。

GSの回覧板機能の活用については、その後も継続して取り組んでいる。チーム・ティーチングで実施している授業において、事前に内容を周知したり、反省を集約したりすることに活用した。また、授業前にシミュレーションが必要な際は参集して打ち合わせをした。その時々に応じて最適なミーティングの形式を選択できるようになった。また、回覧板には、画像や動画が添付できるため、生徒の評価を共有して、次回の指導に生かせることも有効であった。何より、Ｔ１だけでなく、授業づくりに指導者全員を巻き込めているような感覚があった。今回の授業のねらいでは、生徒に温かい人間関係の構築を目標として指導してきたが、教員同士でコミュニケーションをとることの嬉しさや温かみを筆者自身も実感できた。

6 おわりに

最近、生徒の力を「できる・できない」で区別することがためらわれるようになった。環境、手立て、目的次第である、教師には計り知れない本人の潜在能力にいつも期待している。障害の状態によって優劣の判断がされないこと、合理的配慮を求めることは決して迷惑ではないことなど、全ての人が平等である感覚が社会全体に浸透していくことを、特別支援教育に携わる者として切に願っている。

本実践を省察して、私の教育的信念も以下のようにアップデートできた。①全ての人が何らかの輝ける場所・役割・使命がある。②学校生活での思い出を糧に、生涯成長を続けられる人を育てる。③人は一人では生きていけない。与え合い、協力し合い、助け合う。以上の３点を信じて、日々児童生徒と真摯に向き合っていきたい。

文献

宮田延実（2018）小学生のキャリア形成を促進する特別活動の役割．日本特別活動学会紀要第26号,39.

文部科学省（2018）高等学校学習指導要領解説［特別活動編］.

中央教育審議会教育課程企画特別部会（2017）論点整理.46.

戸梶亜紀彦（2014）職務動機づけを高めた出来事に関する検討（2）仕事への責任・組織での役割を自覚した体験について.東洋大学社会学部紀要51巻1号,29-30,33-34.

吉川雅也（2016）モチベーション理論における主体性概念の探求：組織における主体性獲得のプロセスに着目して,産研論集43号,119.

坪谷有也、佐々木全、東信之、名古屋恒彦、清水茂幸、田村典子、福田博美、佐藤信、岩手県盛岡視覚支援学校、岩手大学大学院教育学研究科、岩手大学教育学部、岩手大学教育学部附属特別支援学校（2017）知的障害特別支援学校における「主体性理念」の取扱に関する論考－「主体性理念」を評価可能な支援目標に変換する実践研究プロセスの提起－.

Comments

いわゆる重度・重複障害のある子供が役割と向き合い、様々な気づきを得るために、友だちや教職員とふれあう機会を取り入れた実践である。本実践では、子供の思いの表出、教師の工夫等について、情報共有グループウェアを活用することで、かかわる教員側のコミュニケーションも円滑になっていく。このような子供を中心としたチームづくりが求められる。「子供の思いは、全てが見えるわけではない。かかわる教師もそれぞれの見方がある。」本実践はそのことを念頭に置きながら、協働して授業改善等を行うための大切な視点を示唆している。

実践報告

5

大学における多様性の促進とキャリア発達支援の可能性　〜よるダイバーを通した実践から〜

東京都立大学ダイバーシティ推進室特任研究員　益子　　徹
東京都立大学ダイバーシティ推進室特任研究員　藤山　　新
東京都立大学副学長・ダイバーシティ推進室室長　伊藤　史子

　東京都立大学ダイバーシティ推進室は、障がいのある学生への直接支援のみならず、男女共同参画の推進や多様性のある構成員の支援を所管する部署である。当室では支援業務に携わる支援学生と共に、これまでダイバーシティに関する理解の啓発を学内にて行っている。2021年からは新たにオンライン形式を主に半期8回ずつの2期に分けてミニレクチャーを行っており、本稿では、2022年度前期の活動に焦点をあて、実践を報告する。

◆キーワード◆　自己理解、ダイバーシティ、障がい理解

1　ダイバーシティ推進室の概要

　本学は、東京都が設置する中規模総合大学であり、7学部23学科で編成されている。2011年に大学内のダイバーシティの推進を目的として、南大沢キャンパスにダイバーシティ推進室（以下、当室）が設置された。

　当室は、障がいのある構成員支援、男女共同参画の推進、それから多様性のある構成員支援の3部門で構成されており、各種の直接支援や相談対応、加えて基礎的環境の整備として、学内制度の整備や理解啓発事業などを行っている。

2　よるダイバーの実施の経緯

　当室では、従来から学内の教職員や学生向けの理解啓発事業として、障がいをテーマとした講習や男女共同参画の推進、セクシュアル・マイノリティの理解などに関する講演を行っている。

　これらの活動を行う際には、特任研究員2名に加え、障がいのある構成員支援に従事する学生支援スタッフ（以下、支援学生）が関わっている。

　コロナ禍以前から、当室ではこれらの支援学生を中心にダイバーシティに関わる様々なテーマについて議論する機会を設けてきたが、2021年度より、コロナ禍に応じ開催方式等を改め、“よるダイバー”というイベントを実施している。

3　よるダイバーの概要

　本稿では、2022年度前期の活動に焦点をあて、実践報告をする。よるダイバーは前・後期に各8回ずつに分けて行っているミニレクチャーであり、今年度前期は表の通りに実施した（表1）。

　そのテーマは障がい、男女共同参画、セクシュアル・マイノリティ、外国にルーツのあ

る人に関するものであり、ウェブ会議支援システム（Zoom）を用いて実施した。意見交換等の際には、オンライン上でホワイトボード機能や付箋を互いに貼ることが出来る Google Jamboard を用い、コミュニケーションを図った。

参加者の募集は、大学内での掲示のみならず、Web や SNS などでも行っており、在学生やその家族に限らず、参加が可能なものである。

表 1　実施概要

実施日時：2022 年 5 月 13 日（金）～
　　　　　7 月 8 日（金）（合計 8 回）
　　　　　18：00 ～ 19：00（60 分間）
※希望者はその後各回、20：00 を目途に
　意見交流を継続
参加者：学部生 25 名、大学院生 6 名
　　　　その他社会人 7 名、合計 38 名

各回において講師がダイバーシティに関連した講義を行い、そこで検討するテーマに対し参加者へ意見を求める。そして、そのテーマに対し、周囲とグループワークにて意見交換をする

図 1　よるダイバーにおける目的

中で、自身の個人的価値と他者の個人的価値の違いについて俯瞰し、その後、講師によるまとめを行うことで、専門的な視座の獲得を企図している（図 1）。

なお、いずれの回にも文字による情報支援を提供しつつ、参加者の多様性を意識し、①話者明示をしてから発言をし、②参加者の年齢や生物学的性に依らず、「さん」付けにて呼名することを周知した。そのうえで、③本レクチャーの狙いとして、参加者自身が各テーマについて、考えを言語化することがある旨を伝達した。このように環境を整えることで、参加者同士が互いに心理的安全性を保ちつつ議論が出来るよう十分に配慮した。

4　よるダイバーの目的と意義

大学生を中心とし、ダイバーシティに関する理解啓発を行うことは、キャリア発達支援との関連が深いと考えられる。

一般に公立の小中学校を除き、学校教育においてはその学力や所得水準によって分化された教育機関での学びが提供されており、多様性のある社会の構成員の存在は後景化される傾向にある。

例えば収入が 1000 万円以上の世帯が 6 割以上の中高では低所得者の存在は後景化され、偏差値が高い学校においては世の中に障がいのある人の存在に気付きにくい。このようなコミュニティは、自身の能力をより強固にする上で必要である反面、キャリア教育の核に他者の存在や振る舞いから自らを意味づけることがあるならば、学力や所得によって階層化された集団での学びだけでは、不十分なものであるといえる。

この点を考慮するならば、高等教育機関において、多様な価値観や特徴を持つ社会の構成員の存在について学び、再度、社会構造の中で自身の存在を相対的に理解させることは、単なる知識の獲得に留まらず、彼らが心理的な安定の中でキャリアの決定をすることを促進する作用があるといえる。

5　具体的なレクチャーの内容

それぞれの回に行ったレクチャーの内容は次のとおりである（表2）。

表2　レクチャーのテーマ

第1回	ダイバーシティ推進室の概要と基礎知識
第2回	数値から見る障がいの理解
第3回	ジェンダーギャップ指数からみる男女共同参画
第4回	ハカに見る文化的多様性
第5回	「合理的配慮」ってなんだろう
第6回	基礎的環境整備やアファーマティブ・アクションの進め方
第7回	フルムーン夫婦グリーンパスに見るセクシュアル・マイノリティ
第8回	ひとまず、ダイバーシティってなんだろう？

（1）「ダイバーシティ推進室の概要と基礎知識」

第1回の講義では、当室の行っている業務や活動の紹介に加え、参加の理由やダイバーシティという言葉を聞いて思い浮かぶイメージについて確認した。参加者の中には、「高校時代に社会科の科目等でバリアフリーという言葉について学んだことがあり、その際に関心を持った」とする学生や、それらの専門科目を実際に学んでいる学生もいた。また、社会人の参加者では、「社会人になってから、ダイバーシティという言葉について考えさせられる機会が増えたから」といった理由で参加する者も見られた。

ダイバーシティという言葉については「ひとりひとりが、他の人の思いやその人が抱えている状況などについて、考えてみようと思える社会」と肯定的なイメージを持つ参加者もいる反面、「最近よく耳にしますが、"机上の空論"感が否めない言葉」といったように言葉や概念について関心を抱く反面、その概念の用い方に対し懐疑的な姿勢も寄せられた。

（2）「数値から見る障がいの理解」

第2回の講義では、わが国における障がい者観の歴史的な変遷について振り返り、その後、現在のわが国で確認されている障がいのある人の数について確認をし、誰もが毎日関わっている可能性があることを伝達した。

そのうえで、"障がい"とは何か、という問いかけについては、「関わる前に"嫌だな"って思ってしまう人が多い」「障がいのある人を街中で見かけても助け方が分からず、見て見ぬふりをしてしまうことがある。障がいに関して知らないことが多いからだと思うので、交流の場があると、知ることが出来ていいと思う」といった意見等が示された。なお、障がいのある参加者からは「生の人間として、どういう人かを知ってもらうべき。障がい者としてではなく目の前にいる人として、何ができるか」「当事者として障がいを重く捉え

すぎないのは大事だけど、軽く捉えられるのは困る（当事者として）上手く伝えられない、伝わらないということもある」といった意見等が交わされた。

（3）ジェンダーギャップ指数からみる男女共同参画

第3回はジェンダーという言葉の定義について整理した上で、男性らしさ、女性らしさ、という捉え方を他者に当てはめることが本質的に重要なことでは無く、"自分らしさ"ということについて考える重要性について認識の共有を図った。過去に体験したジェンダーに関する格差については、「小学校低学年のころ、学校での生徒の名簿順が名前順ではなく、"男子全員が先、女子全員が後"になっていた」「幼稚園の頃、絵が得意でなくて、男の子だったら下手でも大丈夫なのになって思っていた」といった体験などが寄せられた。

（4）ハカに見る文化的多様性

第4回の講義では、文化とは何かという概念的な整理を行ったうえで、その多様性、階層性について説明を行った。その後、多文化が交差することによって生じるコンフリクトの事例として、マオリ族の民族舞踊であるハカをめぐる、ラグビーの場面における論争を紹介した。あなたの思う"文化"とは何ですか、という問いかけについては、参加者から「人々の言葉や行動の傾向、風習、ジャンル」「人の集団がつくったその集団"ならでは"を表すもの」といった意見等が交わされた。

（5）「合理的配慮」ってなんだろう

第5回の講義では、合理的配慮について説明を行うにあたっては、交差性を伴うそれぞれのニーズについて、どのように合理的（Reasonable）な調整を行っていく必要があるのか、というテーマについて検討した。

これらの説明では、障がいの有無などによらず、様々な事情やニーズを抱えた集団の構成員同士がどう配慮しあうのかということについて考えることで、より汎用性のある視点の獲得を目指した。

（6）基礎的環境整備やアファーマティブ・アクションの進め方

第6回の講義では、これまでの議論を踏まえたうえで、互いのニーズについて不可視化された状態で、人々はどのように基礎的な環境を整備していくのか、というテーマについて検討した。

検討の際には大学受験を例に、アファーマティブ・アクションの在り方について意見交換を行い、特に、特定の配慮行為が潜在的には他の者の生きづらさを生む可能性があることについて触れた。

参加者からは、「社会全体の負のサイクルを断ち切るには、多少強引にでもそれを断ち切るとっかかりが必要」という意見が出る反面、その影響についてどのように考えるのか、といったことについて慎重な議論がされていた。

この回はオンライン形式と対面のハイブリッド形式で行ったこともあり、学生同士が対面で議論をすることが実現でき、これまで以上に議論が白熱する様子も見られた。

（7）フルムーン夫婦グリーンパスに見るセクシュアル・マイノリティ

第7回の講義では、JRグループのフルムーン夫婦グリーンパスを事例に扱った。同制度は夫婦で88歳以上の場合に利用できる割引制度であり、同性のカップルなどには利用できない制度である。このことを例に参加者との意見交換を行うと、「時代に合わせて各社が中心となり制度の変更などについて柔軟に対応するべき」という考えもあれば、「法整備や制度の変革手続きには時間がかかるから、我々の意識のほうが早く変える。ダイバーシティに関する考えを広めて市民の意見によって制度変えてもらえるようにする」などの意見が示された。

（8）ひとまず、ダイバーシティってなんだろう？

第8回の講義では、これまでの内容について総括をしたうえで、改めてダイバーシティの普及に必要な要素にはどのようなものがあるのかについて議論を行った。その中では、①自分の持っている価値観を言語化しつつ、他者の意見を聞く中で、自身の価値観を俯瞰して捉えなおすことが大切であり、②多様な価値観やニーズが交わるなかで、お互いのニーズや欲求が異なることについて理解することが大切（≒お互いの差異について、許容度を高めていくことが大切）であること、③個人間の配慮意識の醸成などだけでなく、ツールの開発等による環境整備で改善できることも並行的に検討していくことが必要であることを確認した。

6　まとめ

本レクチャーは主に4つのテーマを中心に"ダイバーシティ"という概念に迫った。その目的は、多様な価値観や特徴を持つ社会の構成員の存在についての学びを通し、参加者が彼ら自身を捉えなおすことである。

今回は、オンライン開講を中心に講義を行ってきたが、一部ハイブリッドでの実施の際に、「対面のよるダイバーのほうが話しやすかった」という感想が多く寄せられた。その一方で、対面ではなく「オンラインのほうが参加しやすい」とする参加者がいたことも重要な気づきである。

例えばオンラインならば、カメラや音量のON、OFFの調整することも可能である。こうしたことは、家事をしつつ、電車に乗りつつ、ラジオのように議論を聴取できる環境を実現した。また、感覚過敏やその他の特色を持つ人にとっても参加しやすいものであり、今後も継続してこの方式も用いていきたい。

参加者の様子からは、その純粋な知的好奇心が高まる様子も観測されたが、彼ら自身が内面に持つ差別的な意識や、言語化できない葛藤なども観測された。

本レクチャーでは、ダイバーシティという概念への理解とキャリア発達支援の観点から、それらの自分自身と新たに出会い、自己覚知を深めることは一定の意義があったと考える。

例えば、差別的な意識や、誰にも言えない葛藤とは、それだけで生きづらさの象徴でもある。ダイバーシティという概念の理解が自己や他者の人生への了承性を高める意味においても貢献するならば、それらの個人的価値に改めて気づき、他者の個人的価値との関係で俯瞰して捉えなおすことは重要である。また、このことは、"自

らがどうありたいか"を常に自己吟味すること が求められるキャリア発達支援とも同様の眼差 しである。

本レクチャーを終えるにあたり、初参加者の 感想では、「元々、単一のテーマにしか関心を 抱いていなかったけれども、その他のマイノリ ティーの問題についても考えることが出来たこ とで、視野が拡大した」という感想や、「多様 な年齢や立場の人たちが共通してこのテーマに ついて考えているということを知り、心強い」 とする発言も見られた。

このことについて、参加者の感想を借りるな らば、我々は常に自分とは異なる他者やマイノ リティーへの関わりに対し、「関わる前に"嫌 だな"って思ってしまう人が多い」のが現状で あり、その解決は、互いに差別や偏見の目を持 たず、生の人間として、互いにどういう人かを 知りあうことが肝要なのである。

そして、そのことを真に実現するためには、 類似する立場の人と心理的安全性を確保した状 態で意見を酌み交わす機会を得ることや、そう いった異なる特徴を持つ人と上手く関わってい るロールモデルとの出会いを通し、向き合い方 を学ぶことも肝要である。

最後に、この"よるダイバー"は、実施が金 曜日の夜であることから、馴染の居酒屋さんに 立ち寄るように、ダイバーシティという概念に 「ちょっと寄っていかない？」という意味と、 「夜」という言葉が含まれた名称である。様々 な特徴のある参加者がいるなかで、週末の夜に お互いが気軽な気持ちで語りあう場を設けるこ とで、今後もダイバーシティについての理解啓 発を進め、"その人らしさ"を包摂できる社会 づくりに貢献していきたい。

Comments

　東京都立大学ダイバーシティ推進室におけるオンライン研修「よるダイバー」について寄稿いただいた。 まず、よるダイバーというネーミングが面白い。夜間に行われることと「寄る」をかけているのだが、よ い意味で軽くふらりと入りたくなるような響きがある。障害理解や、ダイバーシティの促進は、広い意味 での特別支援教育であり、多様性のある高等教育で、それを推進していくことは喫緊の課題であると言える。 しかしながら、堅苦しくならず、話題提供者の問いかけに対し、参加者が議論を交わしてゆくさまは、ま さに対話であり、参加者の誰もが、新しい気づきを持ち帰ることができるのだろう。これはキャリア発達 にも大いに重なる部分がある。

第V部

資料

「キャリア発達支援研究会
第9回年次大会」記録

キャリア発達支援研究会第9回年次大会（広島大会）
（広島大学大学院人間社会科学研究科設立記念セミナー）

1．大会テーマ
「共創〜多様な人が協働し、新たな価値を創造するキャリア教育〜」

2．大会概要
　主　催：キャリア発達支援研究会
　主　管：キャリア発達支援研究会第9回年次大会（広島大会）実行委員会
　後　援：広島大学
　共　催：広島大学大学院人間社会科学研究科
　　　　　広島大学大学院人間社会科学研究科附属特別支援教育実践センター
　協　賛：株式会社ジアース教育新社
　（1）目　的
　　①　全国の特別支援学校や特別支援学級をはじめとする各校及び関係諸機関における実践や組織的な
　　　　取組について情報交換し、今後のキャリア教育の充実と改善に向けての情報を得る。
　　②　全国各地のキャリア教育の取組事例を基に研究協議を行い、今後の特別支援教育の充実に資する
　　　　具体的方策について検討する。
　（2）期　日　令和3年11月28日（日）13:00（オンデマンド配信開始）
　　　　　　　　　　令和3年12月5日（日）9:00〜17:00
　（3）方　法　Web開催（Zoom使用）・対面併用
　　　　　　　　　※対面会場：広島大学学士会館（広島県東広島市鏡山一丁目3番2号）
　（4）日　程
　　①オンデマンド配信開始
　　　令和3年11月28日（日）13:00　　ポスターセッションの発表10分間動画（事前視聴用）
　　②令和3年12月5日（日）9:00〜17:00

時間		内容
8:30〜9:00	30分	受付
9:00〜9:15	15分	開会行事
9:15〜10:30	75分	講演1　　講師　社会福祉法人優輝福祉会　理事長　熊原　保　氏
10:30〜10:40	10分	休憩
10:40〜12:10	90分	講演2　　講師　ウィスコンシン大学リバーフォールズ校 　　　　　教授　さとみ 木村 シンディ　氏
12:10〜13:10	60分	昼食休憩
13:10〜14:20	70分	ポスターセッション ※ブレイクアウトルームを自由に移動して参加することができます。 ※ 11/28 13:00から発表用スライド・ポスター動画（オンデマンド）を配信
14:20〜14:30	10分	休憩
14:30〜16:40	130分	話題提供 1　地域資源を生かし，地域と共に歩む，地域協働・共創活動 テーマ　　　：「地域サービス班の取り組み」 話題提供者：和田　成弘（島根県立出雲養護学校） 2　教員のキャリア発達・組織づくり テーマ　　　：「授業づくりを通して、学び合い高め合う教師のキャリア発達〜生活 単元学習『とくしんピック2020を成功させよう』の授業つくりから〜」 話題提供者：土居　克好（愛媛大学教育学部附属特別支援学校） 3　生涯にわたるキャリア発達支援 テーマ　　　：「全校体制で生涯学習力を育む」 話題提供者：後松慎太郎（秋田大学教育文化学部附属特別支援学校） グループセッション
16:40〜17:00	20分	閉会行事

※講演1及び講演2は、広島大学大学院人間社会科学研究科設立記念セミナーも兼ね、広島大学大学院人間社会科学研究
　科及び広島大学大学院人間社会科学研究科附属特別支援教育実践センターとの共催として、大会終了後、オンデマンド
　ビデオ（無料）による公開。
※平元美沙緒様（秋田ファシリテーション事務所）に講演・話題提供のグラフィック・レコーダーを依頼。

（5）参加者　　115名

3．主な内容
（1）講演1
演題　「地域と学校―共に創造し、響き合う関係に」
講師：社会福祉法人優輝福祉会　理事長　熊原　保　氏
　　　＊第Ⅱ部　第3章　講演1報告を参照
（2）講演2
演題　「障害者の意義ある就労の実現―障害者の自己決定力を育む支援とキャリア教育」
講師：ウィスコンシン大学リバーフォールズ校　教授　さとみ 木村 シンディ　氏
　　　＊第Ⅱ部　第3章　講演2報告を参照
（3）ポスターセッション
　　　＊ポスターセッション一覧を参照（後ページ）
（4）話題提供1・2・3
　　　＊第Ⅱ部　第3章　話題提供1・2・3、コメント総括、話題提供とセッションのまとめを参照

第9回年次大会（広島大会）プレ大会
（キャリア発達支援研究会中国・四国支部第2回学習会）

1．大会テーマ
「共創～多様な人が協働し、新たな価値を創造するキャリア教育～」

2．大会概要
　　主　催：キャリア発達支援研究会中国・四国支部
　　　　　　キャリア発達支援研究会第9回年次大会（広島大会）実行委員会
（1）目　的
障害のある人のキャリア発達を促す教育に関する会員及び関係者の交流を深める。また、キャリア発達支援研究会第9回年次大会（広島大会）に向けて、対話し、新たな気づきを深める。
（2）期　日　　令和3年11月14日（日）　10：50～16：00
（3）方　法　　Web開催（Zoom使用）
（4）日　程

時間		内容
10:20～10:50	20分	受付
10:50～11:00	10分	開会行事
11:00～12:30	90分	講演　講師　広島大学学術・社会連携室産学連携推進部スタートアップ推進部門 　　　　准教授　牧野　恵美　氏
12:30～13:30	60分	昼食休憩
13:30～14:50	80分	話題提供 1　テーマ：「特別支援学校教師のキャリア発達」 　　話題提供者：橋田　喜代美（高知県立山田特別支援学校） 2　テーマ：「障害のある人の生涯学習」 　　話題提供者：安森　博幸　氏（社会福祉法人広島市手をつなぐ育成会　理事）
14:50～15:00	10分	休憩
15:00～15:30	30分	グループセッション・発表
15:50～16:00	20分	閉会行事

※平元美沙緒様（秋田ファシリテーション事務所）に講演・話題提供のグラフィック・レコーダーを依頼。

（5）参加者　　57名
3．主な内容
（1）講演
演題　「不確実な世界を生き抜くためのキャリア発達支援」
講師：広島大学学術・社会連携室産学連携推進部スタートアップ推進部門　准教授　牧野　恵美　氏
　　　＊第Ⅱ部　第2章　講演報告を参照
（2）話題提供1・2
　　　＊第Ⅱ部　第2章　話題提供1・2を参照

キャリア発達支援研究会第９回年次大会広島大会

令和３年１２月５日（日）１３：１０〜１４：２０
ポスターセッション
タイムテーブル　１回１５分間（発表５分間、質疑応答１０分間）、ブレイクアウトルーム移動１分間、４回

全体	13:10〜	メインセッション	ポスターセッションの留意事項等説明

ルーム番号・会場			【ルーム１】レセプションホール前方	
1回目	13:15〜13:30	ポスターセッション①	【深谷　純一】対面	東京都立高島特別支援学校
			タイトル	「特別支援学校に勤務する教員のキャリアと専門性の向上に関する考察」
			キーワード	知的障害、教員の専門性、教員のキャリア
2回目	13:31〜13:46	ポスターセッション②	【山﨑　翔矢】対面	長崎県立鶴南特別支援学校
			タイトル	「キャリア実態把握チェックリストを活用したカリキュラムマネジメントの在り方」
			キーワード	基礎的・汎用的能力、実態把握　カリキュラム・マネジメント、卒業までに身に付けさせたい力
3回目	13:47〜14:02	ポスターセッション③	【太田　容次】対面	京都ノートルダム女子大学
			タイトル	「特別な配慮を必要とする子供のキャリア発達支援のための教員支援システムに関する研究」
			キーワード	特別な配慮を必要とする子供、AIチャットボット、教員支援システム
4回目	14:03〜14:18	ポスターセッション④	【金島　一顯】対面	岡山大学教育学部附属特別支援学校
			タイトル	「附属特別支援学校の意義について　―体験型教員研修と授業づくり研修会から―」
			キーワード	附属特支の意義、研修、学校協働

ルーム番号・会場			【ルーム２】会議室（小）	
1回目	13:15〜13:30	ポスターセッション①	【檜山　祥芳】対面	広島県立三原特別支援学校
			タイトル	「ともにつくる〜「共創」の具現化を目指した２年間の軌跡〜」
			キーワード	共創、地域、外部講師
2回目	13:31〜13:46	ポスターセッション②	【相田　泰宏】対面	横浜市立上菅田特別支援学校
			タイトル	「クラウドを活用したキャリア・パスポートの作成」
			キーワード	キャリア・パスポート、ロイロノート
3回目	13:47〜14:02	ポスターセッション③	【鈴木　章裕】対面	横浜市立上菅田特別支援学校
			タイトル	「GIGA端末とクラウドサービスを活用した進路支援の取り組み」
			キーワード	進路支援、GIGA、クラウド、オンライン
4回目	14:03〜14:18	ポスターセッション④	【中塔　大輔】対面	広島県立三原特別支援学校
			タイトル	「多様性を認め合える社会へ　〜「障害者の仕事図鑑を通して」〜」
			キーワード	共創、共生社会、横断的・総合的な課題

ルーム番号・会場			【ルーム3】 会議室（大）	
1回目	13:15 ～ 13:30	ポスター セッション ①	【西山　樹】対面	横浜市立上菅田特別支援学校
			タイトル	「重度重複障害のある生徒の進路選択ー視線入力機器を活用した意思表示の明確化ー」
			キーワード	進路学習、自己選択・自己決定、視線入力機器、脳性まひ
2回目	13:31 ～ 13:46	ポスター セッション ②	【逵　直美】対面	東京都立光明学園
			タイトル	「新学習指導要領に基づく認知の学習～何のために・学ぶのか～」
			キーワード	学習指導要領、認知、つけたい力
3回目	13:47 ～ 14:02	ポスター セッション ③	【藤川　治也】リモート	青森県立むつ養護学校
			タイトル	「教師の学びの場作り～対話を通して高める省察力～」
			キーワード	学びの場、対話、省察力
4回目	14:03 ～ 14:18	ポスター セッション ④	【佐々木　恵実】リモート	広島県立福山北特別支援学校
			タイトル	「職業コース（フッキーカフェ）の取組」
			キーワード	地域、課題発見

ルーム番号・会場			【ルーム4】 レセプションホール後方	
1回目	13:15 ～ 13:30	ポスター セッション ①	【加瀬　恵】リモート	千葉県立千葉聾学校
			タイトル	「本人の願いをふまえたキャリア発達支援～聾学校での実践～」
			キーワード	本人の願い、キャリア発達支援、聾学校
2回目	13:31 ～ 13:46	ポスター セッション ②	【小田　紀子】リモート	横浜市立上菅田特別支援学校
			タイトル	「卒業後を意識した進路学習　～職業の授業2年目の取組～」
			キーワード	キャリア教育、職業、学校設定教科
3回目	13:47 ～ 14:02	ポスター セッション ③	【野村　直樹】リモート	弘前大学教職大学院
			タイトル	「知的障害教育における自己選択・自己決定を支えるホームルーム活動ーなりたい自分になるための目標設定ー」
			キーワード	キャリア発達支援、目標設定、ホームルーム活動
4回目	14:03 ～ 14:18	ポスター セッション ④	【原　文子】リモート	青森県立むつ養護学校
			タイトル	「実態把握・授業改善に向けたアクションプラン実践報告　～発語が難しい生徒の思いや気持ち、どれくらいくみ取れていますか？～」
			キーワード	実態把握、アセスメント、授業改善、職員間連携、重度重複障害、肢体不自由、自立と社会参加

全体	14:19	メイン セッション	諸連絡

キャリア発達支援研究会機関誌
「キャリア発達支援研究 9」

【編集委員】
編集委員長　菊地　一文（弘前大学大学院教育学研究科教授）
編集副委員長　杉中　拓央（東北文教大学人間科学部講師）
　　　　　　坂本　征之（横浜市立本郷特別支援学校副校長）
　　　　　　清水　潤　（秋田県教育庁特別支援教育課指導班副主幹兼班長）
　　　　　　武富　博文（神戸親和女子大学発達教育学部准教授）
　　　　　　滑川　典宏（国立特別支援教育総合研究所情報・支援部総括研究員）
　　　　　　松見　和樹（千葉県教育庁教育振興部特別支援教育課主幹兼室長）

【編集協力委員】
　　　　　　川島　民子（大垣女子短期大学幼児教育学科教授）
　　　　　　広兼千代子（広島大学大学院人間社会科学研究科）
　　　　　　藤川　雅人（名寄市立大学保健福祉学部教授）
　　　　　　柳川公三子（金沢星稜大学人間科学部講師）
　　　　　　湯田　秀樹（青森県立青森第一養護学校校長）
　　　　　　若松　亮太（広島県立呉南特別支援学校教諭）

【執筆者一覧】
巻頭言
　　森脇　勤（キャリア発達支援研究会会長・京都市教育委員会総合育成支援課参与）

第Ⅰ部
座談会
　　加藤　宏昭 氏（文部科学省初等中等教育局特別支援教育課特別支援教育調査官）
　　米谷　一雄 氏（全国特別支援学校知的障害教育校長会会長・東京都立水元小合学園校長）
　　森脇　　勤（キャリア発達支援研究会会長・京都市教育委員会総合育成支援課参与）
　　菊地　一文（キャリア発達支援研究会常任理事・弘前大学大学院教育学研究科教授）
論説
　　菊地　一文（キャリア発達支援研究会常任理事・弘前大学大学院教育学研究科教授）
実践報告
　　1　石羽根里美（千葉県立夷隅特別支援学校教諭）
　　2　相田　泰宏（国立特別支援教育総合研究所情報・支援部主任研究員）
　　3　谷口　泰祐（愛媛県立松山盲学校教諭）
　　4　木村　和弘（京都市立鳴滝総合支援学校教諭）
実践解説
　　菊地　一文（弘前大学大学院教育学研究科教授）

第Ⅱ部
第1章（企画趣旨）
　　竹林地　毅（広島大会実行委員会委員長・広島都市学園大学教授）
第2章（プレ大会報告）
講演
　　牧野　恵美氏（広島大学学術・社会連携室産学連携推進部スタートアップ推進部門准教授）
　　　文責　高木　由希（広島大学附属東雲中学校教諭）
話題提供1
　　橋田喜代美（高知県立山田特別支援学校教諭）
話題提供2
　　本人活動「フレンドの会」会長 右手　義則 氏

本人活動「フレンドの会」副会長 上山　新 氏

本人活動「フレンドの会」会員・広島市手をつなぐ育成会副会長　安森　博幸 氏

　　文責　片伯部葉子（広島県立黒瀬特別支援学校教諭）

第3章（広島大会報告）

記念講演1

熊原　保 氏（社会福祉法人優輝福祉会理事長）

　　文責　和田　克彦（広島県立尾道特別支援学校しまなみ分校分校長）

記念講演2

さとみ 木村 シンディ 氏（ウィスコンシン大学リバーフォールズ校教授）

　　文責　吉原　恒平（広島県立広島特別支援学校知的障害部門高等部主事）

話題提供1

和田　成弘（島根県立出雲養護学校教諭）

話題提供2

土居　克好（松山市立城西中学校教諭）

話題提供3

後松慎太郎（秋田大学教育文化学部附属特別支援学校教諭）

グループレポーターによるコメント総括

渡部　英治（島根県立松江緑が丘養護学校教頭）

話題提供とセッションのまとめ

菊地　一文（弘前大学大学院教育学研究科教授）

第4章（広島大会の振り返り）

広兼千代子（広島大会実行委員会事務局長・広島大学大学院人間社会科学研究科）

グラフィック・レコーディング

平元美沙緒（秋田ファシリテーション事務所）

第Ⅲ部

実践報告

1　岡本　　洋（横浜市立若葉台特別支援学校主幹教諭）

2　野村　直樹（弘前大学大学院教育学研究科）

3　柳川公三子（金沢星稜大学人間科学部講師）

4　富村　和哉（福島県立相馬支援学校教諭）

5　杉中　拓央（東北文教大学人間科学部講師）

総括

松見　和樹（千葉県教育庁教育振興部特別支援教育課主幹兼室長）

第Ⅳ部

投稿論文

1　近藤亜由美（岐阜県立恵那特別支援学校教諭）

　　松本　和久（岐阜聖徳学園大学教育学部教授）

2　金島　一顯（岡山大学教育学部附属特別支援学校副校長）

実践報告

1　中塔　大輔（広島県立三原特別支援学校教諭）

2　深谷　純一（東京都立高島特別支援学校校長）

3　檜山　祥芳（広島県立三原特別支援学校教諭）

4　原　　文子（青森県立森田養護学校教諭）

5　益子　　徹（東京都立大学ダイバーシティ推進室特任研究員）

　　藤山　　新（東京都立大学ダイバーシティ推進室特任研究員）

　　伊藤　史子（東京都立大学副学長・ダイバーシティ推進室室長）

キャリア発達支援研究会機関誌「キャリア発達支援研究」

■編集規程

1. 本誌は「キャリア発達支援研究会」の機関誌であり、原則として 1 年 1 号発行する。
2. 投稿の資格は、本研究会の正会員とする。
3. 本誌にはキャリア発達支援に関連する未公刊の和文で書かれた原著論文、実践報告、調査報告、資料などオリジナルな学術論文を掲載する。
   (1) 原著論文は、理論的または実験的な研究論文とする。
   (2) 実践報告は、教育、福祉、医療、労働等の分野における実践を通して、諸課題の解決や問題の究明を目的とする研究論文とする。
   (3) 調査報告は、キャリア発達支援の研究的・実践的基盤を明らかにする目的やキャリア発達支援の推進に資することを目的で行った調査の報告を主とした研究論文とする。
   (4) 資料・レポートは、その他資料性の高い研究論文とする。
   (5) 上記論文のほか、特集論文等を掲載する。
       特集論文：常任編集委員会（常任理事会が兼ねる）の依頼による論文とする。
       上記の論文を編集する際は、適宜「論説」「実践報告」等の見出しをつけることがある。
4. 投稿論文の採択および掲載順は、編集委員会の査読をもって決定する。また、掲載に際し校閲・校正を行い、論旨・論拠の不明瞭な場合等において、編集委員が内容を補筆することがある。
5. 掲載論文の印刷に要する費用は、原則として本研究会が負担する。
6. 原著論文、実践報告、調査報告、資料等の掲載論文については、掲載誌 1 部を無料進呈する。
7. 本誌に掲載された原著論文等の著作権は本研究会に帰属し、無断で複製あるいは転載することを禁ずる。
8. 投稿論文の内容について、研究課題そのものや記載内容、表現方法において、倫理上の配慮が行われ、その旨を論文の文中に示す必要がある。

■投稿規程

1. 投稿する際は、和文による投稿を原則とする。
2. 原則として Microsoft Word により作成し、A4 判用紙に 40 字× 40 行（1600 字）で印字された原稿の電子データ（媒体に記憶させたもの）を提出すること（E メール可）。本文、文献、図表をすべて含めた論文の刷り上がり頁数は、すべての論文種について 10 ページを超えないものとする。提出した電子データは、原則として返却しない。
3. 投稿時は、投稿論文のデータが下記の 5 点を満たしていることを十分に確認の上、送付すること。
   ① 投稿者情報　氏名・所属・投稿を希望する細目（例・原著論文）・論文タイトル・住所・e メールアドレスを記載する。
   ② 図表　白黒印刷されることを念頭に、図と地の明瞭な区分のできるもの、図表の示す意味が明瞭に認識できるもの、写真を用いる場合はできるだけ鮮明なものとする。図表や写真の番号は図 1、表 1、写真 1 のように記入し、図表や写真のタイトル、説明とともに一括して別紙に記載する。また、本文中にその挿入箇所を明示する。写真や図、挿絵の掲載、挿入に当たっては、著作権の侵害にあたるコンテンツが含まれないよう十分確認する。
   ③ 脚注　必要がある場合は、本文中に 1）、2）・・・・のように上付きの通し番号で註を付し、すべての註を本文と文献欄の間に番号順に記載する。
   ④ 印刷の体裁について、常任編集委員会に一任することを承諾する。
   ⑤ 研究倫理　研究対象者のある場合は、先方よりインフォームド・コンセントを得られたものとする。ならびに、投稿者に所属先のある場合は、その承認を得られたものとする。

■投稿先

ジアース教育新社
〒 101-0054 東京都千代田区神田錦町 1-23 宗保第 2 ビル
TEL 03-5282-7183　FAX 03-5282-7892
E-mail：career-development@kyoikushinsha.co.jp
（E メールによる投稿の場合は件名に【キャリア発達支援研究投稿】と記すこと。